Ensino de ciências

E56	Ensino de ciências / Hellen Ward ... [et al.] ; tradução Ronaldo Cataldo Costa ; consultoria, supervisão e revisão técnica desta edição José Fernando Bitencourt Lomônaco. – Porto Alegre : Artmed, 2010. 224 p. ; 23 cm.
	ISBN 978-85-363-2173-8
	1. Ensino. 2. Ciências. 3. Conteúdo educacional. I. Ward, Hellen. II. Título.
	CDU 37.011.33

Catalogação na publicação Renata de Souza Borges – CRB 10/1922

Hellen Ward | Judith Roden
Claire Hewlett | Julie Foreman

Ensino de ciências

2ª edição

Tradução:
Ronaldo Cataldo Costa

Consultoria, supervisão e revisão técnica desta edição:
José Fernando Bitencourt Lomônaco
Doutor em Psicologia Escolar e do Desenvolvimento
pela Universidade de São Paulo.
Professor Associado na Universidade de São Paulo.

Reimpressão 2014

2010

Obra originalmente publicada sob o título
Teaching Science in the Primary Classroom, 2nd Edition
ISBN 9781847873774
English language edition published by Sage Publications of London,
Thousand Oaks, New Delhi and Singapore
© Hellen Ward, Judith Roden & Claire Hewlett, 2008.
© Portuguese language translation by Artmed Editora S.A., 2010

Capa: *Gustavo Macri*

Preparação do original: *Josiane dos Santos Tibursky*

Leitura final: *Carlos Henrique Lucas Lima*

Editora sênior – Ciências Humanas: *Mônica Ballejo Canto*

Editora responsável por esta obra: *Carla Rosa Araujo*

Editoração eletrônica: *Formato Artes Gráficas*

Reservados todos os direitos de publicação, em língua portuguesa, à
ARTMED® EDITORA S.A.
Av. Jerônimo de Ornelas, 670 - Santana
90040-340 Porto Alegre RS
Fone (51) 3027-7000 Fax (51) 3027-7070

É proibida a duplicação ou reprodução deste volume, no todo ou em parte,
sob quaisquer formas ou por quaisquer meios (eletrônico, mecânico, gravação,
fotocópia, distribuição na Web e outros), sem permissão expressa da Editora.

SÃO PAULO
Av. Angélica, 1091 - Higienópolis
01227-100 São Paulo SP
Fone (11) 3665-1100 Fax (11) 3667-1333

SAC 0800 703-3444

IMPRESSO NO BRASIL
PRINTED IN BRAZIL
Impresso sob demanda na Meta Brasil a pedido de Grupo A Educação.

Agradecimentos

Gostaríamos de agradecer às muitas pessoas que contribuíram para a realização deste livro, de forma direta e indireta, incluindo os colegas, do passado e do presente, que ajudaram a moldar os cursos de ciências em que este livro se baseia.

Agradecemos aos muitos ex-alunos e professores das instituições onde trabalhamos, que proporcionaram inspiração e oportunidades para que desenvolvêssemos nossas ideias sobre o ensino de ciências ao longo dos anos. Somos gratas ao apoio da AstraZeneca Science Teaching Trust pelo patrocínio de projetos, incluindo o mais recente projeto de aprendizagem personalizada em ciências. Parte do trabalho gerado foi incluída nesta segunda edição do livro.

Em particular, gostaríamos de agradecer aos professores regentes e aos professores e alunos das seguintes escolas:

All Souls Primary School, Dover, Kent
Bobbing Village School, Kent
Davidore Infant School, Brighton and Hove West Sussex
Elphinstone County Primary School Hastings East Sussex
Eythorne and Elvington Primary School, Kent
Graveney Primary School, Graveney, Kent
Hawkinge Primary School, Hawkinge, Kent
Herne Bay Infants School, Herne Bay, Kent
Hollington County Primary School, Hastings East Sussex
Iwade Primary School, Iwade, Kent
Joy Lane Primary School, Whitstable, Kent

Morehall Primary School, Folkestone, Kent
Park Wood Junior School Rainhan, Medway
Senacre Wood Primary School Maidstone, Kent
Skinner Street Primary School, Gillingham, Medway
St Benedict's RC Primary School Chatham, Medway
St Mary's, Ashford, Kent
Whitfield and Aspen, Dover, Kent
Whitstable Junior School, Kent

Mais especificamente, somos bastante gratas a Hugh Ritchie, que nos deu um grande estímulo e apoio essencial durante a preparação deste livro. Temos uma dívida para com ele por seu trabalho, o qual produziu muitas das fotografias usadas aqui. Também queremos agradecer a Keith Remnant e a Paddy Grinter.

Autoras

Hellen Ward está ativamente envolvida com o ensino de ciências, trabalhando como Senior Lecturer* de ciências na Christ Church University, em Canterbury, e com professores em diversas Autoridades Locais**. Hellen escreveu diversos livros e várias outras publicações, tendo desenvolvido recursos pedagógicos e materiais didáticos para ajudar no ensino e na aprendizagem de ciências. Contribuiu, também, para programas de ciências na televisão e em *websites* e desenvolveu recursos didáticos para a BBC e para o banco de recursos de formação de professores (ttrb.ac.uk). Hellen é Programme Director for Modular PGCE na Christ Church University e também é consultora educacional independente. É participante ativa da Association for Science Education (ASE), secretária regional e colaboradora regular em suas conferências nacionais e regionais. Ela também faz parte da Association for the Achievement and Improvement through Assessment (AIAA) e publicou materiais sobre avaliação. Atualmente, está envolvida em um projeto de aprendizagem personalizada, financiado pela AstraZeneca Science Teaching Trust.

Judith Roden é uma experiente professora de ciências em todas as fases do ensino. Atualmente, é Principal Lecturer, trabalhando na Faculdade de Educação da Christ Church University, em Canterbury, onde atua no papel de líder da equipe de ciências, gerenciando uma grande equipe de tutores de ciências. Escreveu *The Reflective Reader in Primary Science Education*, coescreveu *Extending Knowledge in Practice*, além de diversos artigos e

---

* N. de R. Professor veterano com alta graduação acadêmica.
** N. de R.T. Este termo designa o grupo de pessoas que é responsável pelo governo de uma área no Reino Unido.

capítulos em respeitados livros de ciências. Depois de administrar dois projetos de sucesso em 2000 e 2001, Judith agora é diretora de projetos das nova proposta escolar da Universidade, patrocinada pela AstraZeneca Science Teaching Trust, voltada para a aprendizagem personalizada de ciências em escolas das cidades de Kent e Medway.

Claire Hewlett tem muitos anos de experiência como professor em escolas de ensino fundamental na região leste de Kent. Foi coordenadora de ciências por cinco anos, antes de se tornar professora regente. Claire é Senior Lecturer no departamento de ensino fundamental e trabalhou em projetos na Malásia e na Índia. Atualmente, está envolvida em um projeto de aprendizagem personalizada da AstraZeneca Science Teaching Trust em escolas em Kent e Medway.

Julie Foreman é uma experiente professora de ciências do ensino fundamental. Atualmente, é Senior Lecturer na Faculdade de Educação da Canterbury Christ Church University, onde sua principal área de trabalho é o ensino de ciências no ensino fundamental, trabalhando com uma variedade de alunos, incluindo os de graduação, pós-graduação e especialistas. Julie está envolvida no projeto escolar da Universidade, patrocinado pela AstraZeneca Science Teaching Trust, por meio do qual realizou pesquisas e apresentações em conferências. Suas outras áreas de pesquisa concentram-se na ciência investigativa das crianças e no uso de dramatização para estimular e para desenvolver a compreensão das crianças sobre conceitos científicos.

Sumário

Prefácio 11

1 O que é ciência? 13
Judith Roden e Hellen Ward

2 As habilidades que os alunos devem ter para
aprender ciência: habilidades processuais 34
Hellen Ward e Judith Roden

3 Observação, mensuração e classificação 52
Judith Roden

4 Levantamento e análise de questões
e o uso de fontes secundárias 66
Judith Roden

5 Investigação científica 83
Hellen Ward

6 Planejamento e avaliação da aprendizagem 104
Hellen Ward

7 A ciência das histórias 125
Claire Hewlett

8 O uso de dramatização para estimular e desenvolver a compreensão dos alunos sobre conceitos científicos 139
Julie Foreman

9 A ciência dos jogos 161
Hellen Ward

10 Questões organizacionais 175
Hellen Ward

11 Uso e abuso da tecnologia da informação e da comunicação 195
Hellen Ward

Glossário 216

Referências 218

Índice 221

Prefácio

Fico feliz de apresentar a segunda edição deste influente livro sobre a ciência na escola fundamental. Finalmente, temos um livro que enfoca, de forma clara, a promoção e o desenvolvimento do ensino de ciências para o ensino fundamental. As quatro autoras têm ampla experiência em formação de docentes para as séries iniciais e para a escolarização fundamental, e isso fica evidente em sua ênfase em exemplos práticos e em suas orientações baseadas em evidências científicas.

Com base na formação de docentes para as séries iniciais, as autoras fundamentaram grande parte do conteúdo do livro em pesquisas recentes e relevantes, com o objetivo específico de tornar o conteúdo científico vívido, contemporâneo e divertido. Esta segunda edição foi amplamente revisada, de forma a incluir novos avanços nas ciências ensinadas no ensino fundamental e novas leituras para cada capítulo.

Os estudantes de educação para séries iniciais, professores, pesquisadores, coordenadores e gestores educacionais verão que o livro é acessível, porém desafiador. Os exemplos e os estudos de caso são atuais e criados para ajudar a tornar o estudo de ciências ativo e criativo. Nesta edição, a inclusão de mais exemplos sobre o trabalho das crianças aumenta o prazer e a importância de ler o livro.

Creio que os leitores gostarão da assistência ao planejamento, às habilidades processuais e de avaliação, mas, de um modo mais crucial, verão como a variedade de componentes do livro contribui para a aprendizagem de ciências no ensino fundamental.

Professor Hugh Lawlor
Diretor da AstraZeneca Science Teaching Trust e Orientador do Departamento de Crianças, Escolas e Famílias.

O que é ciência? 1

Judith Roden e Hellen Ward

Introdução

Este capítulo discute a importância da ciência para pessoas de todas as idades, e por que ela é um elemento crucial de uma estratégia transcurricular e inovadora, que exige um perfil elevado no ensino fundamental. O capítulo inicia com a natureza da ciência e o desenvolvimento de ideias científicas. Com base em pesquisas recentes sobre as posturas dos alunos para com a ciência, o foco será em como se pode desenvolver uma ciência criativa. Além disso, analisa a importância de ideias e evidências, começando com as ideias dos alunos e incentivando-os a coletar e interpretar seus próprios dados, ajudando-os, assim, a pensar e a raciocinar por conta própria, enquanto desenvolvem respeito pelas evidências. Também explora o valor do trabalho em grupo na ciência, sua importância no desenvolvimento de habilidades cruciais para a aprendizagem, e analisa os aspectos sociais mais amplos da ciência como atividade cooperativa. Essas características são interrelacionadas para demonstrar que é o desenvolvimento da atitude dos educandos em relação à ciência que determina sua aprendizagem a curto e longo prazos.

POR QUE A CIÊNCIA É IMPORTANTE

A prosperidade do Reino Unido desde a I Revolução Industrial nasceu das ideias, das invenções e da criatividade dos artesãos, dos cientistas e dos tecnólogos que facilitaram o desenvolvimento de sua grande base industrial. Enquanto a criação de novos produtos inovadores ainda é de importância fundamental, no Reino Unido, existe um afastamento quase total da manufatura básica e da engenharia leve e pesada do passado. Em vez disso, e cada vez mais, os países desenvolvidos ocidentais dependem da prestação de serviços para obter sua renda, incluindo os serviços financeiros e a indústria de manufatura extremamente especializada. De um modo geral, a tendência hoje é para que a fabricação em massa de produtos cotidianos ocorra nas regiões do mundo onde os custos da mão de obra costumam ser menores e onde existe entusiasmo pela adoção da cultura e da afluência ocidentais. Em âmbito global, isso resultou na ascensão de países como a China e a Índia como superpotências e sua importância cada vez maior no cenário mundial.

Atualmente, embora os "negros engenhos satânicos" do passado tenham sido substituídos por maneiras menos claras de acumulação de riqueza, nunca houve tanto reconhecimento de que a ciência e suas disciplinas aliadas sejam de fundamental importância:

> É vital para nossa economia e para a prosperidade do país que mantenhamos e desenvolvamos nossa base científica – estamos comprometidos com isso. Precisamos das pessoas certas, com as habilidades necessárias, para construir uma forte base científica, e estamos determinados a garantir um bom suprimento de cientistas, de tecnólogos e de matemáticos... temos a responsabilidade de captar a imaginação dos jovens que serão os cientistas, os tecnólogos, os engenheiros e os matemáticos do futuro e de ajudá-los a cumprir todo o seu potencial (The Science, Technology, Engineering and Mathematics (STEM) Programme Report (2006) Prefácio, DfES/DTI).

Entretanto, a formação de cientistas não é a única razão para a necessidade de desenvolver o ensino de ciências nas escolas: "a ciência e a tecnologia são essenciais ... para nossa qualidade de vida, e estão no centro de nossa história e cultura" (Science and Technology Committee, 2002, Introdução, p. 1).

Para cumprir suas responsabilidades, um sistema de educação deve abordar duas necessidades importantes e intimamente relacionadas: as do indivíduo e as da sociedade. Para vencer na economia global, os países desenvolvidos dos tempos modernos precisam que seus sistemas educacionais produzam cientistas e tecnólogos qualificados, que serão os pesquisadores de amanhã. Simultaneamente, devem produzir adultos equilibrados, informados e cientificamente letrados, que sejam adaptáveis, que possuam uma variedade de habilidades, de aptidões e de capacidades genéricas e específicas que lhes possibilitem as muitas e variadas oportunidades de emprego que surgirem em qualquer etapa de vida. A adaptabilidade é importante para os indivíduos, pois eles talvez precisem ser capazes de mudar seu tipo de emprego, talvez repetidamente, para satisfazer os desafios de uma sociedade tecnológica em rápida mudança.

Crucial para a saúde futura da economia e para o sucesso dos indivíduos é que todos os cidadãos possuam habilidades efetivas de comunicação. A ciência tem um papel importante nesse processo. Em uma época em que os estudantes passam seu tempo de formas passivas, muitas vezes sós, assistindo televisão, ouvindo música ou jogando jogos de computador, a ciência ensinada na escola proporciona uma oportunidade para a discussão e para o compartilhamento de ideias, tão cruciais para o desenvolvimento das habilidades comunicativas. É imperativo, agora mais que no passado, que essas oportunidades ocorram no nível fundamental e do ensino e que sejam desenvolvidas de forma sistemática ao longo do sistema educacional. Os educandos devem desenvolver um entendimento sólido da ciência e a capacidade de considerar evidências científicas de maneira objetiva.

ALFABETIZAÇÃO CIENTÍFICA: A COMPREENSÃO PÚBLICA DA CIÊNCIA

Historicamente, no Reino Unido, há uma lacuna na compreensão da ciência entre diferentes grupos de pessoas. Enquanto aqueles que têm interesse científico buscam ocupações relacionadas com a ciência e se tornam mais especializados no conhecimento científico que detêm, o sistema educacional permite que muitos outros rejeitem a ciência desde o início. Infelizmente, isso tem tido duas consequências significativas e indesejáveis. Primeiramente, muitas pessoas, e alguns diriam que a vasta maioria, rejeitam a ciência e as atividades relacionadas a ela, possivelmente por causa da relação com a indústria pesada. Em segundo lugar, os próprios cientistas se tornaram tão especializados em seu conhecimento e compreensão que se criou um abismo entre esses dois grupos significativamente diferentes da sociedade.

Tipicamente, havia uma relutância geral para que muitos "fizessem" ciência no passado, especialmente nos escalões de "elite" da sociedade. O sistema educacional do século XIX preparava os indivíduos para ajustarem-se aos seus nichos num sistema de classes altamente estratificado:

Uma perspectiva funcional igualava a escolarização ao *status* social. Nas escolas particulares da metade do século XIX, uma hierarquia de educação prática, comercial e liberal repetia os níveis da sociedade... as classes médias da sociedade ainda consideravam as oportunidades educacionais limitadas demais... as escolas públicas estabelecidas... acreditavam que sua função central era agir como agências sociais para transformar garotos de classe alta em cavalheiros ingleses... Na segunda metade do século XIX, já não era mais de cavalheiros que a Inglaterra precisava, mas de empresários, de cientistas e de artesãos habilidosos (Digby e Searby, 1981, p. 110-11).

Assim, a ciência era vista como algo inferior (ibid. p. 34) e não era reconhecida como importante em nenhum nível do ensino. Em particular, as "escolas públicas eram lentas para reconhecer a necessidade de proporcionar ensino científico para sua clientela da classe alta" (ibid. p. 111). De fato, mesmo alguns que fizeram dinheiro em iniciativas industriais bem-sucedidas pareciam conspirar no processo de desvalorizar as próprias habilidades, o conhecimento e a compreensão essenciais ao desenvolvimento industrial, para melhorar sua posição social:

> O rico dono de fábrica envia seu filho para a escola clássica para aprender latim e grego como uma preparação para a fabricação de roupas, a estamparia, a engenharia ou a mineração de carvão... Depois da sua carreira escolar, ele entra para a fábrica do pai absolutamente sem treinamento (Roderick e Stephens, 1981, p. 238-239).

Esse cenário compôs o *status* da ciência entre grupos influentes e, segundo alguns argumentam, causou um declínio na economia nacional da Inglaterra. Muitos, no passado e ainda hoje, não reconheceram que a ciência traz alguma coisa para suas vidas cotidianas, rejeitando a ciência porque a consideram difícil ou irrelevante demais.

Mesmo depois de que a ciência cresceu em *status* e foi introduzida em algumas universidades, os próprios cientistas eram poucos em número e formavam um grupo de elite. Ainda em 1884, Francis Galton concluiu que "uma lista exaustiva" dos cientistas nas ilhas britânicas "somaria algo como 300, mas não mais" (Khan e Sokoloff, 2007, 12). Possivelmente, segundo alguns autores, eles não fizeram uma contribuição significativa para o desenvolvimento da economia naquela época:

> Apesar das vantagens que as pessoas de sua classe tinham com invenções, deve-se observar que os cientistas não estavam bem representados entre os grandes inventores britânicos até bem mais adiante no século XIX... Em vez,

as evidências em relação a todos os tipos de conhecimento técnico condiziam mais com a definição de James Nasmyth, da engenharia como "senso comum aplicado ao uso de materiais" (ibid. p. 13).

De forma clara, o abismo entre os cientistas e as outras pessoas tem uma história longa e complicada, mas ajuda a explicar por que existe um abismo tradicional entre esses grupos na sociedade. Consequentemente, no século XIX, e como ainda pode ser evidenciado atualmente, esses dois grupos às vezes não compartilham de um vocabulário comum e têm dificuldade para se comunicar.

Atualmente, o cenário descrito é, na melhor hipótese, indesejável, e, na pior, potencialmente desastroso. Em uma sociedade democrática, existe uma relação muito próxima entre o desenvolvimento do pensamento governamental e o nível de entendimento dos cidadãos em relação à ciência. A opinião pública pode ser bastante influente em determinar as políticas governamentais. Nos primeiros anos do século XXI, no Reino Unido, houve um claro movimento rumo à adoção de uma agenda "verde" por todos os principais partidos políticos devido à pressão pública, ao passo que essas ideias eram restritas àqueles rotulados como "excêntricos" e "liberais" na década de 1970. A mudança veio, mas não apenas com a discussão de questões relacionadas nos meios de comunicação populares.

Muitas questões da atualidade, como a mudança proposta para aumentar o uso de energia nuclear para produzir eletricidade, ou a localização de antenas de telefone celular ou aerogeradores, são controversas. Mesmo grupos diferentes de cientistas podem ter visões opostas sobre a mesma questão. Por exemplo, muitos ambientalistas defendem formas alternativas de energia, como os parques eólicos, enquanto os ornitólogos os combatem por razões totalmente diferentes.

Outras questões levantam problemas éticos, como o uso de células--tronco na medicina ou na clonagem da ovelha Dolly. Todavia, para que as decisões governamentais se baseiem em evidências em vez de em medos irracionais e em opiniões desinformadas, a população votante precisa de um entendimento da ciência para que tome decisões informadas sobre essas e outras questões importantes relacionadas à ciência na sociedade, como, por exemplo, sementes geneticamente modificadas, aquecimento global, etc. Ainda mais importante, talvez, as unidades "familiares" individuais devem ser capazes de tirar sentido e compreender as evidências relacionadas a questões médicas, como a vacinação e as possíveis conexões com a saúde e com a deficiência, bem como outras escolhas de vida relacionadas com a dieta e com o lazer.

Entretanto, tirar sentido das evidências, quando grande parte delas parece contraditória, não é nada fácil, particularmente quando elas recebem um determinado viés ou "distorção" da parte de políticos ou quando a apresentação das ideias foi sensacionalizada ou se questões complexas foram simplificadas demais pela mídia popular, de maneira a gerar confusão e estupefação.

As administrações, para que consigam resistir, não podem ignorar a opinião pública, especialmente se houver consequências econômicas envolvidas. Como resultado da preocupação sobre os efeitos do aquecimento global ligados à mudança climática, em 2006, o governo trabalhista da Inglaterra encomendou uma revisão independente e muito longa para analisar criticamente as evidências científicas e econômicas do impacto teórico da mudança climática ao redor do mundo. O Relatório Stern sobre a Economia da Mudança Climática adotou uma postura questionadora e fez uma análise aprofundada de uma quantidade considerável de evidências de tipos diferentes de pesquisas de mundo. Essa revisão é uma leitura interessante, particularmente em suas previsões para o movimento do homem e de outros animais, à medida que se adaptam às mudanças na temperatura local enquanto o aquecimento global ocorre em diferentes partes do planeta. O relatório conclui que os efeitos da mudança climática, a partir do aquecimento global, são resultado direto do impacto do homem sobre o ambiente global. A revisão é persuasiva, podendo-se argumentar que Stern adotou uma postura pessimista em relação às evidências existentes, tiradas principalmente de modelos teóricos (Tol, 2006; Mendelsohn, 2006). Outros argumentam vigorosamente que, embora existam questões que devam ser abordadas em nossa sociedade, a mudança global e a mudança climática simplesmente fazem parte de um padrão inevitável de mudança climática, que tem pouco a ver com as atividades do homem. De fato, os registros fósseis existentes testemunham o fato de que houve variações significativas e influentes na temperatura em escala global ao longo do tempo sem a influência do homem. Embora Stern mencione, de modo breve, que houve mudanças climáticas globais naturais no passado, a revisão enfatiza os efeitos das emissões de CO_2 resultantes das atividades diárias do homem atual.

Independentemente das atividades humanas estarem ou não acelerando as mudanças climáticas ou de o homem poder reverter tais mudanças, essas são questões ambientais que devem ser abordadas de maneira urgente. Por exemplo, existe a necessidade de controlar a prática histórica de se enterrar o lixo, particularmente na sociedade "descartável" do Reino Unido.

Muitos jovens se preocupam com o futuro do planeta e rapidamente adotam práticas de reciclagem. Todavia, podem desconhecer os detalhes mais específicos das questões pelas quais demonstram um apoio entusiástico, pois certas iniciativas relacionadas ao meio ambiente podem estar apenas postergando problemas para o futuro. Um exemplo disso diz respeito à tendência de substituir lâmpadas domésticas tradicionais pela variedade de "longa vida". Poucos param para pensar sobre os riscos e perigos associados a essa prática, mas virá a necessidade de se lidar com o recolhimento das lâmpadas usadas e o mercúrio que elas contêm, em algum ponto do futuro próximo. A reciclagem de lixo também pode ser questionada. Existe um custo nisso, que não costuma ser analisado em termos da energia necessária para a coleta do lixo reciclado, particularmente se for necessário transporte adicional para levar o lixo dos locais de recolhimento aos centros de reciclagem – especialmente nas zonas rurais. A tendência de banir os sacos plásticos ou de cobrar por eles também pode gerar consequências inesperadas: as pessoas podem acabar indo de carro ao supermercado em vez de caminharem. Esses problemas são típicos daqueles que nossos alunos deverão considerar para tomar decisões informadas no futuro.

AS QUATRO LINHAS DA CIÊNCIA

Historicamente, a ciência é apresentada em dois aspectos: ela é, primeiramente, um corpo de conhecimento, e, em segundo lugar, um modo de trabalhar. Esses dois aspectos estão total e inextricavelmente relacionados. Quando os cientistas trabalham, eles aprendem sobre o mundo usando aspectos do método científico. De maneira semelhante, alunos da pré-escola e alunos maiores aprendem sobre o mundo usando os mesmos métodos básicos. Embora o nível de sofisticação dos testes seja diferente e as ferramentas usadas também o sejam, basicamente, os cientistas e os alunos aprendem sobre o mundo usando os mesmos processos. Durante muitos anos, em teoria, senão na prática popular, um dos principais objetivos do ensino de ciências tem sido desenvolver o entendimento dos alunos pelo uso de abordagens científicas.

Ser científico também envolve o desenvolvimento de conceitos como eletricidade ou mudança ou movimento, etc. Existe uma forte relação entre o uso do método científico pelos alunos e o desenvolvimento da compreensão científica. Além disso, os avanços em ambos aspectos da ciência são fortemente influenciados e se fundamentam nas posturas dos cientistas e dos alunos em relação à ciência. As posturas envolvidas em "ser científico" geralmente envolvem curiosidade, respeito pelas evidências, disposição para tolerar a incerteza, criatividade e inventividade, ter uma mente aberta, reflexão crítica, cooperação com outras pessoas, sensibilidade a seres vivos e objetivos inanimados e perseverança. Embora Johnson (2005) considere o desenvolvimento científico como uma "tripla hélice" com três linhas, o entendimento conceitual, as habilidades e as atitudes desenvolvendo-se juntos para sustentar o entendimento futuro, uma outra área é importante para unir as linhas: a área dos procedimentos científicos.

Os procedimentos científicos são diferentes das habilidades e incluem a natureza da ciência, a coleta e a análise das evidências e o desenvolvimento de ideias científicas. A compreensão dos procedimentos desenvolve o entendimento dos alunos sobre a abordagem científica de investigação, de maneira tal que eles usam essas ideias de um modo científico.

Essas quatro linhas são relacionadas e são vitais para que a ciência continue a ter alguma relevância para os alunos no século XXI. Sem essa amplitude, a ciência é uma disciplina seca e limitante, que não consegue interessar ou animar, e na qual os testes e sucessos do passado se reduzem a uma lista de fatos a aprender e experimentos a conduzir.

A IMPORTÂNCIA DA CIÊNCIA NO ENSINO FUNDAMENTAL

As mudanças recentes no ensino de ciências no ensino fundamental refletiram o reconhecimento de que seriam necessárias mudanças significativas na prática para garantir que os cidadãos futuros se tornem cientificamente letrados. Desde maio de 2006, as disciplinas de ciências enfatizam a noção de "como a ciência funciona". A mudança se deu por causa da visão antiga de que o currículo de ciências estava sobrecarregado de "fatos a aprender". Desde 2007, as ciências das séries finais do ensino fundamental se concentram em torno de conceitos básicos, de processos básicos, de amplitude e conteúdo e de oportunidades curriculares. O conteúdo foi reduzido a quatro áreas da ciência, com os processos da vida fazendo parte do comportamento dos organismos e da saúde. Desde 2000, não houve nenhuma mudança no programa de estudo para alunos de 5 a

11 anos, e a última mudança real foi em 1995. Como resultado, o currículo fundamental está ficando incompatível com a ciência em outras áreas da educação e com a ciência na vida real. A ciência é um dos temas nucleares do Currículo Nacional, que contribui para a aquisição de habilidades básicas, incluindo habilidades de pensamento (Harlen, 2000a, b).

O debate sobre qual deve ser a ênfase da ciência ocorre há muitos anos. A ciência não foi aceita no nível escolar até o final do século XIX (Lawson e Silver, 1973, p. 345). Mesmo então, havia discordância sobre o que deveria ser ciência. O professor Henry E. Armstrong defendia uma abordagem mais "iluminada". Ele atacava (ibid. p. 345-346) os métodos de ensino existentes e defendia métodos "heurísticos" ou "de descoberta", afirmando que "os garotos e as garotas do futuro não devem ser confinados a estudos teóricos: devem aprender muito não apenas *sobre* as coisas, mas também sobre como *fazer* coisas... de modo que as crianças, desde o início, possam aprender a adquirir conhecimento por seus próprios meios" (ibid. p. 346). Mais recentemente, em um contexto em que professores de professores estavam tentando incentivar os professores do ensino fundamental a incluir a ciência na sala de aula, Harlen (1978) questionou se o conteúdo era importante nas ciências desse nível de ensino. Mais de uma década depois, a inclusão de ciências no Currículo Nacional nas séries iniciais do ensino fundamental em 1989 levou a mudança para o currículo baseado no conteúdo, mesmo que essa não tenha sido a intenção dos autores daquelas que se tornaram as primeiras normas estatutárias. Quase 20 anos depois, o debate continua de modo caloroso.

Mesmo com a tendência crescente para uma abordagem intercurricular, é importante que a ciência apareça de forma clara e tenha uma identidade discreta e reconhecível, para que os alunos não recebam uma dieta de ciência sem profundidade e relevância. Esse fato é entendido há algum tempo, mas seria indesejável que essa compreensão se perdesse agora.

> O campo da ciência é tão amplo que o que se faz na escola pode mudar de um aspecto do tema para outro sem que se desenvolva muito sentido de coesão...mesmo quando um tema de investigação foi selecionado, as ramificações que podem ocorrer devem ser controladas, para que haja um sentido de realização definitiva (Ministry of Education, 1963, p. 143)

Segundo o Currículo Nacional (DfEE, 1999), a ciência diz respeito a estimular e a animar a curiosidade das crianças em relação ao mundo que as rodeia: "a ciência é parte integral da cultura moderna. Ela amplia a imaginação e a criatividade dos jovens. Seus desafios são enormes" (DfEE,

1999, p. 78). Devido a essa visão, não é de surpreender que o desenvolvimento de certos aspectos das habilidades científicas possa ser identificado no Early Years Foundation Stage* (DfES, 2003a) na orientação curricular para o estágio fundamental, dentro da categoria do "conhecimento e entendimento do mundo". Ele também é promovido durante todo o ensino fundamental do Currículo Nacional de inglês. A Qualification and Curriculum Authority (QCA) (2000, p. 32) afirma que, para que as crianças do estágio fundamental desenvolvam seu conhecimento e entendimento do mundo, os professores devem proporcionar: "atividades baseadas em experiências práticas que incentivem a exploração, a observação, a resolução de problemas, a previsão, o pensamento crítico, a tomada de decisões e a discussão" (QCA, 2000, p. 82) – um desafio real para o profissional das séries iniciais e, de fato, para todos os professores e pessoas que trabalham na sala de aula com alunos de todas as idades!

A postura aberta para aprender ciências também é importante e deve ser considerada e desenvolvida. Isso não aparece explicitamente no Currículo Nacional de ciências de 2000, mas é importante e, ao se considerar a formação da criança de um modo holístico, não pode ser ignorado. De maneira preocupante, parece haver uma tendência de os alunos se afastarem das ciências à medida que crescem, ligada à maneira como os conceitos de ciências são revisitados em preparação para os Testes Nacionais das séries finais do ensino fundamental.

De um modo geral, o desenvolvimento da compreensão da ciência depende de todos esses aspectos. Os professores devem criar um mosaico de atividades de ciências para crianças do ensino fundamental, no qual o conhecimento e o entendimento se desenvolvam juntamente com procedimentos científicos, com habilidades e com posturas para e na ciência.

AS ATITUDES DOS ALUNOS EM RELAÇÃO À CIÊNCIA

A pesquisa sobre as atitudes dos alunos em relação à ciência revela que elas se formam já com pouca idade. Portanto, é crucial que se capte esse interesse natural pela ciência e se capitalizem as experiências das crianças de conhecer o mundo por meio da exploração. O objetivo da ciência escolar é ampliar essas oportunidades, em vez de limitar o cur-

---

* N. de R. No Brasil, o Early Years Foundation corresponde à Educação Infantil.

rículo, como parece ser o caso atualmente em certas escolas. O Acclaim Project entrevistou eminentes cientistas envolvidos na pesquisa e no desenvolvimento curriculares em ciências. Uma das observações mais interessantes diz respeito à idade em que os cientistas se interessaram pela ciência. Entre as respostas típicas, estão:

Não lembro de quando não estava interessado em ciência.
Me interessei pela ciência desde muito cedo, talvez aos 5 ou 6 anos.

Enquanto as mulheres cientistas parecem sugerir que tinham mais idade quando começaram a se interessar pela ciência, um fator comum identificado para todos foi a exposição a outras pessoas que tinham paixão por coisas científicas, como os pais, parentes ou amigos. De maneira significativa, os professores e as experiências "práticas" foram identificados como fatores que desempenham um papel influente no desenvolvimento do interesse dos cientistas pela ciência. Isso é compatível com visões expressadas regularmente por professores atuantes e em formação, cujas experiências com a ciência escolar, tanto positivas quanto negativas, tiveram um grande impacto em suas posturas de longo prazo para com o tema.

De forma clara, então, é importante que a ciência surja regularmente ao longo dos anos do ensino fundamental. Todavia, é importante não apenas que ela seja incluída, mas que seja da qualidade certa. O relatório do Her Majesty Inspectorate (HMI) para o ensino de ciências (Ofsted/HMI, 2003) observa que houve uma redução no tempo dedicado a ciências e, particularmente, ao trabalho investigativo.

Outras pesquisas sugerem que muitos alunos têm posturas negativas em relação à aprendizagem de ciências no ensino fundamental. Pollard e Triggs (2000) observam que, à medida que os alunos da amostra crescem, a ciência se torna um dos três temas de que elas menos gostam no currículo do ensino fundamental e que os alunos raramente citam ciências como a disciplina de que mais gostam, preferindo artes e educação física. Os alunos dizem que consideram ciências difícil e que não gostam da quantidade de trabalhos escritos que devem fazer e da carga de informações que devem aprender. As meninas gostam menos de ciências do que os meninos até a 6ª série, quando a antipatia torna-se muito maior, mas dividida igualmente entre os sexos. Além disso, as observações sugerem que, à medida que os alunos do ensino fundamental crescem, sua percepção dos processos de aprendizagem em ciências diminui em vez de aumentar. Por exemplo, houve um declínio em sua percepção da ciência como atividade investigativa, por causa do rígido currículo baseado no conteúdo e controlado pelo professor (Pollard e Triggs, 2000, p. 87-98).

Os alunos devem ter a oportunidade e o tempo necessários para se envolver nos processos e nos procedimentos da ciência, para desenvolver um conhecimento e entendimento sólidos e, como resultado, desenvolver atitudes mais positivas.

A IMPORTÂNCIA DO TRABALHO EM GRUPO

Ao contrário de muitas disciplinas do currículo do ensino fundamental, a ciência proporciona a oportunidade de trabalhar enquanto grupo, em vez de trabalhar de forma independente dentro da situação de grupo. A ciência proporciona que os alunos se envolvam no trabalho do grupo, no qual têm a oportunidade de compartilhar ideias, de refinar o vocabulário e de cooperar entre si em atividades práticas colaborativas. A pesquisa mostra que os alunos que trabalham juntos aprendem mais do que quando trabalham sós. Isso se aplica à atividade científica em qualquer nível, pois o compartilhamento de ideias e o trabalho em grupo são fundamentais para o escrutínio externo, levando à progressão das ideias.

O uso da supervia da informação revolucionou a velocidade da comunicação e a capacidade dos cientistas de cooperar entre si e de compartilhar e desenvolver ideias, às vezes entre os continentes: apenas compartilhar ideias é insuficiente. Ao ser questionado sobre quais qualidades eram necessárias para resolver um problema científico, um eminente cientista respondeu:

> A capacidade de fazer a pergunta certa é muito importante... perseverança e determinação... O pensamento lateral é útil quando não existe uma solução direta clara para o problema. Também é importante ter a capacidade de admitir que as evidências científicas mostram que sua ideia estimada está errada e que a ideia de outra pessoa está certa. Atualmente, grande parte da ciência é feita em equipe, de modo que a capacidade de trabalhar em equipe ajuda.*

As qualidades citadas não são exclusivas da ciência e dos cientistas e, portanto, o desenvolvimento dessas qualidades deve estar no centro da

---

* N. de R. Para maiores informações, acesse o site www.acclaimscientists.org.uk, conteúdo em inglês.

educação. A capacidade de trabalhar como parte de um grupo é necessária para que os alunos desenvolvam um entendimento metodológico e posturas científicas. A ciência prática proporciona muitas oportunidades não apenas para compartilhar e para desafiar ideias entre os colegas, mas também para o desenvolvimento de habilidades de grupo.

O papel do professor é crucial nesse processo: "negligenciar as habilidades processuais significa que os alunos devem aceitar as ideias conforme forem transmitidas pelo professor ou pelo livro didático, e existem muitas experiências que mostram ser improvável que isso leve a algum entendimento" (Sherrington, 1998, p. 28). Se o professor sempre planejar a investigação, proporcionando oportunidades **apenas** para atividades ilustrativas, isto é, aquelas que ilustram um conceito ou um princípio científico, a habilidade de planejamento se perderá. De maneira semelhante, se os alunos nunca forem desafiados a interpretar dados que tenham coletado, a explicar o que os dados dizem e a avaliar seus próprios procedimentos, talvez nunca desenvolvam as habilidades superiores associadas à investigação científica.

É importante partir das próprias ideias dos alunos, pois eles devem desenvolver suas ideias progressivamente, em uma variedade de temas no decorrer dos anos do ensino fundamental. Os alunos devem ser estimulados a fazer suas próprias perguntas e a encontrar as respostas usando uma ampla variedade de abordagens, e, desse modo, a coletar evidências. Analisar os dados coletados com a mente aberta, tentando encontrar sentido em padrões e tirar conclusões são atividades que desenvolvem o respeito pelas evidências. O trabalho cooperativo em grupo introduz os alunos nos aspectos sociais da ciência, além de proporcionar oportunidades para o desenvolvimento de habilidades básicas de aprendizagem. Todos esses aspectos são interligados e sustentam o desenvolvimento das posturas dos alunos para com a ciência, que tem um importante impacto na aprendizagem.

A NATUREZA DAS IDEIAS CIENTÍFICAS

A variedade do conhecimento e do entendimento científicos aceitos é imensa e se desenvolveu ao longo de milhares de anos. O corpo de conhecimento científico conhecido, porém, não é estático e imutável. O processo de mudança ocorre gradualmente: muitas ideias originais foram desafiadas com o tempo, como, por exemplo, as ideias de que a Terra é o centro do universo e de que é plana. Outras ideias foram refinadas com o passar do tempo, como, por exemplo, a ideia de que as menores partes do átomo são os nêutrons, os elétrons e os prótons. Todavia, a maior parte das ideias que são aceitas como verdadeiras hoje em dia na ciência tem uma coisa em comum: embora não sejam aceitas de forma absoluta, existem certas evidências que as sustentem. Embora haja uma opinião comum de que os cientistas tentam "provar" suas ideias, na realidade, os cientistas tentam "desprová-las". Uma ideia é adotada porque foram tiradas conclusões, que foram comunicadas a outros pesquisadores, fazendo com que a ideia seja desafiada e rejeitada ou aceita. Não importa quantas evidências haja para sustentar uma teoria, precisa-se apenas de um resultado repetido para rejeitar a ideia. Às vezes, a mudança ocorre por meio de um processo de revolução científica, quando ideias aceitas são analisadas de um modo novo e diferente – quando um cientista sai dos paradigmas existentes e usa um olhar criativo para as ideias aceitas, isso pode levar a saltos gigantes no entendimento científico (Khun, 1962).

Os alunos devem desenvolver uma compreensão das maneiras em que fatos científicos previamente aceitos mudam ao longo do tempo, para que realmente possam entender a essência da ciência. Esse aspecto da ciência deve ser incluído explicitamente nas abordagens de ensino e de aprendizagem usadas no ensino fundamental, que devem ter referências à ciência do passado. Senão, a ciência simplesmente se torna um corpo de conhecimento que deve ser aprendido, sem oportunidades para "novas" descobertas ou uma resposta criativa da parte dos educandos. O foco em *o que* se sabe, em vez de em *como* se sabe, torna a ciência estéril. Avaliar evidências é importante na ciência, e também é uma importante habilidade genérica para a vida. Ter uma mente aberta e respeito pelas evidências são atitudes importantes na ciência e também na vida cotidiana, isto é, para tomar decisões baseadas nas evidências, em vez de tirar conclusões precipitadas.

Podemos habilitar os alunos a estabelecerem relações entre suas ideias e as evidências para elas por meio de atividades simples. A seguir, apresentamos uma boa atividade para explicitar a necessidade de olhar objetivamente e respeitar as evidências em favor das conclusões, a começar pela Figura 1.1.

Já foram encontrados muitos conjuntos de pegadas antigas, os quais têm fascinado os cientistas por décadas. Pode-se pedir que os alunos revelem suas ideias olhando a imagem a seguir. Ao verem essa imagem recentemente, alguns alunos disseram que pensavam que eram desenhos de pegadas. Questionados sobre por que pensavam isso, ficou claro que tinham evidências da vida cotidiana para a sua interpretação dos desenhos, por exemplo, por terem visto pegadas de pássaros na neve. Eles também disseram que um dos animais era maior que o outro, evidenciado pelo tamanho das pegadas, e que o animal com marcas maiores tinha garras. Enquanto o animal menor andava com os dois pés juntos, as pegadas maiores foram feitas uma de cada vez. Um adulto sugeriu que as pegadas pequenas haviam sido feitas por um animal que tinha o cérebro pequeno e que não havia desenvolvido um cérebro suficientemente grande para ter movimentos coordenados.

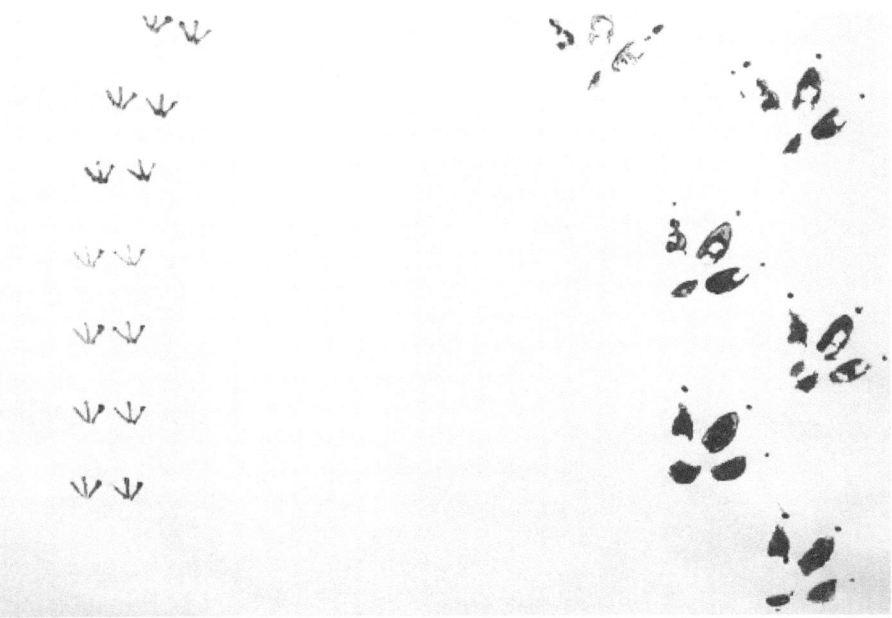

Figura 1.1 Que ideias são geradas por essa imagem?

Quando foram apresentadas mais evidências (Figura 2.1), os alunos sugeriram ideias sobre um encontro entre os dois animais, resultando em o menor fugir voando, pegar carona no outro ou ter um "fim terrível". As evidências que sustentavam essas ideias foram evocadas, com questões para concentrar os alunos nas evidências que as sustentavam explicitamente e se todas as ideias podiam estar corretas. Nesse caso, todas as ideias tinham mérito, embora os alunos tenham desenvolvido sua "ideia preferida", mas não foi possível rejeitar as outras visões. De fato, não havia nenhuma evidência que sugerisse que ambas pegadas tivessem sido feitas ao mesmo tempo! Depois que os alunos entenderam que, nesse tipo de aula de ciências, a expectativa era que eles promovessem ideias, discutissem evidências e que suas respostas podiam ser mudadas à medida que surgissem novas evidências, eles se mostraram prontos e dispostos a usar seu entusiasmo e criatividade em outras atividades. Na maioria das atividades, pode-se desafiar os alunos a usar suas ideias e a coletar evidências, mas isso exige mudanças na maneira como a ciência é apresentada em certas salas de aula do ensino fundamental.

Figura 1.2 Mais evidências são fornecidas; será que as ideias mudaram?

Os rastros encontrados na vida moderna cotidiana trazem tantos desafios quanto usar exemplos da pré-história. Os rastros da Figura 1.3 foram feitos em uma praia dos Estados Unidos em 2004. Observar rastros diferentes deve proporcionar certos indícios de quais foram os "animais" que os fizeram. Para ajudar os alunos a serem criativos, precisa-se apenas de menos direcionamento por parte do professor e de um entendimento de que a ciência pode ser significativa. A criação de rastros na escola para resolver problemas e a inclusão da ciência forense na sala de aula são discutidas nos capítulos seguintes.

Em outra ocasião, materiais cotidianos foram usados para relacionar a ciência à vida real. Os alunos devem aplicar essa abordagem a uma situação da vida cotidiana. Uma variedade de latas de refrigerantes – uma "Coca", uma "Coca diet" e uma "Sprite" – e um tanque de água foram usados para desafiar os alunos a dar ideias sobre o que aconteceria quando as latas fossem colocadas na água. Os alunos usaram o conhecimento anterior de flutuação e de submersão para chegar a suas sugestões, como "a Coca diet vai flutuar porque é mais leve" e "todas vão afundar porque são pesadas". As latas foram colocadas na água uma por uma, com a oportunidade de os alunos observarem o que acontecia com cada lata, perguntando-se se gostariam de mudar suas opiniões com base nas novas evidências. No teste, a "Sprite" afundou, a "Coca" flutuou até o fundo e a "Coca diet" afundou pouco abaixo da superfície. Os alunos precisavam pensar em maneiras de testar suas ideias.

Figura 1.3 O que fez esses rastros?

Entre os testes sugeridos, estão pesar as latas, mensurar o líquido, contar o número de bolhas em quantidades fixas de cada líquido e usar fontes secundárias para pesquisar a composição de cada líquido (por exemplo, a quantidade de açúcar). Uma criança sugeriu que se as latas tivessem sido colocadas no tanque em uma ordem diferente, o resultado teria sido diferente! Outra vantagem de trabalhar dessa forma é a chance de identificar alunos que necessitem de apoio ou de um desafio. Embora não houvesse nenhum trabalho escrito na parte original da sessão, isso não tornou a atividade menos valiosa. Depois que experimentaram seus testes, os alunos registraram seus resultados e comunicaram suas descobertas na forma de pôster mais adiante na semana.

PONTOS DE PARTIDA SIMPLES PARA ATIVIDADES INTERESSANTES E CRIATIVAS

Inicialmente, quando devem usar um objeto simples como ponto de partida para atividades criativas em ciências, professores atuantes e estudantes em treinamento costumam dizer que consideram isso difícil e assustador. Todavia, quando são desafiados a fazê-lo, fornecem uma riqueza de ideias para compartilhar com os colegas: "a princípio, eu estava muito preocupado, não sabia o que escolher, mas quando você pensa cuidadosamente, olha nos livros, e assim por diante, é tão simples, não é?" (aluno do Programa de pós-graduação em Educação, 2004).

Atividades criativas e interessantes podem ser pontos de partida diferentes, mas simples. O Quadro 1.1 proporciona algumas sugestões para atividades práticas criativas com pontos de partida cujo foco inicial é o jogo, a exploração e a observação. Muitas das atividades podem ser abordadas em diferentes estágios, mas devem ser adaptadas para satisfazer as necessidades conhecidas de indivíduos e de grupos de alunos na sala de aula. Os professores e outros adultos podem começar apresentando um objeto à criança, afastando-se para observar o que os alunos notam, como interagem com o objeto e anotando as perguntas que são feitas. A diferenciação é por resultado, pois os alunos, inicialmente, abordarão cada tarefa com níveis diferentes de habilidade e de experiência. Observa-se que os alunos menores abordam os objetos de maneira diferente que os maiores, baseando sua abordagem na tentativa e erro. A expectativa para os alunos maiores é que eles apliquem uma abordagem mais sistemática e lógica às atividades, embora isso dependa de experiências anteriores e de oportunidades de trabalhar de modo independente.

Quadro 1.1 Atividades práticas criativas

Recurso	Atividades práticas criativas
	Adivinhe qual é o objeto
Câmera digital, fotografias de vários objetos em *close* p. ex., abacaxi	Fotografias de pequenas partes do objeto para procurar detalhes. Os alunos tiram fotos em *close* e desafiam os outros a identificar.
Olhos	Olhar os olhos uns dos outros. Observar as diferentes cores dos olhos. Registrar os olhos do colega usando lã colada em papelão. Cobrir os olhos e observar a mudança nos alunos.
Dentes de bebês Escova de dentes Pasta de dentes	Olhar as diferentes formas de dentes e sua função. Misturar pasta de dente com água e observar quanta espuma forma e se toda a pasta se dissolve.
Olhar ossos de diferentes animais	De que animal ele veio? Como você sabe? De que maneiras eles são parecidos? Quais são as diferenças? Qual osso pode ter sido de um rato e qual de um elefante? Observação próxima usando microscópio digital.
Blusão de lã	Observação minuciosa da lã. Olhar de onde vem a lã e como é tratada para virar um blusão. Lã sob microscópio digital.
Termômetro de Arquimedes	Observar o bulbo cheio de líquido subir e descer com a temperatura. Explorar como outras coisas cheias de água flutuam e afundam. Mergulhos cartesianos*.
Esponjas	Observação, de que é feito? Esponjas feitas pelo homem e esponjas naturais. Quanta água absorvem? Flutuam ou afundam? Quantos furos existem e se existe um padrão entre os furos e a absorção de água/submersão?
Cubo de gelo	Como se pode manter um cubo de gelo na sala de aula pelo maior tempo possível? O que podemos fazer? Criar um pegador de cubos de gelo.
Areia e potes de iogurte em uma bandeja ou caixa de areia	Que proporção de areia e água se precisa para fazer um bom castelo de areia?
Sementes de papoula	Dispersão de sementes. Pensar sobre como pode ser por dentro. Que cor e tamanho as sementes podem ter?
Pacotes de sementes: uma variedade de tipos deve ser observada e discutida	Olhe a figura das plantas no pacote de sementes. Que tamanho os alunos pensam que a semente será e por que pensam isso? Que cor eles acham que será? Os alunos pequenos costumam pensar que as plantas grandes terão sementes grandes e serão da mesma cor que a planta resultante. Abrir o pacote de sementes é bastante divertido para alunos pequenos e pode gerar questões para testar, se a semente maior produz a planta maior. Isso pode levar imediatamente a uma investigação mais profunda para estender a experiência dos alunos com sementes e plantas além dos feijões. (Certifique-se de que as sementes não sejam tratadas com pesticidas).

---

* N de R.T. Dispositivo que consiste de um boneco mergulhado em um tubo transparente e que se move pela compressão de uma tampa de borracha colocada em uma das extremidades também conhecido como demônio cartesiano ou diabinho cartesiano.

Quadro 1.1 (continuação)

Recurso	Atividades práticas criativas
Furador de papel	Como funciona? O que a mola faz? Ligar com forças. Buscar outras molas, p. ex., pula-pula. Ajuda os alunos a fazer conexões.
Balão vazio, balão com gelo, balão com água, balão com ar	Observação inicial dos quatro balões fará notar diferenças e semelhanças entre eles. Os alunos podem descrever cada um dos balões e anotar o vocabulário usado. Alunos pequenos podem ter alguém para anotar suas observações. O que eles notam sobre os balões pode levar a muitas questões. Os alunos podem fazer perguntas, que podem ser "filtradas" pelo professor em busca de questões produtivas que podem levar a determinadas atividades, p. ex., o que aconteceu quando foram colocados na água? Será que todos os balões pulam? Até onde pulará? Até que altura pulará quando bater em diferentes superfícies? Qual é o peso dos balões? Aqui, alunos pequenos podem comparar pesos, alunos maiores podem usar instrumentos para medir.
Bolhas	As bolhas proporcionam um excelente ponto de partida para muitas observações. Pode-se anotar o vocabulário, compartilhar observações e, se necessário, repetir. Podem ser usados aros de diferentes tamanhos e formas para descobrir se a forma do aro afeta a forma das bolhas.
Saquinhos de chá	Olhar as semelhanças e as diferenças entre saquinhos de chá. Uma análise minuciosa de diferentes saquinhos com uma lente de mão e com um microscópio digital para descobrir o tamanho do furos. Pesar o chá de diferentes saquinhos. Olhar a forma das folhas do chá com o microscópio digital. Fazer chá a não mais que 60 graus Celsius. Olhar a cor dos diferentes chás. Qual saquinho de chá faz o chá mais forte em cinco minutos? O que acontece quando se mergulha tecido no chá?
Sabão	Qual sabão remove tinta mais rapidamente? Também se pode testar água quente e fria. Quanto tempo até os pés enrugarem? Colocar os pés na água morna e ver quanto tempo até enrugarem. Desenhar os pés depois. Quanta espuma um sabonete faz? Testar diferentes tipos de sabão, virando a barra na mão uma vez e depois esfregando as mãos e comparando as quantidades de espuma.

Resumo

Este capítulo considerou diversas questões importantes relacionadas à ciência, à natureza da ciência e à abordagem da ciência no currículo do ensino fundamental. Ele mostra que o conhecimento e o entendimento da ciência devem ocorrer juntamente com o desenvolvimento da compreensão dos procedimentos das habilidades processuais; que, para o bem-estar futuro do indivíduo e da sociedade, não devemos ignorar as posturas dos alunos para com a ciência.
Existe necessidade de se afastar da visão que divulga a ciência como uma matéria aborrecida, repleta de fatos a aprender. Essa visão deve ser substituída por uma abordagem de ensino que enxergue a ciência e o ensino de ciências como uma atividade criativa. Para que isso ocorra, os professores devem considerar plenamente as ideias dos alunos e utilizá-las para promover o entendimento deles sobre a ciência na vida cotidiana. O desafio para o professor das séries iniciais de hoje é romper com o modelo tradicional e ensinar ciência de um modo criativo, tornando-a mais relevante para a geração futura de possíveis cientistas.

SUGESTÕES PARA LEITURA

Haden, W. (2006) "The goals of science education", Teaching Learning and Assessing Science 5-12 London: Sage.
Hamblin, A.H. Foster, J.R. (2000) Ancient Animal Footprints and Traces in the Grandstaircase-Escalaute National Monument, South Central Utah. A publicação 28 da Geological Association pode ser obtida por download no endereço www.utahgeology.org/pub28_pdf_rules/Hambin.pdf.
Osborne, J.F., Duschl, R. et al (2002) *Breaking the Mould: Teaching Science for Public Understanding.* London: Nuffield Foundation.
Osborne, J. F., Ratcliffe, M., Collins, S., Millar, R. e Duschl, R. (2003) "What "ideasabout-science" should be taught in school science?" A Delphi Study of the "Expert" Community. *Journal of Research in Science Teaching,* 40(7): 692-720.

2 As habilidades que os alunos devem ter para aprender ciência
habilidades processuais

Hellen Ward e Judith Roden

> **Introdução**
>
> Este capítulo analisa as habilidades processuais e seu papel no desenvolvimento do conhecimento e da compreensão dos alunos em relação à ciência, identificando e considerando a importância de se desenvolver tais habilidades. Embora chamadas habilidades processuais, as habilidades necessárias para aprender ciência no ensino e na aprendizagem cotidianos das escolas, elas também são conhecidas como habilidades básicas. Essas habilidades básicas, embora às vezes sejam implícitas e não explícitas, estão incluídas na seção, Investigação científica, a espinha dorsal do Currículo Nacional inglês. O principal objetivo do capítulo é analisar maneiras em que os professores podem estruturar as experiências que possibilitam aos alunos desenvolver suas habilidades dentro do tópico ou da unidade de trabalho de ciência.

DESENVOLVENDO AS HABILIDADES PROCESSUAIS DOS ALUNOS

Inicialmente, as habilidades processuais dos alunos são limitadas e assistemáticas, caracterizadas pela exploração do tipo de tentativa e erro. Faz parte do papel dos professores ajudar a desenvolvê-las, para que, à medida que amadurecerem, os alunos possam explorar o mundo de um modo mais sistemático, organizado e significativo. Inconscientemente, os alunos pequenos fazem uso de habilidades processuais individuais simples todo o tempo enquanto exploram o mundo, mas, à medida que crescem, as habilidades individuais se tornam mais importantes em sua educação formal. As habilidades mais simples envolvem observar, classificar, questionar e levantar hipóteses, mas são fundamentais para o desenvolvimento de habilidades mais avançadas, como planejar, prever e interpretar dados.

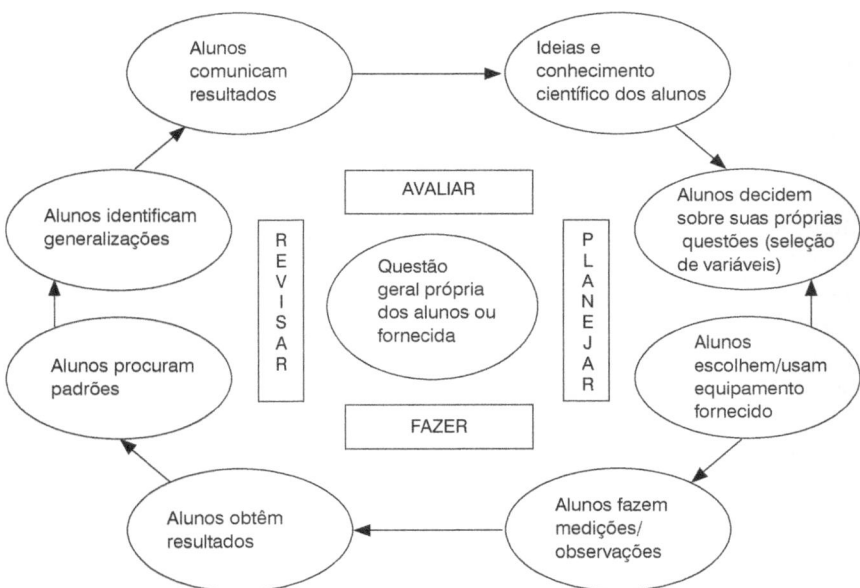

Figura 2.1 Habilidades processuais.

À medida que os alunos avançam na escola, os professores precisam identificar as habilidades processuais individuais que, juntas, formam a compreensão dos procedimentos, como, por exemplo, a observação ou a capacidade de levantar questões e de planejar para proporcionar oportunidades para os alunos as praticarem individualmente nas atividades em que a intenção da aprendizagem esteja explicitamente relacionada à habilidade processual em questão. Isso não apenas permitirá uma aplicação melhor das habilidades individuais, mas ao longo do tempo, um uso mais sofisticado do processo como um todo. Isso resulta no aumento da qualidade geral do envolvimento dos alunos na investigação científica e implica a identificação, por parte dos professores das habilidades processuais individuais no estágio de planejamento e concentrar objetivos da aprendizagem. O sucesso aqui está no planejamento cuidadoso, voltado para as habilidades processuais juntamente com aquelas relacionadas com o conhecimento e a compreensão.

Na investigação científica, os alunos usam diversas habilidades processuais separadas ou juntas, dependendo da atividade que lhes é apresentada. A observação é uma habilidade básica que relaciona muitos dos outros processos identificados, e que aumenta a qualidade de outras habilidades processuais – por exemplo, costumam surgir questões a partir de pequenos detalhes observados e também da qualidade dos dados coletados em uma investigação. As questões levantadas pelo professor ou pelos próprios alunos podem ser usadas como ponto de partida para todos os tipos de investigações. As habilidades processuais são importantes, mas seu uso depende da experiência prévia dos alunos e de seu conhecimento e entendimento sobre o tema em estudo.

A previsão é uma habilidade bastante praticada na investigação científica. Ela depende da experiência prévia com o foco do estudo. Quando uma previsão é relacionada a uma explicação, não importa o quão simples seja, chamamos isso de hipótese. As hipóteses podem ser testadas. O planejamento, a obtenção e a apresentação de evidências, bem como a análise e a avaliação, são todos elementos da investigação científica. A escolha de equipamentos também é importante aqui. Os alunos devem ser incentivados a fazer uso de habilidades superiores, em um nível que lhes seja apropriado. Obter e apresentar evidências significa fazer medições usando unidades padronizadas e não padronizadas, usando equipamentos em graus variados de precisão. De maneira importante, os alunos também precisam pensar sobre os perigos e os riscos potenciais dentro de sua investigação planejada e trabalhar em segurança, em relação a si mesmos e a outras pessoas.

Depois que os dados são coletados, os alunos devem procurar padrões e tendências para tirar conclusões com base neles. Explicar o que descobriram permite que encontrem sentido em suas descobertas e que usem seu vocabulário científico crescente para otimizar a aprendizagem geral.

QUESTIONAR E LEVANTAR QUESTÕES

É amplamente aceito que os alunos trazem conhecimentos prévios para a nova situação, e isso forma a base sobre a qual ampliam seu entendimento. Para ampliar seu conhecimento, os alunos devem ser incentivados a fazer perguntas sobre o mundo que os rodeia. O fato de terem que levantar questões e encontrar as próprias respostas para elas possibilita que eles relacionem novas ideias à experiência passada e usem seu conhecimento e entendimento atuais. Embora considerem isso difícil, os alunos, com um pouco de incentivo, levantarão questões apropriadas que possam ser investigadas. O questionamento, juntamente com a observação e a investigação, é um aspecto fundamental do desenvolvimento da compreensão dos alunos sobre o mundo. Eles devem entender a diferença entre as perguntas que fazem e que podem ser investigadas, aquelas que serão respondidas usando outras abordagens e as que não têm resposta. De forma clara, então, é importante incentivar as questões dos alunos, e existe uma variedade de maneiras para fazê-lo.

O uso de uma "caixa das perguntas" na sala de aula ajuda a envolver os alunos no processo de aprendizagem. Eles depositam suas questões sobre a unidade de trabalho em estudo, e o professor seleciona as questões para trabalhar semanalmente. Isso ajuda a mostrar que as questões dos alunos são importantes e valorizadas e relacionadas efetivamente com o trabalho de sala de aula. Também é uma boa ideia ter um "canto" dos problemas ou uma "questão da semana" para os alunos analisarem em seu tempo livre. Os quadros podem mostrar questões investigativas, e um quadro de perguntas é outra estratégia que incentiva o envolvimento dos alunos. As questões são compartilhadas de maneira visual, e os alunos podem encontrar as respostas e colá-las no quadro na parede (Figura 2.2). As respostas podem vir do trabalho nas aulas, bem como do estudo autodidata ou atividades para casa.

A tabela SQCA (S = o que eu sei; Q = o que eu quero saber; C = como vou descobrir; A = o que eu aprendi) também ajuda os alunos a levantarem questões no começo de uma unidade de trabalho. As ideias na coluna "sei" podem ser usadas para concentrar em áreas de concepções erradas, as questões levantadas podem incentivar seu interesse nas aulas. Embora nem todas as perguntas sejam feitas em uma forma que possa ser investigada de maneira prática, muitas podem ser usadas como um ponto de partida para um trabalho prático apropriado e outras serão respondidas usando fontes secundárias.

Embora as crianças pré-escolares pareçam fazer perguntas continuamente, alguns alunos maiores parecem ter perdido essa capacidade. Isso pode ter ocorrido porque o ensino tradicional não exigia que os alunos fizessem perguntas, ou, com mais frequência, os alunos não são incentivados a fazer perguntas porque os professores têm medo de não saber respondê-los. Nos últimos anos, as questões dos alunos têm sido um tanto irrelevantes, com uma tendência do uso disseminado de esquemas de trabalho inflexíveis que proporcionam pouca oportunidade para que o trabalho seja adaptado para satisfazer as necessidades dos indivíduos. De maneira preocupante, um relatório recente do HMI (2004) sugere que, embora os professores evoquem as ideias originais dos alunos, pouco foi feito para ajustar o trabalho planejado às necessidades de aprendizagem identificadas por esse processo. Com a introdução de um currículo mais criativo, uma abordagem flexível é agora mais possível do que antes.

Permitir que os alunos definam suas próprias questões é um aspecto importante do trabalho investigativo. Isso deve ocorrer inicialmente em aulas sobre habilidades básicas, pois os alunos devem aprender como fazer questões investigativas. Seria ideal se eles pudessem, seguindo esse ponto de partida, experimentar suas ideias. Todavia, o tempo para ciências no currículo do ensino fundamental se tornou escasso nos últimos anos e, portanto, o tempo para seguir todos os pontos de partida até uma investigação completa não possibilitaria que se desenvolvesse a habilidade básica do questionamento.

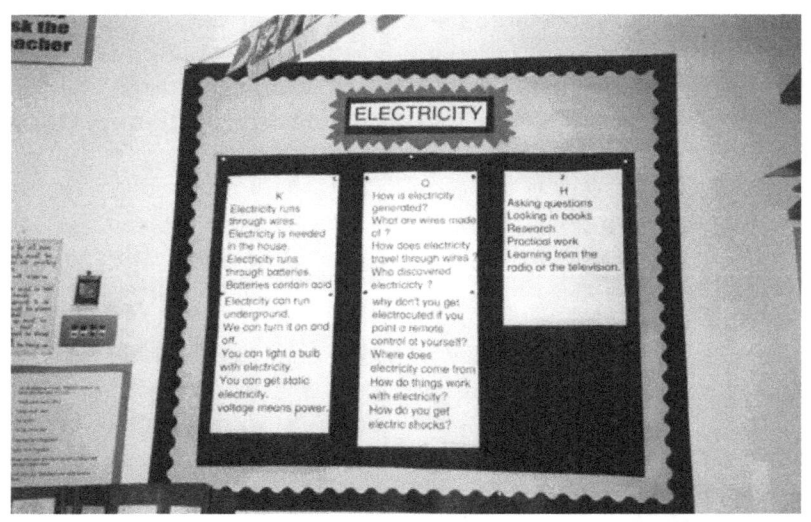

Figura 2.2 Mostrando as questões dos alunos e as respostas encontradas.

QUESTÕES GERAIS

Os professores podem ajudar a alavancar a aprendizagem dos alunos no trabalho investigativo, proporcionando uma "questão geral" como ponto de partida. Isso faz com que os alunos comecem a identificar variáveis, oferecendo um modo para que possam criar questões adequadas dentro de um modelo investigativo.

O uso da questão geral "como podemos manter uma bebida quente por mais tempo?" proporciona a oportunidade de identificar muitas variáveis. Todavia, em uma aula cujo foco é a habilidade de levantar questões, é importante que o professor escolha as variáveis que serão usadas, por exemplo, selecionando o fator a ser mudado (variáveis independentes), como o "tipo de líquido", e o fator a ser medido (variável dependente), como a "temperatura ao longo do tempo". Com esse ponto de partida, os alunos podem identificar questões específicas, e esse processo deve ser embasado em modelagem e em escrita conjunta. Exemplos das questões que surgem podem ser "O que acontece com a temperatura de diferentes líquidos ao longo do tempo?" ou mesmo "Qual líquido esfria mais rápido?". Assim, pode-se discutir, alterar e refinar essas questões, desenvolvendo as habilidades dos alunos para levantar questões.

A modelagem permite que os alunos desenvolvam suas habilidades além do que fariam se não tivessem apoio, mas o grau de apoio deve ser reduzido com o passar do tempo. Os alunos devem ter oportunidades para praticar suas habilidades recém-desenvolvidas, ou seja, ter a oportunidade de gerar novas questões usando a mesma questão global geral, mas com variáveis diferentes. Por exemplo, se, ao contrário do tipo de líquido, a variável independente pudesse ser mudada para "o tipo de material de que é feita a xícara", seriam formuladas outras questões, como "Qual material mantém a bebida quente por mais tempo?" ou "Qual material é mais efetivo para manter uma bebida quente?" ou "O que acontece com a temperatura do líquido em diferentes tipos de xícara?". As perguntas de alguns alunos serão mais refinadas que as de outros, e a discussão deve ser um momento de ensino, de modo que comecem gradualmente a identificar melhores questões. Com o tempo, começarão a fazer perguntas melhores e passarão a identificar questões globais gerais por conta própria.

IDENTIFICAÇÃO E SELEÇÃO DE VARIÁVEIS

As variáveis também são chamadas de "fatores". Aquelas que podem ser mudadas são chamadas de variáveis independentes, enquanto aquelas que podem ser observadas e/ou mensuradas são chamadas de variáveis dependentes.

No começo, é importante pedir para os alunos identificarem todas as variáveis de uma investigação, e um bom ponto de partida é usar uma questão geral. Por exemplo, usando a questão geral "Como podemos impedir que um cubo de gelo derreta?", com um pouco de ajuda do professor, os alunos devem ser capazes de identificar o que podem mudar para impedir que o cubo de gelo derreta. Nesse exemplo, as variáveis independentes são o tipo de material, a quantidade do material, o tamanho do cubo de gelo e sua posição. Dada a oportunidade, os alunos geralmente não têm dificuldade para identificar as variáveis. De fato, eles costumam gostar do desafio.

A identificação das variáveis dependentes é mais problemática. Elas são os resultados do teste, a queda de temperatura do líquido ou o tempo que a bebida leva para atingir a temperatura ambiente. Alguns alunos se prendem ao termo "medição", e pensarão em medir o líquido. Contudo, a quantidade de líquido é uma das variáveis que podem ser mudadas, e medir a quantidade de líquido não levará a dados que respondam à questão "qual é o mais quente?". Enfatizar as diferentes variáveis para mudar e para medir usando notas autocolantes de cores diferentes, com uma cor para as variáveis que podem ser mudadas e outra para as que podem ser medidas, ajuda os alunos a identificar e a reconhecer essas características distintas (Figura 2.3).

PREVISÃO

A previsão costuma ser praticada na maioria das salas de aula do ensino fundamental. De fato, isso pode ser visto como um dos principais resultados do impacto do Currículo Nacional sobre o ensino fundamental. Atualmente, a capacidade de fazer previsões provavelmente seja uma das poucas habilidades científicas trabalhadas na sala de aula das séries iniciais. Muitas aulas começam com a questão "O que vocês acham que vai acontecer?" antes de se usar qualquer equipamento ou de começar qualquer atividade. Ainda que prever seja uma habilidade importante, talvez essa ênfase – ou superênfase – deva ser avaliada.

Com alunos muito pequenos, pedir que façam uma previsão costuma resultar na resposta "não sei". O uso da situação dos "carros descendo rampas", na qual os alunos devem dizer qual carro andará mais rápido depois de ser largado na ponta da rampa, costuma resultar em os alunos selecionarem um carro de uma determinada cor, por ser sua preferida. Seria como a resposta "eu gosto de azul, porque azul é melhor". Nesse estágio,

a)

Mudança
Variáveis independentes

- Material
- Comprimento da lâmina
- Forma da lâmina
- Adição de clipes
- Tamanho do agitador
- Altura da queda
- Modo de deixar cair
- Furos na lâmina

Medida
Variáveis dependentes

- Tempo no ar em segundos
- Observação e classificação
- Número de voltas

b)

Variáveis independentes

- Tipo de substância
- Local
- Quantidade de substâcia
- Temperatura da água
- Quantidade de água
- Tamanho da xícara
- Agitação
- Tipo de solvente

Variáveis dependentes

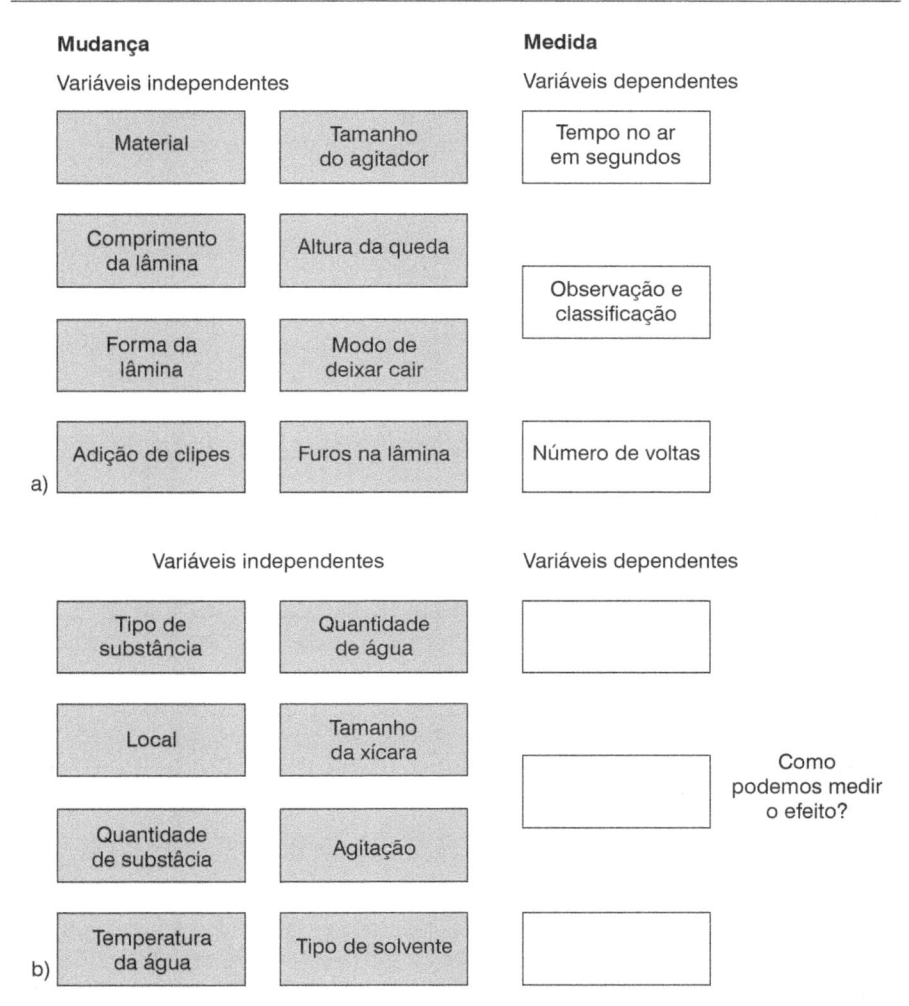

Como podemos medir o efeito?

Figura 2.3 Notas autocolantes e aulas sobre habilidades relacionadas às variáveis e sobre habilidades de levantar questões. Em(a) Qual é a questão? ou (b) Quais poderiam ser as variáveis dependentes?

os alunos não têm um entendimento bem-definido ou desenvolvido de por que as coisas acontecem e, mesmo assim, seguidamente devem fazer uma previsão. Essa ênfase tem duas consequências. Primeiro, os alunos devem fazer uma previsão quando seu conhecimento e entendimento da situação são limitados e, em segundo lugar, os professores pré-julgam o resultado. Quando trabalham com os carros, os alunos aprendem que suas ideias estão erradas, de modo que "manipulam" para garantir que sua previsão se torne correta, ou mudam sua previsão para adequá-la aos resultados, entendendo apenas que estavam errados. Infelizmente, os alunos recebem a mensagem implícita de que fazer uma previsão é um elemento da ciência que "prova" que a ciência tem a resposta certa e que talvez seu papel seja descobri-la.

Os professores também esperam que os resultados das atividades "provem" os fatos. É realmente importante que os alunos possam fazer suas próprias investigações, coletar e interpretar seus próprios dados e considerar o que seus dados dizem, isto é, tirar suas próprias conclusões com base nas evidências coletadas. É tentador para os professores, ansiosos para que seus alunos encontrem a "resposta certa", sugerir que alguns dados sejam desconsiderados.

> **Estudo de caso 2.1**
>
> Um grupo de alunos da 6ª série, trabalhando no tópico dos miniseres, realizou uma atividade prática simples para descobrir onde alguns vermes vivem. Eles deviam testar diferentes materiais e montar uma pesquisa. Receberam uma caixa de sapatos com tampa e uma variedade de materiais para cobrir partes da caixa e verificar se os vermes tinham alguma preferência. Depois, fizeram suas atividades de observação e registraram o tempo que os vermes passavam nos diferentes pontos, amostrando e contando o número de indivíduos em cada lugar. Os resultados de todos os grupos foram passados ao professor ao final de 30 minutos.
> O resultado foi que todos, à exceção de um grupo, demonstraram que os vermes preferiam a área úmida. Todavia, um grupo observou que seus vermes passaram mais tempo na palha. Embora seus resultados não condissessem com os dos outros grupos, eram compatíveis com os dados coletados em suas observações. Esses resultados inesperados não condiziam com sua própria previsão e nem com a do professor. Infelizmente, o professor disse que seus resultados estavam errados, e que eles não podiam escrevê-los como sua conclusão. De maneira inquietante, eles tiveram que escrever sobre as conclusões obtidas pelo resto da classe.

É problemático pré-julgar um resultado, pois promove a ideia de que existe uma única resposta e que o papel dos alunos é encontrá-la! Isso não contribui para a aprendizagem e não reflete a maneira como os cientistas trabalham. O professor Lewis Wolpert, um dos cientistas da Acclaim, ao ser questionado sobre o que faria se seu experimento não desse certo, respondeu: "tentaria entender o porquê". É importante observar aqui que a ciência se desenvolve por meio de coisas que não funcionam, tanto quanto por aquelas que dão certo, e que isso também ocorre com o modo como se desenvolve o entendimento dos alunos sobre a ciência.

Nas descrições de metas do Currículo Nacional (DfES, 1999), fica claro que a atividade de fazer previsões surge no Nível 4. Essa é a expectativa para um aluno da 6ª série. No Nível 2, a expectativa é de que os alunos sejam questionados sobre suas ideias depois de terminarem seu trabalho. Ainda assim, na prática comum, mesmo alunos pequenos devem constantemente dizer por que as coisas podem acontecer antes delas acontecerem. Mesmo os adultos, quando devem prever algo sem experiência prévia ou conhecimento da situação, costumam ficar confusos. Da mesma forma, pedir para alunos pequenos fazerem uma previsão quando têm pouca evidência anterior para aplicar à situação também pode ser confuso e assustador. Portanto, os professores devem se abster de solicitar previsões formalmente a cada atividade. Essa visão, porém, não impede que o professor anote quando os alunos fazem sugestões espontaneamente sobre o que acham que pode acontecer. Isso pode ser registrado no trabalho e discutido com eles posteriormente. De fato, isso indicaria uma boa prática, pelo menos em termos de diferenciação.

SELEÇÃO E USO DE EQUIPAMENTOS

Nos primeiros anos do ensino fundamental, espera-se que os alunos usem equipamentos fornecidos pelo professor, e somente depois devem selecionar os materiais eles mesmos. Todavia, será difícil escolher os instrumentos adequados se tiverem pouca experiência de usar recursos relevantes. Portanto, os alunos devem conhecer determinados equipamentos e devem aprender explicitamente como usá-los. Embora seja uma prática comum em matemática ensinar os alunos a usar equipamentos usando uma variedade de abordagens, infelizmente, na ciência, os equipamentos costumam ser apresentados como parte da atividade. Em vez disso, os equipamentos deveriam ser apresentados aos alunos, devendo ser o foco da intenção da aprendizagem no âmbito de uma atividade ilustrativa. Isso não apenas permite que os alunos façam uma escolha informada sobre o equipamento a usar na atividade, como possibilita que usem o equipamento corretamente e que façam medições ainda mais precisas.

> **Estudo de caso 2.2**
>
> O uso do dinamômetro é um ótimo exemplo de um recurso que não costuma ser apresentado antes de ser usado. Quando é introduzido pela primeira vez, muitos alunos não estão conscientes das forças na vida cotidiana, muito menos de como podem ser medidas. Antes de se apresentar o dinamômetro ou a balança de mola aos alunos, eles devem ter oportunidades para mexer em objetos com molas, para ver os efeitos sobre as molas. Depois disso, devem puxar e contrair molas como parte de um trabalho simples sobre forças. (As molas não são equipamentos caros, e sacos com 500 molas adequadas para esse fim podem ser comprados com pouco dinheiro). Os alunos devem conhecer dinamômetros variados, e identificar as semelhanças e as diferenças entre eles (10N e 20N, ou 10N e 5N). Os professores devem permitir que os alunos explorem o uso do dinamômetro. Inicialmente, os professores devem modelar como fazer isso, pois quebra-se menos equipamentos quando os alunos aprendem a segurá-los corretamente. A maneira correta de segurar o dinamômetro é pegar, com uma mão, na parte de cima e colocar um dedo da outra mão no gancho embaixo. Os alunos devem puxar o gancho suavemente usando apenas esse dedo. Então, o adulto deve fazer perguntas para concentrar a atenção dos alunos. "O que acontece com a mola quando se puxa suavemente?", "O que acontece com a mola quando se pára de puxar deixando ela retornar?". Alternar diferentes tipos de dinamômetros permite que os alunos obtenham informações para fazer generalizações. Quanto maior e mais grossa a mola, mais difícil será de puxar. Tentar adivinhar em pares ajuda os alunos a adquirir uma compreensão dessa forma de medir forças. Enquanto um aluno coloca o dedo no gancho do dinamômetro e fecha os olhos, o outro segura a parte de cima e pede para o colega puxar com uma força estabelecida de Newtons, por exemplo, 4N. Quando o aluno que está puxando pensa que fez a quantidade pedida de força, ele abre os olhos e verifica a escala. Trocando os papéis e usando diferentes aparelhos, eles não apenas aprendem a estimar e ler a escala com mais exatidão, como também adquirem uma ideia mais clara do que é um Newton.

É crucial que, antes que se peça para os alunos fazerem e registrarem medições, eles tenham tido contato com os equipamentos relevantes dessa forma, ou seus resultados não serão exatos e, portanto, não serão confiáveis, impossibilitando-os de explicá-los.

TESTAGEM JUSTA

Os alunos precisam de orientação quando estão identificando as variáveis independentes e dependentes. Embora seja identificado como uma das habilidades processuais, a testagem justa na verdade é um procedimento da ciência. Esse procedimento proporciona uma base que possibilita que os alunos executem o trabalho de um modo científico, chamado de testagem justa. Embora a testagem justa seja apenas um aspecto do método científico, ela é o aspecto mais enfocado no currículo do ensino fundamental de ciências. Isso levou muitos alunos e professores a considerar a "testagem justa" como o único método de ciência prático e, com frequência, a maioria das atividades científicas é executada com o uso do modelo de testagem justa, seja ele apropriado ou não. O método é confuso para os alunos pequenos por causa do termo "justo", que para eles significa não colar ou que todos "terão sua vez".

Do ponto de vista científico, uma testagem justa é aquele a que se muda apenas uma variável e todo o resto permanece constante. É a incapacidade de manter todos os fatores constantes que torna esse método ineficiente para certas investigações. As plantas, os seres humanos e os animais são seres vivos com diferenças genéticas, e essas diferenças podem atrapalhar o resultado, a menos que se usem amostras suficientemente grandes. Esses outros fatores, os fatores ocultos, também afetam os resultados. Um bom exemplo de um fator oculto pode ser demonstrado usando o experimento simples das plantas.

> **Estudo de caso 2.3**
>
> Em uma aula típica sobre plantas, são identificados os fatores que afetam o crescimento. O professor e os alunos falam sobre o que podem testar, e decidem alterar a quantidade de luz, manter iguais as quantidades de água e de terra, o tipo de planta, etc. O resultado deve ser medido comparando a altura ou a cor das folhas. Uma planta é colocada na janela, uma em uma prateleira e outra sob a mesa, e inicia-se o teste. Todavia, a planta da janela não cresce conforme o esperado. Ela sofre a maior variação de temperatura, pois está no local mais quente durante o dia e no mais frio à noite, às vezes variando em até 20°C. Essa mudança de temperatura é um fator oculto que pode causar estresse à planta, e ao professor. Outro fator oculto é a composição genética da planta. Ambos terão impacto sobre os resultados e tornarão difícil "provar" a questão ilustrada. Uma pesquisa que use mais plantas e obtenha uma variedade maior de informações teria sido cientificamente mais precisa ou "justa".

É essencial ampliar os tipos de investigações a que os alunos são expostos. Ainda com relação a observar e a registrar mudanças ao longo do tempo, a prática em fazer levantamentos, em resolver problemas e em observar é vital. Plantando algumas sementes à razão de uma por dia durante duas semanas, e monitorando seu crescimento, as habilidades práticas desenvolvidas são maiores que as que seriam obtidas assistindo uma semente germinar. Essa não é uma investigação, mas uma atividade de observação – uma atividade científica válida – e proporcionará oportunidades para os alunos aprenderem sobre ciência e usarem essas habilidades para fazer suas próprias investigações. Todavia, para que isso ocorra, deve-se atribuir mais valor e *status* a atividades outras que não à testagem justa, sendo necessária uma compreensão maior dos métodos da ciência. No século XIX, aproximadamente 300 rochas caíram do céu perto de uma aldeia francesa chamada Laigle. Antes que as rochas tocassem o chão, foram observados clarões no céu, e as rochas fizeram crateras no solo. Usando dados coletados a partir de observações, os cientistas concluíram que a rochas haviam vindo do espaço. Essa dedução não teve nenhum elemento de teste ou de planejamento, mas ainda assim é ciência efetiva. Os cientistas obviamente não planejaram o acontecimento, mas o método de obter entendimento do mundo ainda é válido. As observações podem ser planejadas, e houve uma quantidade imensa de planejamento e de testagem antes da invenção do primeiro microscópio. Valorizar outros aspectos da ciência, além da testagem justa, é vital para que se avance no desenvolvimento de indivíduos pensantes e criativos para o futuro. Isso seria mais comum com o uso de uma abordagem indutiva.

CONFERINDO OBSERVAÇÕES E DADOS

Depois de feitas observações e medições, é importante que os alunos as critiquem. Ao final da 1ª série, espera-se que os alunos façam mais de uma leitura em uma investigação prática, embora a expectativa seja de que crianças de 7 anos somem os totais ou usem o número médio. Nesse estágio, deve-se simplesmente ensiná-los a olhar as leituras e a conferir os resultados estranhos. Conferir leituras proporciona que se avalie sua legibilidade. Os alunos podem aprender a identificar resultados inusitados e repeti-los. Essa habilidade deve ser ensinada em aulas sobre habilidades básicas e depois praticada durante investigações completas.

USANDO ESTRATÉGIAS VARIADAS PARA FAZER REGISTROS

Atualmente, a criatividade na ciência tem sido sufocada pelo uso de um número limitado de metodologias e de estratégias desatualizadas para registro de dados. Espera-se que os alunos registrem seus dados usando o método tradicional, a abordagem do "aparato, resultado e conclusão", para cada trabalho que fizerem. Embora a prática em alfabetização tenha se desenvolvido nos últimos cinco anos com a introdução de aulas baseadas em habilidades, isso não ocorreu no ensino de ciências. Não existe nenhuma estratégia de ciências no ensino fundamental para orientar os professores sobre métodos alternativos de registro de dados e, para muitos professores, sua única experiência com as ciências foi adquirida em sua formação do ensino médio. Ao invés de os alunos registrarem os experimentos e seus resultados de um modo mais imaginativo, um método desatualizado coloca em desvantagem tanto os indivíduos menos letrados quanto os mais letrados. O método adotado costuma advir da exigência de que os alunos registrem evidências da conclusão do trabalho em seus cadernos. Pior ainda, o professor geralmente escreve o trabalho no quadro para os alunos copiarem. Embora se recomendem a modelagem e o apoio proporcionados nesse elemento de escrita compartilhada, a cópia do texto compartilhado por todos os alunos é tão inaceitável em ciências quanto seria em alfabetização, pois é apenas prática de escrita cursiva.

Essa prática pouco faz para despertar a imaginação de jovens impressionáveis, à medida que suas posturas para com a ciência estão sendo formadas. Um relatório do HMI sugere que muitos alunos sequer sabem ler os trabalhos que escrevem em seus cadernos. Em vez disso, deve-se estimular os alunos a usar imagens, desenhos e diagramas, bem como charges, poemas e pôsteres para registrar seu trabalho em ciências (ver, por exemplo, a Figura 2.4).

Para ter maior impacto, a atividade de registrar o trabalho deve ocorrer ao longo da aula, e não apenas no final. Os alunos devem conhecer as diferentes maneiras de fazer registros do mesmo modo que conhecem os recursos. Os professores devem selecionar um método diferente para modelá-lo e, sempre que possível, esse será o foco da aprendizagem. Isso possibilita que haja uma variedade de oportunidades para registrar o trabalho ao longo do ano, de modo que, em um estágio posterior, quando os alunos devam escolher seu método mais adequado, tenham um repertório a partir do qual selecionar.

VELOCINO

O consumidor primário

Em um campo muito distante, vivia uma ovelhinha chamada Velocino. Velocino era um consumidor primário (que significa que ele come plantas, e não outros animais). O dia inteiro, ele pastava nos campos com as outras ovelhas (que vida chata!). Velocino era uma ovelha muito esperta, conhecia a vida e como as coisas cresciam e viviam. As ovelhas vinham de campos longínquos para ouvir sua teoria. "Bem", dizia Velocino orgulhosamente,

"somos animais que nos reproduzimos como todos os outros seres vivos, começamos como cordeiros, ficando o tempo todo com nossas mães, tomando o leite delas até ficarmos grandes o suficiente para cuidar de nós mesmos. Comemos a grama dos campos. Ela não tem muita energia, então temos que comer o dia inteiro. Se tivermos sorte, o fazendeiro nos dará um pouco de feno. Por sermos ovelhas, andamos juntas como um rebanho, seguindo umas às outras. As ovelhas mastigam a grama e tiram a parte boa, é um trabalho duro e, por sorte, nossos dentes continuam crescendo durante toda a nossa vida. Os dentes são molares, bons para mastigar e triturar a grama. No verão, as pessoas tosam nossos sacacos para fazer tapetes e blusões. Somos animais muito úteis, pois produzimos uma matéria-prima. Nossa lã é uma matéria-prima natural, que pode ser transformada em outras coisas. Quando não estamos usando nossos casacos, as pessoas estão. Elas tosam nossa lã, que depois é lavada, tratada, seca e esticada para fazer blusões. Depois desse processo, ficamos bonitas e fresquinhas. Vivemos em um ciclo de vida, quando morremos, nos decompomos na grama. Os microrganismos transformam nossos corpos em nitrogênio, e não somos desperdiçadas. Outros animais comem a grama, e o ciclo continua assim, e aí está você", exclamou Velocino, tentando recuperar o fôlego, "ah sim, isso é mais uma coisa que fazemos, NÓS RESPIRAMOS".

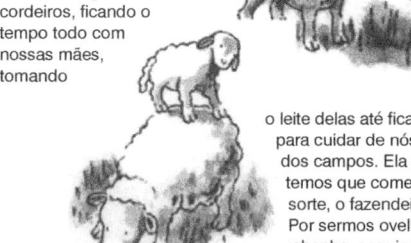

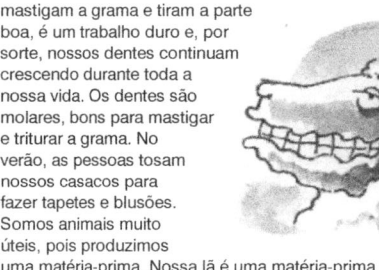

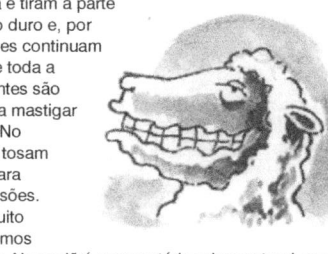

Figura 2.4 História produzida por uma criança da 6ª série.

O uso de bancos de palavras e de dicionários de ciência individuais promove a independência do aluno. Fazer registros em ciência também exige as habilidades matemáticas de desenhar tabelas e gráficos. Modelar e decompor essas atividades em pequenos passos ajuda os alunos a desenvolver suas habilidades.

IDENTIFICAÇÃO DE PADRÕES E DE TENDÊNCIAS NOS DADOS E INTERPRETAÇÃO DE DADOS

Os alunos devem aprender a apresentar os dados, por exemplo, desenhando diagramas e gráficos, bem como tendo a oportunidade de interpretá-los. A interpretação dos dados baseia-se amplamente em enxergar padrões ou relações entre coisas que possam ser observadas. Essa habilidade está intimamente relacionada à habilidade de avaliar. Os alunos precisam de tempo para avaliar e para encontrar padrões e para fazer referências por conta própria. Uma parte importante da busca de padrões é ser capaz de descrever o que se vê. Portanto, os alunos precisam do apoio do professor para desenvolver o vocabulário adequado e para saber o que devem identificar. A busca de padrões envolve descrever o que se vê, e não de explicar por que ocorre. Fornecer gráficos e fazer perguntas relacionadas a eles possibilita que os alunos aprendam a interpretá-los. Inicialmente, isso é difícil para muitos deles, pois as habilidades relacionadas ao uso de gráficos geralmente se concentram em desenhar as minúcias, em vez dos padrões amplos existentes.

A identificação dos padrões e das tendências raramente tomaria toda uma aula de ciências, de modo que, depois de identificarem os padrões e as tendências, os alunos podem por à prova uma das atividades. Como eles costumam ter dificuldade para interpretar padrões e tendências, começar a aula dessa forma ajuda. Com frequência, dedica-se tempo insuficiente para esse aspecto da aprendizagem de ciências, pois essas atividades costumam ser deixadas para o final de uma atividade ilustrativa ou investigativa. Consequentemente, para muitos alunos, sua capacidade de identificar padrões, de ver as tendências nos dados e de interpretar o que os dados lhes dizem são pouco desenvolvidas, pois não estão tendo oportunidade suficiente para desenvolver as habilidades superiores em ciências, porque se considera mais importante executar a atividade e registrar o resultado.

DESENHANDO GRÁFICOS

Desenhar gráficos é difícil! O processo de desenhar gráficos exige percepção espacial, e os professores devem proporcionar apoio aos alunos na criação de gráficos. Uma boa introdução é começar com exemplos de gráficos contendo erros, pois pedir para os alunos "encontrarem os erros deliberados" ajuda-os a identificar as características que um gráfico deve ter. Ensinar habilidades necessárias para desenhar gráficos e criar oportunidades para praticar essas habilidades funciona. Os alunos podem se tornar muito bons em desenhá-los, e isso pode ser relacionado diretamente com o ensino de detalhes. Quando a meta da aprendizagem for interpretar dados, em vez de desenhar o gráfico em si, o trabalho e o tempo envolvidos em desenhar o gráfico podem ser reduzidos com o uso de um programa de computador.

CONCLUSÕES

A atividade de tirar conclusões torna os alunos cientes daquilo que descobriram e de por que é relevante, mas poucos consideram isso fácil. Aprender a concluir é uma habilidade básica crucial, que é mais fácil se os alunos tiverem desenvolvido um vocabulário científico suficiente. Proporcionar oportunidades para os alunos avaliarem conclusões escritas por outras pessoas, especialmente se for feito como um aspecto da avaliação dos colegas, dá suporte a esse processo e ajuda os alunos a identificar quais são as características de boas explicações e como elas diferem das descrições. É vital que se deem aulas sobre habilidades voltadas para um conjunto pré-escrito de conclusões, com modelagem e estruturação da parte do professor. Os alunos não devem tomar nota de afirmações ou de conclusões que foram modeladas para eles, mas sempre tentar melhorar ou alterar as que foram discutidas. Esse processo também promove o entendimento científico, e o conteúdo das afirmações pode ser alterado para alcançar a habilidade de tirar conclusões adequadas com base em evidências.

AVALIAÇÃO

A avaliação é uma habilidade processual importante após uma investigação. Deve-se fazer uma avaliação sobre a maneira como a atividade ocorreu, assim como um questionamento da fidedignidade dos dados coletados. Os alunos devem revisar os métodos usados, de forma crítica, para fazer sugestões para trabalhos futuros. Eles também devem discutir o que fizeram e por quê, e pensar em outras maneiras em que poderiam ter feito a tarefa ou registrado as informações. Isso permite que os alunos avaliem ativamente sua própria aprendizagem e a de outras pessoas. Proporcionar um modelo para que isso aconteça, como uma série de questões, estrutura o processo. Quando os alunos não recebem apoio nesse processo, eles avaliam o trabalho de um modo não científico. Por exemplo, em um caso, um grupo de alunos de 10 anos devia avaliar seu trabalho: "seria melhor se Kirsty não estivesse doente" foi a resposta. Um grupo de crianças pequenas, que não estava acostumado a investigar ou avaliar seu trabalho, sugeriu que "foi divertido, não mude nada!" Todavia, devemos fazer essa pergunta para que as crianças se tornem mais hábeis em sua capacidade de avaliar.

> **Resumo**
>
> A importância das habilidades processuais que são necessárias para a investigação científica foi enfatizada ao longo deste capítulo. O capítulo mostra a necessidade de os professores planejarem diretamente o desenvolvimento das habilidades processuais individuais em ciências e de fazerem atividades que propiciem seu desenvolvimento por parte dos alunos de forma progressiva e sistemática durante seu tempo na escola, desenvolvendo, assim, a compreensão do procedimentos. Os capítulos seguintes considerarão essas questões de forma mais profunda. Por exemplo, o próximo capítulo se concentra especificamente na habilidade da observação. O Capítulo 5 ampliará essas habilidades e mostrará como estão ligadas na investigação de uma ideia.

SUGESTÕES PARA LEITURA

Alfredo, T., Natale, N. e Lombardi, A. (2006) "Scientists at play: teaching science process skills", *Science in School, 1:* 37-40. www.scienceinschool.org
Harlen, W. e Qualter, A. (2004) "Ways of helping the development of process skills", *The Teaching of Science in Primary Schools,* London: David Fulton Publishers.
Milne, I. (2007) "Children"s Science", *Primary Science Review* 100.

3 Observação, mensuração e classificação

Judith Roden

Introdução

Este capítulo analisa por que é importante que os alunos tenham atividades regulares para desenvolver suas habilidades de observação, de mensuração e de classificação, bem como de sugestões de uma variedade de atividades que ajudem os professores a planejar atividades válidas para estudo sistemático. Além disso, proporciona uma explicação de como elas podem contribuir para a aprendizagem dos alunos em ciências.

DESENVOLVENDO AS HABILIDADES DE OBSERVAÇÃO, DE MENSURAÇÃO E DE CLASSIFICAÇÃO

A observação, a mensuração e a classificação são aspectos fundamentais da investigação científica em todas as séries iniciais do ensino fundamental. De maneira a desenvolver o conhecimento e o entendimento dos alunos sobre o mundo no ensino fundamental, os profissionais devem prestar especial atenção a atividades baseadas na exploração prática. Com base nessa experiência, é importante que os alunos maiores coletem evidências, fazendo observações e mensurações quando tentam responder uma questão e, mais adiante, que testem ideias, incluindo as suas, usando evidências obtidas com a observação e com a mensuração.

Uma questão a ser observada aqui é que o desenvolvimento das habilidades processuais de observação, de mensuração e de classificação com um tipo simples de investigação baseado nelas não deve ser ensinado separadamente, mas deve ser incluído no contexto de outros tópicos científicos específicos dentro do esquema de trabalho. Isso significa que os professores devem concentrar as metas de aprendizagem especificamente na observação, na mensuração e na classificação e devem proporcionar regularmente atividades específicas que exijam que os alunos façam observações e mensurações em relação a coisas do mundo vivo, a materiais e suas propriedades e a processos físicos, usando-os como base para classificação.

É crucial que os alunos tenham oportunidades para observar, para mensurar e para classificar, observando os detalhes mais sutis das coisas, e que isso seja incluído nos esquemas de trabalho em toda a faixa etária de 3 a 11 anos. Isso não apenas ajuda a inter-relacionar a investigação científica com os outros aspectos da ciência como também deve proporcionar que os alunos construam um entendimento sistemático das coisas, nos vários aspectos da ciência. Por exemplo, ao olhar aspectos da vida no mundo vivo, os alunos podem observar os elementos do mundo vivo natural, como pequenas criaturas, folhas ou flores, etc. Desse modo, eles também desenvolvem sua compreensão, por exemplo, da diversidade de coisas vivas, das partes das flores ou das folhas. Observar e desenhar tipos diferentes de pinhas, ou rochas, ou conchas, revelará as diferenças entre coisas que são semelhantes. Da mesma forma, em relação aos materiais e suas propriedades, os alunos podem olhar detalhadamente uma variedade de tecidos, ou papéis, ou madeiras, podendo levar a investigações mais simples para descobrir, por exemplo, quais tecidos absorvem mais água, ou qual é o melhor papel para embrulhar presentes de Natal, ou qual é o melhor papel para escrever. Quando o foco do estudo é em processos físicos, os alunos podem ser estimulados a tomar nota dos detalhes de lâmpadas desconectadas. Aqui, observar as semelhanças e as diferenças entre lâmpadas de diferentes voltagens pode levar diretamente a questões sobre o tamanho dos filamentos e a investigações simples para descobrir o que acontece quando as diferentes lâmpadas são conectadas, uma por uma, nos mesmos circuitos elétricos simples.

Os desenhos das observações proporcionam oportunidades excelentes para os alunos registrarem suas observações e suas mensurações. Aqui, as questões do professor devem levar os alunos a procurar detalhes e padrões, etc. Pode-se argumentar que o desenho observacional é mais uma arte do que uma atividade científica. Todavia, na ciência, é diferente, pois as metas de aprendizagem são outras. A meta de aprendizagem na ciência não diz respeito à qualidade do desenho, ainda que se possa incentivar a precisão, envolvendo mais registrar os aspectos observados, notar detalhes e padrões e identificar semelhanças e diferenças.

O uso de molduras ou *peepholes** pode concentrar as observações dos alunos em uma determinada área para enxergar detalhes específicos, em vez de características externas brutas. O uso de *peepholes* proporciona uma situação menos ameaçadora do que pedir para os alunos desenharem um objeto inteiro, pois devem enfocar apenas uma parte. É importante entender que é legítimo, e importante, ter metas de aprendizagem para habilidades processuais além daquelas relacionadas com o conhecimento e o entendimento, às vezes exclusivamente. Elas devem ser indicadas explicitamente nos planos de longo, médio e curto prazo, bem como nos planos de aula. É importante lembrar que o foco aqui é o desenvolvimento das habilidades processuais.

A progressão naquilo que se espera dos alunos é importante em termos da observação, da mensuração e da classificação, à medida que avançam pelo ensino fundamental. Consequentemente, embora as atividades possam ser de natureza semelhante nos diferentes níveis, os professores devem colocar expectativas diferentes para diferentes indivíduos e grupos de alunos, para garantir o desafio e a progressão linear na aprendizagem.

POR QUE OS ALUNOS DEVEM APRENDER A OBSERVAR

De forma clara, a observação é importante: ela é um aspecto fundamental do processo de aprendizagem e, embora a habilidade seja considerada algo óbvio na vida cotidiana, ela é crucial para entender o mundo desde o início. Sem essa experiência prática, os alunos podem não questionar o que observam em seu mundo. A observação proporciona a oportunidade para os alunos explorarem a natureza dos objetos e a relação entre eles. A observação e, à medida que cresce a observação crítica, promove o pensamento científico e contribui para o entendimento sobre a ciência. É amplamente aceito que os alunos e os adultos aprendem sobre o mundo usando todos os seus sentidos – tato, visão, olfato, paladar e audição – e, assim, os alunos devem, regularmente, sempre que adequado e com cuidado, realizar atividades planejadas especificamente para desenvolver essa habilidade. A observação, portanto, é uma importante habilidade processual, pois desenvolve a capacidade de usar todos os sentidos de forma adequada e segura, proporcionando que os alunos encontrem padrões e desenvolvendo a capacidade de separação e de classificação.

---

* N de R.T. O termo *peephole* em inglês refere-se a uma pequena abertura em uma parede, porta ou mesmo em um cartão que permite que se possa observar algo através dele.

O papel do professor em ajudar os alunos a observar é crucial aqui, pois aquilo que os professores pedem que os alunos observem pode ter um efeito significativo sobre o que é observado. Adicionalmente, o que os alunos enxergam é influenciado pelo que já sabem. Portanto, a observação concentrada não apenas ajuda os alunos a identificar diferenças e semelhanças entre os objetos ou situações, mas também os ajuda a enxergar padrões antes omitidos e a fazer perguntas para uma investigação mais profunda.

De um modo geral, reconhece-se que os alunos consideram mais difícil notar as semelhanças, pois as diferenças são mais óbvias. Os alunos também precisam ser incentivados a procurar padrões e sequências em uma série de observações, especialmente em atividades ilustrativas e investigativas.

Finalmente, a observação sistemática, especialmente para coletar dados, por exemplo, ao se medir a temperatura da água à medida que esfria, leva a observações precisas.

Desenvolver a habilidade da observação é importante não apenas para o indivíduo, mas também para o desenvolvimento mais amplo do conhecimento e do entendimento científicos dentro da comunidade científica maior. No passado, grandes saltos no desenvolvimento de ideias científicas ocorreram a partir de um ponto de partida, no qual uma pequena e possivelmente inusitada observação levou à busca de uma nova explicação para as observações ou para as incoerências existentes. Isso ajuda a explicar como as revoluções no pensamento científico ocorrem: por exemplo, a observação de Newton da maçã caindo da árvore, as observações de Arquimedes dos níveis da água ou a exploração de Priestley sobre o que acontece quando algo queima.

QUE TIPOS DE ATIVIDADES PODEM AJUDAR OS ALUNOS A DESENVOLVER SUAS HABILIDADES DE OBSERVAÇÃO?

Existem muitas atividades básicas de observação que podem ser usadas em diversas idades. Por exemplo, nas séries iniciais da educação, a observação proporciona que os alunos obtenham informações sobre uma ampla variedade de objetos cotidianos diferentes. Os alunos devem regularmente descrever, por exemplo, uma folha, uma maçã, um livro, um garfo, etc., possibilitando, assim, que enxerguem semelhanças e diferenças entre coisas que são muito diferentes. Com essa base, pode-se pedir que alunos maiores descrevam objetos bastante semelhantes, como várias folhas, pinhas, conchas e rochas diferentes. Isso leva ao reconhecimento das características pelas quais os cientistas agrupam as coisas. Alunos maiores devem ser desafiados a observar detalhes mais sutis. Isso pode ser dificultado pedindo-se que os alunos maiores e mais capazes incluam mensurações na descrição.

Uma boa atividade para fazer os alunos olharem os objetos mais de perto é o uso de uma câmera digital. Fornecer fotografias em *close* de um objeto e pedir para reconhecerem o objeto a partir da fotografia é uma boa maneira de incentivar a observação fina. Se os alunos não podem identificar o objeto imediatamente, eles podem ser desafiados a "procurar o objeto". Essa é uma maneira divertida de melhorar as habilidades observacionais mais sutis e de os alunos gostarem da experiência. Alunos menores podem usar fotografias que pareçam óbvias para indivíduos maiores, por exemplo, a Figura 3.1.

Figura 3.1 Fotografia em *close* de um brócolis.

Os alunos podem receber uma variedade de fotografias em *close*, com os objetos reais espalhados pela sala. Então, devem combinar a foto com o objeto, e depois identificá-lo. Alunos maiores gostam de fotografias mais difíceis, agindo como detetives para descobrir a resposta (ver Figura 3.2).

As atividades observacionais proporcionam bastante espaço para exploração e questionamento. Os alunos desfrutam de um desafio e "parcelas de mistério" oferecem a oportunidade para desenvolver a observação usando uma variedade de sentidos e o desenvolvimento do vocabulário. Um objeto pode ser embrulhado em jornal – um pouco como o jogo de festa "passe o pacote". Depois de embrulhado, os alunos podem tocar no pacote e anotar palavras usadas para descrevê-lo. Depois de um tempo, tentam identificar o objeto a partir de suas observações, e desembrulham o objeto e anotam outras palavras para descrevê-lo. De maneira alternativa, o objeto pode ser colocado em uma caixa de sapatos, ou objetos menores, como clipes de papel, ímãs ou pedaços de plástico, podem ser colocados em uma caixa de fósforos.

Figura 3.2 Fotografia em *close* de uma pétala de flor.

As habilidades observacionais também podem ser desenvolvidas pelo uso de jogos simples. Os "sacos de areia" são comuns em muitas salas de aula. Variações do tema do "jogo do Kim" (discutido no Capítulo 9) proporcionam aos alunos a oportunidade de olhar uma bandeja cheia de objetos, incluindo uma variedade de coisas diferentes, feitas de materiais diferentes, como, por exemplo, balões, colheres plásticas, tecidos e bolas de borracha (menos para alunos pequenos, mais para alunos maiores) por alguns minutos, antes de terem que lembrar tudo que havia na bandeja. Esse jogo, além de desenvolver a memória, pode ser estendido para diferenciar não apenas o que é o objeto, mas podem-se lembrar detalhes sutis, por exemplo, a cor do objeto, quantas rodas ele tem – e detalhes mais específicos sobre a roda, como quantos raios ela tem. Os alunos podem jogar o jogo do "sim/não", no qual uma criança escolhe um objeto da bandeja secretamente e os outros fazem perguntas para tentar identificá-lo. Isso exige que as crianças pensem sobre os detalhes do objeto e/ou o material de que é feito. Variações podem ser duro/mole, brilhoso/opaco, natural/feito pelo homem. Da perspectiva do planejamento, a diferenciação está "embutida" e é alcançada pelo resultado.

SEPARANDO E CLASSIFICANDO

O fato de ter que separar e classificar objetos leva naturalmente a enxergar as semelhanças e as diferenças entre os objetos (Figura 3.3). A capacidade de separar e de classificar também é fundamental para a ciência. Os alunos precisam de muitas oportunidades, a começar pela observação usando todos os seus sentidos, e, desde os primeiros dias na escola, para desenvolver sistematicamente as habilidades necessárias para separar e classificar objetos. Na educação infantil e nas séries iniciais, isso envolve principalmente separar os objetos com base em características brutas. Será que os alunos conseguem separar em dois grupos, três grupos ou quatro grupos? Uma variação desse tema seria o professor separar um grupo de objetos e desafiar os alunos a dizer qual critério usou para classificá-los. Um avanço poderia ser o professor apresentar objetos em dois grupos e fornecer outros objetos para os alunos adicionarem a um dos grupos, devendo explicar por que o novo objeto pertence ao grupo escolhido.

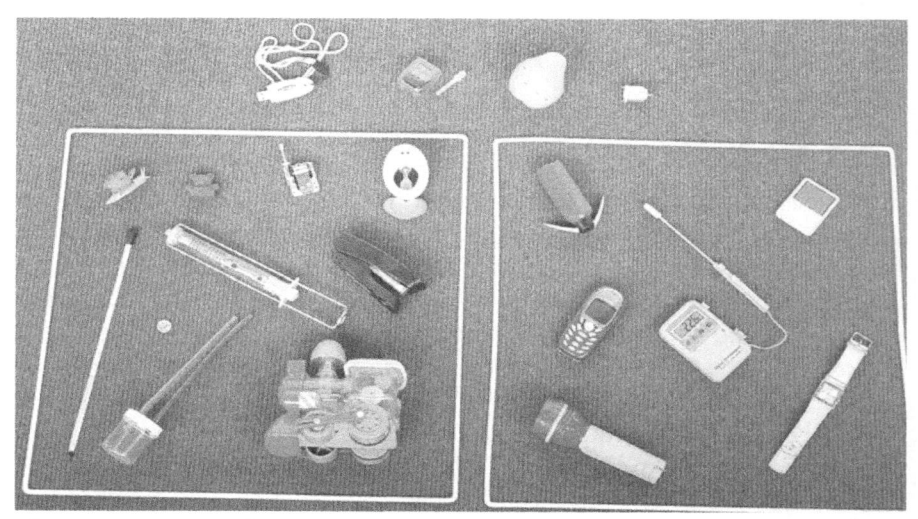

Figura 3.3 Fotografia de objetos agrupados. A qual grupo pertencem os quatro objetos?

As crianças agrupam as coisas desde muito cedo, mas não conseguem citar as razões para suas escolhas. Elas dizem que as coisas "vão junto", em vez de que têm a mesma característica. É tentador pensar que os alunos maiores não precisam praticar essas habilidades básicas, mas eles precisam de oportunidades para observar mais detalhes e para procurar padrões mais sofisticados nos objetos e entre eles mesmos. Portanto, os alunos maiores devem ser desafiados a fazer observações mais sutis de objetos cotidianos e de coisas incomuns.

A separação básica não apenas leva à classificação, como também, por si só, ajuda a desenvolver as habilidades de observação dos alunos, pedindo que examinem os detalhes para verificar a que grupos pertencem os objetos. A observação, nesse contexto, leva os alunos a observar padrões. Um exemplo seria que todas as conchas têm semelhanças e que são feitas do mesmo material, mas que as diferenças entre as conchas às vezes são substanciais. A observação mais minuciosa dos detalhes pode revelar diferenças entre outras coisas que são basicamente "as mesmas", como pedras, ou uma mudança sazonal natural, como a descoloração das folhas no outono.

AS OBSERVAÇÕES DOS ALUNOS

A experiência sugere que as observações são influenciadas muitas vezes pelas experiências passadas e, portanto, as observações dos alunos muitas vezes não são o que se poderia esperar. Eles podem observar o que pensam que veem, mas na verdade, é o que está armazenado em sua memória. Essas observações geralmente estão "contaminadas" por suas experiências. Para outros alunos, a observação é importante porque pode lhes pedir olhar minuciosamente algum objeto pela primeira vez. Os alunos pequenos às vezes surpreendem os adultos pelo que notam, e é importante que suas observações não sejam rejeitadas como algo irrelevante. Eles tiram sentido das coisas com base na experiência prévia e, portanto, não devemos nos surpreender quando parecerem fazer observações que os adultos consideram irrelevantes. De certas maneiras, as observações de alunos pequenos podem ser bastante limitadas, sendo muitas vezes influenciadas por outras coisas em seu mundo real, como livros de história e outros aspectos da cultura popular, como vídeos e *cartoons*. Johnson (2005, p. 33) diz que a abordagem criativa das crianças à observação deve ser estimulada, e que os desenhos das crianças muitas vezes mostram suas "habilidades observacionais e criatividade" e que essas "adições criativas" indicam poderes mais amplos de observação (ibid. p.35). Além disso, a maneira como isso se manifesta nos desenhos dos alunos difere conforme o gênero. As garotas tendem a incluir aspectos mais "emotivos", enquanto os garotos geralmente são mais imaginativos em suas contribuições. Todavia, há uma tensão clara aqui, pois, por um lado, queremos incentivar os alunos a ser criativos, mas, por outro, queremos que façam observações precisas das coisas em seu ambiente.

O QUE OS ALUNOS NOTAM?

Os três desenhos observacionais de peixes mostrados na Figura 3.4 são desenhos da mesma truta, feitos no mesmo dia por alunos de 7 anos. O peixe foi colocado em uma bandeja branca, no meio de uma mesa grande, e as crianças sentaram ao redor da mesa para desenhá-lo. A qualidade dos desenhos varia imensamente. O peixe 1 apresenta muita imaturidade em habilidades de observação e de desenho, mas indica características observadas pela criança e reproduzidas no desenho. O peixe 2 tem uma característica notável na cabeça, mais parecida com uma tartaruga do que com um peixe. Muitas pessoas que avaliaram o peixe 3 escolheram esse como o melhor desenho de peixe, o que é. Porém, o desenho é mais típico daqueles feitos de memória de fotos de peixes do que da observação do peixe na mesa. O papel do professor aqui é muito importante, pois os alunos devem ser questionados regularmente sobre o que estão olhando para proporcionar que discriminem os detalhes sutis.

Por outro lado, os desenhos de várias criaturas pequenas, feitos por alunos muito pequenos, indicam que eles foram influenciados por imagens de criaturas oriundas de livros de ficção ou de outros aspectos da cultura popular. Em particular, é notável que ambos desenhos de joaninhas tenham rostos (Figuras 3.5). Um desenho de um pernilongo, embora mostre algumas características muito boas, passa uma impressão mais criativa, ao invés da criatura observada. Um garoto desenhou um pernilongo com qualidades de fada, e as joaninhas, desenhadas por garotas, receberam características humanas, que são típicas de desenhos de crianças pequenas sobre os elementos de seu ambiente.

De forma clara, do ponto de vista científico, embora se queira encorajar a criatividade, seria preferível que os desenhos enfocassem aspectos observáveis e não tivessem características imaginárias, talvez influenciadas pela literatura e por outros meios de comunicação.

Figura 3.4 Desenhos de peixes.

Figura 3.5 Desenhos de joaninhas apresentando características humanas.

Outras atividades que não exigem uma participação tão intensa do professor, dentro do contexto dos processos da vida e das coisas vivas, podem ser separar fotografias ou pequenos animais em grupos. Isso leva diretamente à classificação de coisas vivas. Os alunos pequenos dividem as coisas conhecidas em diversas categorias, por exemplo, se voam, se caminham ou se nadam. De maneira alternativa, podem agrupar os animais "assustadores" e os animais "simpáticos". Alunos maiores devem ser mais capazes de agrupar animais em grupos científicos e, se não forem, devem ser desafiados a fazê-lo. Uma atividade como essa pode avaliar o nível em que os alunos entendem, por exemplo, o grupo dos vertebrados. A experiência nos diz que muitos adultos, assim como as crianças, agrupam os anfíbios (sapos, rãs, salamandras) com os répteis (lagartos, cobras, etc.). Enquanto ambos grupos têm certas características semelhantes, existem diferenças importantes que devem ser identificadas. Conversando com alunos e com estudantes em formação, fica claro que eles se tornam mais confusos, e não menos, quanto aos grupos de animais à medida que amadurecem. Deve-se lidar com isso em um nível simples nas séries iniciais.

Existem várias concepções errôneas relacionadas aos grupos de animais, que são comuns entre os alunos e muitos adultos. Por exemplo, os alunos pequenos muitas vezes ficam confusos porque, embora possa voar, o morcego é um mamífero. Da mesma forma, o pinguim pode confundir, pois é uma ave, mas não voa no ar. Os golfinhos muitas vezes são considerados peixes, e não mamíferos, e a diferença entre répteis e anfíbios não é muito clara. Os anfíbios têm corpos moles e úmidos, e começam suas vidas na água, ao passo que os répteis têm a pele escamosa. Os sapos, as rãs e as salamandras são anfíbios, mas os lagartos, as cobras e as tartarugas são répteis. A confusão surge porque as salamandras parecem lagartos, e muitos répteis são anfíbios, ou seja, passam o tempo na água e na terra. Muitos adultos não têm clareza quanto à diferença entre os vertebrados, aqueles animais com coluna vertebral, e os invertebrados, os que não têm coluna. Em particular, as minhocas, as cobras e alguns lagartos, como a cobra-de-vidro, são confundidos porque, à primeira vista, parecem ter características semelhantes. No que diz respeito aos invertebrados, muitos indivíduos têm problemas em relação aos "insetos", cujo termo, na vida cotidiana, significa criaturas pequenas, como aranhas, centopeias, etc., ao passo que o termo "inseto", na ciência, está relacionado especificamente a criaturas que têm seis pernas, um tórax, uma cabeça e um abdômen.

O uso de modelos fora de escala, comuns em muitas salas de aula das séries iniciais, também pode levar a concepções errôneas em alunos pequenos. Também se deve ter em mente que, às vezes, mesmo os guias de identificação podem ajudar a promover enganos. Os professores e os pais devem estar cientes da possibilidade de que alguns guias de identificação, mesmo se intitulados "Insetos", podem ter animais de outros subgrupos, como, por exemplo, aranhas, moluscos e crustáceos.

FAZENDO E USANDO CHAVES DE IDENTIFICAÇÃO

A separação básica de objetos leva à classificação. Os alunos de todas as idades devem saber usar chaves de identificação: mesmo os alunos menores podem ser apresentados a chaves feitas pelo professor ou por alunos maiores, especialmente para seus colegas pequenos. O uso de chaves pode ajudar os alunos a se tornarem menos confusos com os grupos de animais. Essa é uma boa razão para incluí-las no ensino na sala de aula do ensino fundamental. O uso de chaves deve começar de forma simples, com base em poucos objetos diferentes, com características muito diferentes. Os alunos maiores devem começar a trabalhar com chaves progressivamente mais complexas, e os alunos maiores e mais capazes do ensino fundamental podem fazer as chaves. Novamente, os alunos devem ser apresentados ao tópico recebendo poucos objetos bastante diferentes, e escrevendo uma lista de características para cada objeto. Pode-se pedir para que façam uma chave ramificada simples. Moedas são um bom ponto de partida para essa atividade. Depois de prontas, os alunos trocam suas chaves para ver se funcionam.

OUTROS ASPECTOS DA OBSERVAÇÃO

É importante lembrar que a observação na ciência inclui todos os sentidos e, portanto, está correto pedir que os alunos identifiquem coisas usando outros sentidos além da visão. Eles podem fazer "pesquisas com os sentidos", nas quais devem observar coisas colocadas deliberadamente na sala, por exemplo, um ventilador no nível do chão. Será que notarão? Um cheiro na sala, por exemplo, de perfume ou de cebolas cortadas, revelado em um dado momento da aula. Pode haver coisas para tocar com os olhos vendados, como um ursinho de pelúcia ou uma lixa grossa, e coisas a escutar, como, por exemplo, o nível de volume em que os alunos notaram uma música conhecida. Será que conseguem identificar sons gravados, de uma torneira escorrendo, de um relógio, etc.?

A observação é muito importante quando os alunos estão fazendo trabalhos práticos. Obviamente, é importante que os dados coletados em uma atividade ilustrativa ou em uma investigação sejam precisos e confiáveis. Os alunos devem saber ler escalas em um termômetro ou dinamômetro com precisão, pois a imprecisão pode levar a desperdício de tempo. As observações precisas de mudanças, ao longo do tempo, também são cruciais para os resultados de uma investigação e para aquilo que os alunos aprendem com a experiência.

> **Estudo de caso 3.1**
>
> Uma turma de crianças da 4ª série estava tentando separar quatro misturas. Entre elas, havia a mistura de cascalho e sal. Depois de conseguir separar o cascalho do sal usando uma peneira, um grupo adicionou o sal restante à água. Em resposta à questão do ajudante adulto, uma criança explicou que elas tinham feito isso porque o sal dissolve na água. O aluno mostrou o líquido turvo resultante ao adulto e disse que o sal havia se dissolvido. O grupo então passou diretamente para a próxima atividade sem pensar mais sobre a água salgada. Todavia, o adulto chamou sua atenção de volta para a mistura de água e sal, pois havia observado algo inesperado: a solução salina deveria estar clara, e não turva. Isso levou a mais exploração e a uma observação minuciosa por parte do grupo. Uma colher de chá de sal foi adicionada a aproximadamente 100 ml de água e mexida. O grupo observou o que estava acontecendo no béquer e notou que, no início, a mistura parecia turva e, somente depois de alguns segundos, o líquido ficou claro. Nesse ponto, o adulto introduziu a palavra "transparente" e enfatizou a necessidade de que o líquido ficasse transparente para que se pudesse dizer que o soluto (nesse caso, o sal) havia se dissolvido. Fascinados pela mudança ao longo do tempo, os alunos passaram a tirar fotografias das mudanças na água à medida que o sal se dissolvia (ver Figura 3.6). Se o adulto não tivesse agido daquela forma, as crianças teriam continuado a pensar que as soluções têm aparência turva.

> **Resumo**
>
> Observar é a habilidade de absorver todas as informações sobre as coisas do entorno. Os alunos devem ser estimulados a observar detalhes sutis e a ir além do que esperam ver. Eles devem desenvolver a capacidade de distinguir o que é relevante e o que não é. Devem ter a oportunidade de registrar suas observações de uma variedade de modos, inclusive falando, escrevendo ou desenhando.
> O papel do professor no desenvolvimento de habilidades de observação não deve ser a fonte de todo o conhecimento. Pelo contrário, o professor deve propiciar que os alunos enxerguem com "novos" olhos. Ele pode fazer isso estruturando cuidadosamente oportunidades para o desenvolvimento de habilidades de observação. Vários recursos devem ser fornecidos, selecionado-se os materiais cuidadosamente. Os alunos necessitam da oportunidade de compartilhar suas observações com os outros, e devem ser questionados sobre o que estão notando.

Figura 3.6 Sal dissolvendo-se em água ao longo do tempo.

SUGESTÕES PARA LEITURA

Harlen, W. e Symington, D. (1985) "Helping Children to Observe" in Harlen, W. (ed) *Primary Science: Taking the Plunge*, London: Heinemann.
Rix, C. e McSorley, J. (1999) "An investigation into the role that school-based interactive science centres may play in the education of primary-aged children", *International Journal Science Education 21: 6*, 577-93.

4 Levantamento e análise de questões e o uso de fontes secundárias

Judith Roden

> **Introdução**
>
> O Capítulo 3 explicou como a observação, como uma habilidade fundamental, poderia levar os alunos naturalmente a enxergarem padrões e a dividirem as coisas em grupos, levando à classificação. Baseado diretamente no Capítulo 3, este capítulo se concentra mais especificamente na capacidade de fazer perguntas, que, juntamente com a mensuração e a classificação, costumam ser aspectos negligenciados da investigação científica. Analisaremos a natureza das perguntas dos alunos e o modo como os professores podem atuar como modelo. O capítulo também faz uma análise das questões dos professores e dos alunos que formam a base para uma aprendizagem produtiva em um nível adequado na sala de aula do ensino fundamental, com exemplos das perguntas que os alunos fazem e como se pode responder a elas.

AS PERGUNTAS DOS ALUNOS LEVANDO-SE EM CONTA O QUE DELES SE PODE ESPERAR

Nas séries iniciais do ensino fundamental, existe uma expectativa crescente, com base na aprendizagem da pré-escola, de que os alunos façam perguntas. A publicação *Curriculum Guidance for the Foundation Stage* orienta os professores a estimular as crianças a levantar questões sobre por que as coisas acontecem e como as coisas funcionam (QCA, 2000, p. 88-89). Também se espera que os alunos "aprendam a investigar, sejam curiosos ... façam perguntas e usem referências" (QCA, 2000, p. 88-89). Os alunos também devem ser incentivados a sugerir soluções e respostas para suas próprias questões. Aqui, o papel do professor é crucial para proporcionar um bom modelo ao interagir com os alunos, brincando e explorando materiais. Isso é particularmente importante quando estão explorando materiais pela primeira vez, para dividi-los em grupos simples, como um precursor para o processo de classificação.

Durante os anos do ensino fundamental, o questionamento faz parte do "planejamento" em ambos estágios básicos. Nas 1ª e 2ª séries, os alunos devem ser incentivados a ampliar o tipo de perguntas que fazem, para incluir, por exemplo, "como?", "por quê?", "o que acontece se...?" (DfEE, 1999, p. 16) e decidir como podem encontrar respostas para elas. Também devem ser incentivados a "usar a experiência prática e fontes de informações simples para responder questões" (ibid.). Na 3ª até 5ª série, naturalmente, o nível de exigência aumenta, à medida que se espera que os alunos "façam perguntas que possam ser investigadas cientificamente e decidam como encontrar respostas [e] considerem quais fontes de informações, incluindo experiências práticas e uma variedade de outras fontes, usarão para responder suas questões" (DfEE, 1999, p.21).

Enquanto na educação infantil os alunos precisam de ajuda para encontrar as respostas, a partir da 1ª série eles devem ser incentivados a tentar encontrar suas próprias respostas, sem ajuda, usando uma variedade de livros e fontes da internet, além de serem orientados pelo professor para que tentem encontrar as respostas para certas questões por meio do trabalho prático manual. O papel do professor aqui é escutar as ideias dos alunos, modificá-las e transformá-las em algo que possa ser investigado. Dessa forma, os alunos da 3ª à 5ª séries devem ter acesso a uma variedade mais ampla de fontes para encontrar respostas para seus "porquês?" e para outras questões, e devem ser desafiados regularmente a discutir se suas questões podem ou não ser respondidas com a investigação prática, em vez do simples uso de fontes secundárias.

Tradicionalmente, alguns professores consideram as questões dos alunos em relação à ciência uma ameaça para sua autoridade e para seu próprio conhecimento e entendimento, e não um aspecto da aprendizagem que deve ser estimulado. Embora atualmente haja maior compreensão, ainda é verdade que alguns professores têm medo das questões de seus alunos em temas com os quais se sentem menos confiantes. Com frequência, isso se deve às percepções dos professores de que devem responder todas as perguntas que lhes fazem, refletindo uma visão equivocada do professor como a "fonte de todo conhecimento". Isso tem feito, talvez de forma inconsciente, que se desestimule o questionamento, ainda que, de um modo realista, devido à vastidão da ciência, não se possa esperar que a maioria dos professores e mesmo os cientistas mais eminentes tenham todas as respostas para todas as perguntas que os alunos possam fazem.

Embora haja uma expectativa de que os professores se concentrem nas perguntas dos alunos e os ajudem a desenvolver sua capacidade de fazer perguntas, na prática, isso raramente ocorre. Os professores geralmente dizem que os alunos não fazem perguntas, e que aqueles que fazem perguntam coisas que eles têm dificuldade para responder. Isso se deve, em parte, à maneira pouco sofisticada com que as questões são formuladas e, em parte, porque muitas questões são difíceis de responder diretamente. Todavia, isso não é razão suficiente para evitar o questionamento, pois, quando os alunos têm a oportunidade de explorar e de investigar por conta própria, as questões costumam ser um subproduto importante.

Atuar como modelo é crucial aqui. Os alunos de qualquer idade não farão perguntas se não forem incentivados a analisar as coisas minuciosamente ou a fazer perguntas sobre elas. Além disso, também não farão progresso nos tipos de perguntas que fazem se os adultos ao seu redor não fizerem os tipos de perguntas que podem promover habilidades superiores de raciocínio. O "tempo de espera" no ensino de ciências ainda é uma área que pode ser mais desenvolvida, e o tempo entre a pergunta e a resposta esperada ainda é bastante inadequado. Quando os alunos têm mais tempo, e a pergunta original não é reformulada ou refeita para outro aluno, eles começam a pensar por si mesmos, e costumam surpreender os professores com sua compreensão.

Também é necessário ampliar o tipo e a função das questões. As *questões de aplicação*, isto é, aquelas que fazem os alunos pensarem sobre o conhecimento em um novo ambiente, ajudam a promover e a ampliar o pensamento muito mais do que as questões conteudísticas simples, nas quais os alunos têm uma chance de 50% de estarem certos, por exemplo, "o sal é um sólido ou um líquido?", comparado com "se alienígenas descessem à Terra e quisessem saber o que é um sólido, como vocês descreveriam as propriedades de um sólido para que eles entendessem?".

As *questões analíticas* exigem que os alunos discutam como as coisas são iguais e diferentes, ou quais são as principais causas de um acontecimento. Por exemplo:

P: "O açúcar dissolve?"
R: "Não"

pode ser substituído por

P: "Quais são as diferenças entre fundir e dissolver?"
R: "Fundir é quando a coisa muda de forma, se torna aquosa e escorre, mas dissolvendo, não se pode ver a coisa na água. Fundindo se pode ver, mas dissolvendo não se pode". (Joseph, 6ª série)

As *questões de síntese* partem da premissa de que os alunos podem pensar por si sós e relacionar ideias. Por exemplo, um grupo de alunos da 6ª série estava olhando "neve instantânea", que se expande quando se adiciona água. Eles achavam originalmente que o pó se dissolveria, de modo que ficaram muito surpresos com as suas observações. Eles acreditavam que se adicionassem mais água, ela se dissolveria e, assim, adicionaram uma pequena quantidade de "neve instantânea" a uma grande quantidade de água. Ainda era possível ver os grãos.

P: "Com base na sua ideia de que quando os materiais dissolvem, eles ficam pequenos demais para se ver, vocês podem dizer se este é um exemplo de dissolver?" (Professor)
R: "Você ainda pode ver os pedacinhos flutuando na água. Mas se adicionar mais água, provavelmente vai dissolver". (Brett, 6ª série)
P: "Vocês concordam com Brett?" (Professor)
R: "Dá pra ver os pedacinhos, mas colocar mais água não vai fazer diferença, já teria feito se fosse fazer. Acho que dá pra pôr em um radiador no sol e olhar depois, então é como dissolver, porque vai evaporar". (Joseph, 6ª série).

As questões de síntese são aquelas que fazem os alunos enxergarem as conexões e que possibilitam que o professor planeje os próximos passos de sua aprendizagem como resultado da expressão verbal de suas ideias. As questões de síntese são bastante produtivas e são tipificadas como: "então, com base nesse fato, quais seriam suas conclusões?".

Também é importante proporcionar oportunidades para os alunos experimentarem *questões avaliativas*, que possibilitam que trabalhem em afirmações classificatórias. Por exemplo, usando as pranchas da Figura 4.1, os alunos devem decidir com qual definição concordam mais, ou criar uma definição própria.

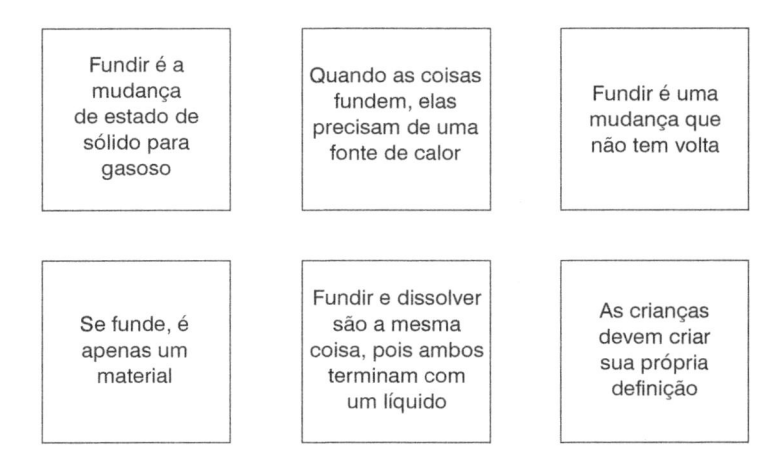

Fundir é a mudança de estado de sólido para gasoso	Quando as coisas fundem, elas precisam de uma fonte de calor	Fundir é uma mudança que não tem volta
Se funde, é apenas um material	Fundir e dissolver são a mesma coisa, pois ambos terminam com um líquido	As crianças devem criar sua própria definição

Figura 4.1 Questões avaliativas.

Também é importante incluir algumas *questões interpretativas*, que pedem a opinião dos alunos, uma boa estratégia de resposta, mas cientificamente imprecisa. Assim, quando uma aluna sugeriu que "dissolver é quando desaparece ou desintegra" (Libby, 6ª série), essa resposta foi usada como pergunta para a classe: "por que vocês concordariam com essa afirmação?", permitindo-se, assim, um tempo para os alunos pensarem e responderem, e o professor assumindo o papel de levar adiante, em vez de ser controlador.

Independentemente da variedade de estratégias usadas, existe bastante segurança para os alunos. O uso de duplas para conversar ajuda, mas é vital garantir que as duplas mudem a cada duas semanas. Reunir "duplas de conversa" em "quartetos reflexivos" (duas duplas de alunos consideram ideias de um modo reflexivo) pode garantir que várias ideias sejam levantadas. Embora algumas classes usem a estratégia de chamar pelo nome ou de levantar a mão para falar, essa prática significa que apenas alguns alunos devem "fazer o trabalho". A estratégia de levantar a mão também cria o problema dos alunos que não precisam participar. O modo tradicional de questionamento, com os alunos levantando a mão quando querem fazer uma pergunta, é considerado negativo para o desenvolvimento do pensamento, e é um tipo de poda neural. Se o cérebro não for usado de forma efetiva, sua capacidade de estabelecer conexões é reduzida. Porém, quando se aumenta o "tempo de espera", usam-se duplas e melhora-se a qualidade das questões, os alunos apresentam respostas reflexivas e se envolvem mais em sua aprendizagem. A ramificação neural é resultado do questionamento efetivo.

USANDO AS QUESTÕES DOS ALUNOS COMO PONTO DE PARTIDA

Sempre que possível, e por diversas razões, os professores devem tentar usar as questões dos alunos. O questionamento, como habilidade processual, é uma parte importante do processo científico. Conforme afirmam Smith e Peacock (1995, p.14), "aprender a fazer boas perguntas é um ingrediente essencial da ciência" e, no longo prazo, uma pessoa cientificamente letrada deve ser um questionador efetivo, alguém que possa usar seu conhecimento e compreensão juntamente com a capacidade e com a confiança necessárias para fazer a pergunta certa na hora certa. Os alunos em idade do ensino fundamental vivem em um mundo incerto, onde se torna cada vez mais importante ser capaz de questionar esse mundo. Portanto, atualmente, é importante incentivar as questões dos alunos dentro da educação formal.

AS PERGUNTAS DOS ALUNOS

As crianças da pré-escola naturalmente têm muitos "porquês". Isso é tipificado no livro *Why* (Camp e Ross, 2000), a história de Lily e seu pai, que fica cada vez mais exasperado tentando responder aos incessantes "porquês" da filha. A experiência sugere que as crianças fazem perguntas quando não entendem algo, ou quando precisam obter informações ou aumentar seu conhecimento sobre um tema familiar, ou, às vezes, apenas para ganhar a atenção dos adultos.

Embora os "porquês" sejam importantes para desenvolver o conhecimento e o entendimento dos alunos sobre a ciência, eles não são mais importantes para proporcionar oportunidades que desenvolvem habilidades processuais em ciência. Começar pelas próprias questões dos alunos pode proporcionar que se apropriem de sua aprendizagem e, consequentemente, pode ser um grande motivador. É crucial que não tenham apenas atividades práticas para reforçar ideias existentes ou ilustrar um conceito. Embora as atividades ilustrativas sejam importantes, também é muito importante proporcionar oportunidades para a exploração prática e a investigação de coisas com que ainda não estejam familiarizados. Simplesmente fazer perguntas cujas respostas os alunos já saibam pode levar à alienação, caracterizada por questões indesejáveis, como "por que estamos fazendo isso?". Todavia, se as investigações se basearem nas próprias questões dos alunos, o resultado não será conhecido até que comece a exploração, a pesquisa ou a investigação. Além disso, as questões dos alunos também podem ser foco de avaliação formativa, não apenas para avaliar o que sabem ou, de maneira mais importante, o que não sabem, mas também para proporcionar uma oportunidade para os alunos avaliarem a qualidade de sua capacidade de levantar questões.

RESPONDENDO AS PERGUNTAS DOS ALUNOS

Os alunos devem fazer perguntas para obter informações e para tirar dúvidas. Muitas das perguntas que fazem podem ser respondidas facilmente com referências a livros didáticos do nível adequado. As crianças ficam fascinadas pelas perguntas que fazem, por exemplo, sobre a árvore mais alta, o homem mais baixo, etc. Todavia, apenas dar a resposta "certa" raramente traz uma solução de longo prazo. De forma clara, não seria realista, ou adequado, esperar que os professores jamais respondessem as questões, devendo usar seu juízo profissional quando os alunos fazem perguntas. Antes de responder uma pergunta diretamente, os professores devem considerar se isso é do interesse do aluno. Às vezes, conforme discutido antes, é adequado jogar a questão para os colegas, para que outros alunos possam dar uma resposta no nível adequado, usando uma linguagem mais centrada nos alunos, ou que forneça uma gíria nova que desencadeie mais discussão.

Ao invés de sempre receberem uma resposta, os alunos devem ser ensinados a fazer suas próprias perguntas, como um meio de obter informações e compreensão da ciência. Os alunos também precisam reconhecer que, para muitas questões, não existe uma resposta conhecida e que existem várias maneiras de descobrir as respostas para diferentes tipos de questões. Os alunos maiores também devem aprender a transformar suas questões iniciais em perguntas que possam ser investigadas, para que possam encontrar uma resposta por meio da investigação científica prática. Para aprender essa habilidade, os alunos precisam de tempo e de oportunidade, embutidos em seu tempo de aprendizado, para que considerem os tipos de questões que são adequados para responder por meio de uma investigação prática. No Capítulo 5, são apresentadas ideias para desenvolver isso.

Ajudando as crianças a esclarecer, a qualificar e a refinar a questão, aperfeiçoa-se o papel do professor. Lançar o problema de volta para os alunos, perguntando "o que faz você perguntar isso?" ou "o que você quer dizer com isso?", pode levar a uma aprendizagem mais significativa e mais duradoura do que responder a questão diretamente, quando a resposta pode ou não ser adequada ao nível de compreensão do aluno. É comum, mesmo na idade adulta, as pessoas não fazerem mais perguntas porque a resposta à questão inicial, mesmo que correta, não foi compreendida. Responder as perguntas dos alunos no nível correto, com diferenciação, é uma habilidade instrucional muito difícil e, com frequência, provavelmente será do interesse do aluno descobrir a resposta por conta própria.

AJUDANDO OS ALUNOS A FAZER PERGUNTAS

Para ajudar os alunos a desenvolver sua capacidade de fazer perguntas, os professores devem ouvir suas questões, analisá-las para tentar descobrir a razão para a questão e se ela pode ser respondida por meio de uma investigação prática. Uma das melhores maneiras de promover as questões que podem levar à investigação prática é proporcionar a oportunidade de os alunos explorarem e observarem objetos, usando todos os sentidos (quando apropriado). Os alunos maiores podem receber um recurso simples e criar perguntas a respeito dele. Uma turma da 6ª série que usou uma batata como estímulo criou 98 perguntas diferentes. O professor disse que as perguntas variavam de "De onde veio a primeira batata?" a "Como podemos cultivar batatas?". Essa estratégia tem tanto êxito que é quase possível basear todo o trabalho transversal do período letivo nas questões levantadas – acompanhando a tendência atual de trabalho mais transversal! Ainda que a mesma variedade de questões não seja possível para todos os pontos de partida, a experiência sugere que o potencial latente de os alunos criarem suas próprias questões pode ser enorme. Uma estratégia que ajuda os alunos a fazer perguntas é o uso da mão de perguntas (Figura 4.2).

Os alunos receberam um copo plástico transparente com um pó branco (neve instantânea) e deviam pensar em perguntas que pudessem fazer a respeito dele e escrevê-las em uma das mãos. Depois disso, adicionaram água ao pó e observaram o que acontecia, escrevendo mais perguntas na segunda mão. Todos os alunos fizeram 10 perguntas, muitas das quais podiam ser respondidas usando uma atividade prática. O interessante é que a qualidade das perguntas aumentou bastante depois da adição da água.

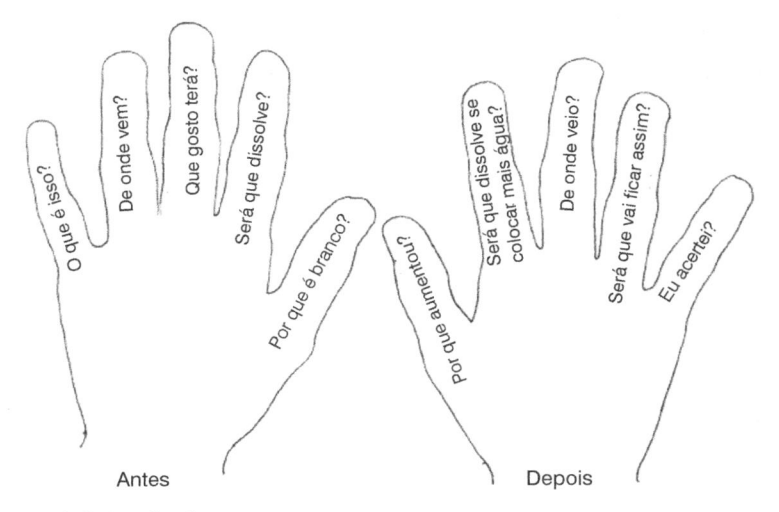

Figura 4.2 A mão de perguntas.

Os alunos olham pequenos animais

Existe uma tendência de os professores pedirem para os alunos pesquisarem, antes da exploração, os tipos de animais que podem encontrar no ambiente local. O argumento usado para justificar essa estratégia é que os alunos estarão mais informados sobre os animais que provavelmente encontrarão antes de os verem. Todavia, ainda que importante, aprender o nome de um animal não é a razão mais importante para observá-lo. Preparar os alunos dessa forma equivale a colocar a carroça na frente dos bois em termos da aprendizagem, pois, inevitavelmente, é provável que notem as características que foram preparados para notar, ao invés de observarem as características com mente aberta (ver Capítulo 3). A capacidade dos alunos de questionar e seu conhecimento e entendimento dos animais podem ser ampliados se eles forem desafiados a observar semelhanças e diferenças entre os animais enquanto os observam, de modo que não começarão apenas a entender a ampla diversidade de seres vivos, mas também desenvolverão a habilidade científica de classificar os invertebrados. Isso ocorre particularmente se eles forem incentivados a usar chaves de identificação para identificar os animais que encontrarem.

Quando os alunos têm a oportunidade de observar alguns animais pequenos, é quase impossível impedir que façam perguntas sobre eles. Quando devem observar o material coletado por alguns minutos, e depois olhar os indivíduos, um de cada vez, em uma lupa, eles ficam fascinados. É fácil, para alunos trabalhando em duplas, registrar suas questões, seja por escrito ou por meio de gravação, e depois procurar as respostas para elas. Essa estratégia é particularmente motivadora, pois os alunos se apropriam das questões que fazem e precisam de pouco estímulo formal do professor.

Uma razão por que essa atividade pode ser um bom veículo para levantar questões é que os alunos irão imediatamente comparar o animal consigo mesmo, e, entre os muitos "porquês", haverá questões mais produtivas, como:

- O que é isso?
- O que ele come?
- Como se alimenta?
- Quantas pernas ele tem?
- Para que servem as antenas?
- Ele tem olhos?
- É um menino ou uma menina?
- Este é um bebê daqueles?

Os professores podem ajudar os alunos, por meio de suas perguntas, a notar as características omitidas que são importantes para a aprendizagem. Assim, os alunos podem escolher algumas das perguntas que realmente gostariam de ver respondidas, seja olhando novamente com mais cuidado, seja usando fontes secundárias, seja estabelecendo uma situação prática para tentar encontrar a resposta para a questão. Enquanto consultam fontes secundárias na procura das respostas para questões específicas, os alunos invariavelmente não apenas encontram as respostas para perguntas que sequer fizeram, como também começam a entender que certas perguntas não podem ser respondidas facilmente.

É claro, os professores devem fornecer uma variedade de recursos e também estar cientes de quais questões devem ser respondidas de um modo prático, como, por exemplo: "o que o animal come?", "em que condições ele prefere viver?" ou "quanto o animal anda em cinco minutos?", etc. Os professores também devem saber como esses experimentos podem ser executados na prática. Então, sem dar informações demais, eles devem estruturar a aprendizagem para que os alunos possam encontrar as respostas para suas perguntas. Para um resultado positivo, deve haver recursos secundários disponíveis no nível adequado. É importante aqui estar ciente de que certos materiais conhecidos e publicados recentemente podem transmitir concepções errôneas involuntariamente. Por exemplo, um livro de insetos contém aranhas, e outro voltado para a faixa etária do ensino fundamental tem um grande título "Insetos" na capa, com um subtítulo bem menor dizendo "e outras criaturas que vivem no solo", com grandes imagens de uma variedade de grupos de pequenos animais na capa da frente e de trás do livro.

Uma das melhores coisas em se abordar esse tema seguindo um estilo aberto e "voltado para o aluno", começando com questões, é que é bastante provável que os alunos façam perguntas depois da instrução curricular. Eles não apenas são apresentados à ampla variedade de seres vivos com essa abordagem, como também provavelmente explorarão os sete processos da vida dos seres vivos, ou seja, movimento, reprodução, sensibilidade, nutrição, respiração, crescimento e, embora não faça parte do currículo nacional estatutário do ensino fundamental, excreção – um tema de muito interesse para as crianças! Trabalhando dessa forma, os alunos se sentem bastante motivados, e isso sugere que o estilo de ensino adotado influencia a aprendizagem, que não é vista como uma lista criada pelo professor. Essa abordagem ainda exige a intervenção do professor, não para direcionar a aprendizagem de um modo formal, mas para fazer as perguntas que os alunos não fizeram.

BOLHAS

Brincar com bolhas é uma atividade lúdica comum dentro e fora da sala de aula dos anos iniciais. As bolhas fascinam crianças de todas as idades. Elas são um maravilhoso ponto de partida para investigações simples baseadas na observação. A beleza do uso das bolhas como ponto de partida para atividades observacionais simples é que se pode fazer toda uma série de atividades baseadas na observação simples em alguns minutos. Ao usar os recursos de exploração, é importante que os professores tenham explorado as possibilidades, antes de fazer a atividade com os alunos. Também é importante observar que as metas de aprendizagem em questão aqui estão relacionadas com as habilidades processuais e não, exceto de forma incidental, com as ligadas ao conhecimento e à compreensão.

Quadro 4.1 Perguntas do professor para ajudar a observação e para promover investigações simples

Observações ou afirmações dos alunos	Perguntas do professor
	O que vocês notaram na bolha?
A bolha é colorida	Que cor é a bolha? Quantas cores você vê? O que as cores lembram você?
A bolha é redonda	Todas as bolhas têm a mesma forma? Qual é a forma da bolha? Que forma tem a bolha quando você está soprando ela? Você pode soprar uma bolha quadrada?
As bolhas flutuam	O que acontece se você usar aros de diferentes tamanhos? Você consegue fazer ela tocar no teto? Ela fica no ar para sempre? Quanto tempo você consegue fazer ela ficar longe do chão? O que você acha que tem dentro da bolha? O que ela tem de diferente da mistura de bolhas? Ela sobe ou desce quando flutua? Por que você acha que ela anda assim? Como você fez ela andar assim?
Eu consigo fazer uma bolha grande	O que acontece com o tamanho da bolha quando você sopra lentamente? O que acontece quando sopra rapidamente? De que maneiras as bolhas grandes e as pequenas são iguais e de que maneiras são diferentes?
A bolha estourou	Qual é a forma da bola estourada? Quanto tempo a bolha durou? Você consegue contar quantos segundos a bolha durou antes de estourar? Se a bolha fosse feita de outro material, ela ainda estouraria?
Olhe, duas bolhas se grudaram	O que acontece com a forma das bolhas quando duas se grudam? Quantas bolhas você consegue grudar? Os ímãs atraem metais, você acha que isso é igual? Que forma você enxerga dentro da bolha?
Estou vendo reflexos	O que você enxerga nos reflexos? Os reflexos estão na posição certa? Sua bolha faz sombra? Qual é a diferença entre uma sombra e um reflexo?
Está pingando	Que palavras você pode usar para descrever a bolha agora? Você consegue fazer uma bolha seca?

Observando e fazendo perguntas sobre bolhas

O exemplo apresentado abaixo mostra os tipos de questões que os professores podem usar não apenas para estimular a observação, mas também para modelar os tipos de questões que podem ser investigados na prática. Inicialmente, os alunos devem receber um pote com a mistura para fazer bolhas e aros de formas e tamanhos diversos. Depois que começam a fazer bolhas, as possibilidades para investigações simples baseadas em questões que não costumam ser colocadas são quase inesgotáveis. O mais importante aqui é que o professor não faça perguntas cedo demais, ou rápido demais. No início, é melhor olhar o que as crianças estão fazendo e escutar o que estão dizendo e receber suas questões, ao invés de ter uma lista predeterminada de perguntas que *devem* ser feitas. As observações e explorações devem ser construídas umas sobre as outras, ao invés de se impor uma dieta estabelecida de atividade aos alunos.

Depois de apenas alguns minutos, os alunos podem compartilhar as suas observações com o resto da classe. Alguns terão se concentrado em certos aspectos e não terão notado outros. Compartilhar observações permite um número muito maior de observações e investigações simples em um período relativamente curto.

PROGRESSÃO NAS PERGUNTAS DOS ALUNOS

Estudo de caso 4.1: As perguntas das crianças sobre o pão

O pão é um ótimo ponto de partida para investigações científicas e tem o atrativo adicional de proporcionar uma dimensão multicultural. A seguir, apresentamos um estudo de caso sobre a resposta de quatro alunos, duas garotas e dois garotos. Todos partiram do mesmo ponto, uma variedade de "pães" do mundo para explorar, para observar usando todos os sentidos e para levantar questões. Os pães fornecidos foram:

- Baguette: o típico pão francês
- Pita: pão ázimo, que pode ser aberto para rechear
- Chapatti: "pão" achatado, contendo ervas
- Naan: pão indiano fermentado, em forma de gota
- Mediterrâneo: pão rico e bastante colorido, com pedaços visíveis de azeitona e tomate
- Pão branco "longa vida": pão de sanduíche branco

- Ciabatta: pão italiano achatado feito com azeite de oliva
- Pão integral: pão integral tradicional fatiado

Inicialmente, os alunos de cada grupo deviam dizer o que notavam sobre os diferentes pães no estágio exploratório. Se necessário, eram ajudados com as seguintes questões:
- Como você acha que é o gosto?
- Como é o cheiro?
- Qual é a aparência?
- Com que se pode comer?
- De onde você acha que vem?
- Quando se come?
- Você sabe que tipo de pão é?

Os alunos deviam:
- Olhar o pão
- Pensar em palavras para descrevê-lo
- Escolher um tipo de pão para desenhar
- Fazer perguntas sobre o pão (a mão de perguntas foi usada novamente).

Todos os alunos se interessaram mais pelo pão mediterrâneo, o chapatti e o naan. De todos os pães, o mediterrâneo era o menos familiar, e o pão branco e o integral, os mais familiares.

Observações dos alunos sobre o pão mediterrâneo, e as atividades que poderiam ser feitas

Grupo etário	Observações das crianças	Atividades que poderiam se seguir às observações
1ª série	Tendiam a não comentar sobre o pão, mas seus desenhos observacionais sugeriam que haviam notado os pedacinhos pretos de azeitona e os pedacinhos vermelhos do tomate no pão.	Os "pedacinhos" poderiam ser tirados do pão e reunidos, comparando os pesos dos dois usando balanças, para descobrir a proporção de cada um.
2ª série	Parece um bolinho de groselha com rachaduras. Parece que tem passas dentro. Tem gosto de frutas – muito gostoso. Os alunos achavam que vinha de uma padaria da cidade de Dover.	Comparação das azeitonas e tomates com passas por meio da visão, tato e paladar, para ver se as ideias dos alunos estavam certas. Descobrir o que havia no pão, comparando possíveis ingredientes simples.

Grupo etário	Observações das crianças	Atividades que poderiam se seguir às observações
4ª série	Jane nota que o pão "tem cheiro de alho" e nota que tem ervas e "frutas" nele. Ela acha que a textura é "bastante pastosa" e que tinha gosto de tomate, como molho de macarrão, e que vinha originalmente da Itália.	Foi interessante que Jane comparou o gosto do pão com sua experiência de outras comidas. Ela estava tentando entender suas observações. Pode-se comparar o cheiro do pão com um dente de alho e uma variedade de ervas usadas para assar.
6ª série	Mandy achava que tinha frutas dentro e que a textura era dura, no lado de fora, mas "pastosa e granulosa no lado de dentro". Ela não gostou do sabor, descrevendo-o como nojento, pois detectou o cheiro de alho e ervas no pão. Mandy comentou que era difícil descrever o cheiro.	Os alunos da 6ª série eram muito mais sofisticados em sua experiência com alimentos e foram capazes de identificar corretamente diversos sabores que foram apresentados no pão. Eles também tinham mais compreensão da origem de diversos alimentos. Contudo, tendiam a não fazer perguntas que pudessem ser investigadas.
	Egan pensava que o pão provavelmente vinha da Itália. Sam achou que era marrom e áspero e que era duro e granuloso. Achou que tinha gosto de molho de tomate e que o pão vinha da Itália, pois o macarrão vem da Itália. Tim achou que o pão parecia um bolo de frutas, que cheirava como massa de tomate, era duro e tinha gosto de pizza e vinha da Itália.	Mais uma vez, esses alunos poderiam ter explorado mais um pouco a proporção dos ingredientes e comparado os sabores que as ervas poderiam ter no pão. Agindo como detetives, antes de ler o pacote do pão.

Perguntas que as crianças fazem sobre o pão

Inevitavelmente, alunos de todos os anos fazem várias perguntas que não são particularmente produtivas em termos de levar a uma observação ou investigação mais aprofundadas em ciência. Exemplos delas são "de onde veio o pão?", "qual é o nome do pão?", "você já foi ao país de onde esse pão vem?". No entanto, outras questões são potencialmente mais úteis.

Perguntas que levam a mais trabalho prático

Ano	Questão	Questões que podem levar a mais trabalho prático
1ª série	Nota os "pedacinhos no pão"	Quantos "pedacinhos" diferentes existem no pão? Quais são esses pedacinhos?
2ª série	Como o pão é feito?	Fazer pão usando os ingredientes listados no pacote
4ª série	Por que o pão de sanduíche sempre está fresco?	Quanto tempo o pão de sanduíche permanece fresco? Olhar no pacote a data de "vencimento". Comparar pacotes de pão para descobrir qual ingrediente ajuda o pão a se manter fresco por mais tempo. Montar uma situação prática (cuidando para ter segurança) para descobrir qual pão, por exemplo, pão de sanduíche, pão branco comum ou pão integral, fica fresco por mais tempo. Fazer pão usando os ingredientes listados nos pacotes (quando possível). Omitir ingredientes sistematicamente para descobrir que diferença faz para o pão.
	Por que o pão mediterrâneo parecia pizza?	Que ingredientes dão ao pão o seu cheiro característico? Comparar ervas em potes com o cheiro do pão para determinar os ingredientes.
	Por que o pão naan tem pedacinhos dentro?	Que gosto teria o pão naan sem os pedacinhos? Descubra o que são os pedacinhos, fazendo pão naan sem eles.
	Por que o baguette é meu favorito?	Pesquisar sobre as preferências de pão das crianças no estudo.
6ª série	Você gosta dele?	Pesquisar as razões por que os alunos gostam de diferentes pães.
	De onde ele vem?	Respostas encontradas consultando fontes secundárias.
	O que ele tem de especial?	Comparar pães por observação e olhar as listas de ingredientes dos pacotes ou livros de receitas.
	Por que se chama chapatti?	Pesquisa com fontes secundárias.
	Que cheiro tem?	Comparação do cheiro de diferentes pães.
	Que cor é?	Descrever a cor de diferentes pães.
	Como você o descreveria?	Pedir para os alunos descreverem o pão.
	Como você acha que é feito?	Olhar receitas e tentar fazer o pão.

Embora a maioria dos alunos envolvidos no estudo de caso soubesse o que é uma questão, eles não eram muito bons em levantar questões investigativas. Todavia, algumas perguntas puderam ser derivadas de suas questões espontâneas, e algumas delas conduziram a mais trabalho de observação ou investigativo.

Resumo

Os alunos fazem uma grande variedade de perguntas, mas algumas delas não são tão úteis para promover a investigação científica quanto outras. A observação funciona para estimular o questionamento, pois os alunos começam com coisas que notam e pelas quais se interessam. O papel do professor nesse processo é incentivar a observação, perguntar aos alunos o que eles notaram e esclarecer dúvidas.
Finalmente, é importante saber quando e como intervir quando os alunos fazem perguntas. É pertinente observar nesse ponto que, nas séries iniciais, os professores são advertidos de que "entregar o jogo" cedo demais durante as atividades pode limitar a aprendizagem das crianças. Falar antes que eles tenham a chance de ter um "momento heureca" fornece informações, mas impede o desenvolvimento de habilidades investigativas (QCA, 2000, p.83). Essa mensagem também vale para todo o ensino de ciências, e a implicação disso pode ser muito mais difícil de ser alcançada por muitos professores do ensino fundamental.

SUGESTÕES PARA LEITURA

Chin, C. e Brown, D. "Student-generated questions: a meaningful aspect of learning in science". *International Journal of Science Education* 24: 5, 521-49.
Harlen, W. (2006), "Teachers" and children"s questioning", in Harlen, W. (ed.) *ASE Guide to Primary Science Education*. Hatfield: The Association of Science Education.
Harlen, W., Macro, C., Reed, K. e Schilling, M. (2003) "Teachers" questions and responses to children"s questions Module 3", in *Making Progress in Primary Science*. London: Routledge Falmer.

Investigação científica   5

Hellen Ward

> **Introdução**
>
> Este capítulo enfatiza a diferença entre as atividades ilustrativas e as investigativas. Os procedimentos envolvidos em investigar uma ideia serão desenvolvidos em sequência e exemplificados com o trabalho dos alunos quando apropriado, sendo apresentadas algumas investigações concluídas. O capítulo conclui com um lembrete de que os experimentos representam apenas um dos muitos tipos possíveis de investigação.

A IMPORTÂNCIA DA INVESTIGAÇÃO CIENTÍFICA

Mais recentemente, o foco do ensino de ciências tem-se voltado para o conhecimento e para a compreensão da ciência às custas dos processos investigativos e ilustrativos, devido, em parte, à ênfase no *status* elevado dos testes nacionais. Como resultado, muitos alunos recebem uma dieta bastante suave e tediosa de ciências, envolvendo atividades de compreensão. Recentemente, foram levantadas preocupações com a ênfase exagerada no conteúdo, às custas das habilidades e do prazer (Wellcome, 2005, p. 3). Essa falta de abordagens investigativas também foi comentada em diversos fóruns de relatórios parlamentares (2003), publicações do Ofsted (Ofsted/ HMI, 2002, 2003, 2004) e na imprensa profissional. As pressões de tempo, uma organização para os experimentos que parecia favorecer o que fosse "fácil de testar" ao invés de "o que é ciência", juntamente com a introdução das "Estratégias Nacionais Primárias", tudo isso contribuiu para a posição atual. Enquanto, na primeira edição deste livro, esperava-se que as mudanças nos experimentos iniciadas em 2003 pudessem ajudar a mudar o foco do ensino de ciências, não existem evidências reais disso na prática.

O trabalho investigativo é mais que qualquer atividade que envolva equipamento e atividades práticas. O Quadro 5.1 denota os estágios da investigação científica. Pode-se ver que são muitos os passos e, quando se faz uma investigação, os alunos seguem se envolvem em todos eles. No trabalho ilustrativo, o professor fará os passos 1 a 5. Talvez seja por isso que os alunos fazem tantas previsões, pois essa é a primeira parte do processo em que podem se envolver. A aula de habilidades básicas aborda um passo de cada vez, conforme discutido em detalhe no Capítulo 2.

Quadro 5.1 Os estágios da investigação científica

---
1. Seleção da questão global*
2. Identificação das variáveis independentes
3. Reflexão sobre como medir/observar o resultado (variável dependente)
4. Geração de questões
5. Seleção do equipamento e decisão de como usá-lo
6. Decisão do que pode acontecer (fazer uma previsão) se necessário*
7. Métodos de coleta de dados – tipo e quantidade de dados a ser coletados*
8. Observações e medições
9. Registro e avaliação dos dados (fidedignidade)
10. Interpretação dos dados
11. Tirar conclusões
12. Avaliar o processo*

*O uso de fontes secundárias de informações pode ocorrer em diversos momentos, devendo diferir segundo a investigação, além de conforme a idade dos alunos, mas é uma parte importante do processo.

O termo "investigação" é usado explicitamente para atividades que exijam que os alunos pensem e façam escolhas sobre "o que variar" e "o que medir". Essa escolha é o que importa, pois proporciona que os alunos planejem seu próprio trabalho. No trabalho investigativo, os alunos planejam selecionando a variável (fator) que mudarão e decidindo como medir e registrar o efeito das mudanças. Depois, executam todo o processo de investigação de sua própria ideia, usando as habilidades básicas que adquiriram. Essa abordagem proporciona que os alunos façam escolhas e é mais efetiva que atividades práticas dirigidas pelo professor.

Quando o trabalho prático é simplesmente dirigido pelo professor, sem que os alunos deem sua própria contribuição para o planejamento, a aprendizagem é menos efetiva, e os alunos apresentam menos evidências de terem desenvolvido suas habilidades e conhecimento. O trabalho investigativo pode gerar níveis elevados de motivação e de envolvimento. (HMI, 2006)

O trabalho ilustrativo é importante, pois propicia que os alunos aprendam sobre ciências de um modo prático, concentrando-se em um número limitado de habilidades em um dado momento. Essas atividades proporcionam que eles se concentrem nos resultados, já que o "que fazer" e o "como fazer" são prescritos pelo professor. Devido à natureza formal da ilustração, é fácil concentrar a atenção dos alunos diretamente naquilo que é exigido. Os métodos de comunicação e de registro também podem ser prescritos no trabalho ilustrativo, e as atividades realizadas proporcionam experiências que podem fundamentar as investigações futuras. O trabalho ilustrativo oferece oportunidades para os alunos experimentarem certos aspectos da investigação científica.

É um mito pensar que os alunos podem se tornar cientistas investigativos por um processo semelhante à osmose, adquirindo habilidades, posturas e conceitos apenas por "estarem lá"! Os alunos geram ideias e questões, mas, para que possam responder essas questões de um modo científico, é necessário desenvolver sua compreensão dos procedimentos a serem desenvolvidos ao longo da faixa etária do ensino fundamental. O processo deve começar nas séries iniciais, e o grau de dificuldade e de complexidade das atividades deve aumentar à medida que avançam na escola. Para ter êxito, deve haver uma abordagem comum em toda a escola, com todos os adultos trabalhando de maneiras semelhantes. Isso é conhecido como continuidade e, sem uma abordagem contínua, é improvável que a aprendizagem dos alunos progrida. Para tornar mais fácil de lidar com isso, deve haver um consenso sobre a progressão na compreensão dos procedimentos, que mostre a todos os professores o que os alunos já aprenderam e onde se espera que avancem a partir daí. Isso é mais fácil de se alcançar se a expectativa para os modos de trabalhar em todos os aspectos da ciência for declarada de forma clara para cada grupo etário. Começando em um ponto de partida simples nas séries iniciais, os alunos desenvolvem mais independência. As descrições dos níveis (Meta 1) deixam claro onde o progresso deve se concentrar em cada nível dos estágios básicos. O uso dessas informações juntamente com oportunidades amplas de trabalho com os alunos em atividades investigativas com a turma toda e em ambientes reais permitiu que se construísse o modelo sugerido para a progressão. Os Quadros 5.2 (a) e (b) proporcionam uma oportunidade para os professores adquirirem um entendimento de onde a faixa etária para a qual lecionam se encaixa dentro do esquema geral, e é um ponto de partida para uma discussão futura nas escolas.

A teoria que sustenta esse modelo como pilar central prevê que os alunos terão ganhos em compreensão e em habilidades se o desenvolvimento for em pequenos passos, e se houver apoio dos professores e de outras pessoas. Para que os alunos tenham êxito, os professores devem buscar constantemente ampliar o trabalho independente, planejando pequenos passos e aumentando o grau de dificuldade. Isso somente funciona quando todos os professores trabalham rumo aos mesmos objetivos, e se estabelecem expectativas realistas, porém desafiadoras, desde o começo. Além disso, também exige crer na importância da compreensão dos procedimentos.

MÉTODOS DE TRABALHO

Os jovens alunos têm suas próprias ideias e são ansiosos para aprender sobre o mundo. Quando começam na escola, o processo de investigação deve iniciar, com o professor amparando o trabalho em todos os estágios. Uma ideia adequada pode ser gerada a partir do trabalho que já está ocorrendo na sala de aula. Às vezes, isso pode resultar de uma sugestão feita por um aluno, ou pode ser dirigido pelo professor: este então modela a abordagem investigativa, com a mesma variável investigada por todos os alunos. Aos 7 anos, os alunos já devem ter experiência com diversas investigações, e estarão acostumados a trabalhar em grupos e a ter o apoio do professor e de seus colegas. Estarão acostumados a identificar variáveis a partir de uma questão global e poderão pensar em questões que seu grupo possa responder. Os alunos começarão a assumir um papel mais independente e a se basear nas habilidades e nas experiências anteriores. Os professores/adultos têm um papel importante aqui, de facilitar o trabalho mas não de controlá-lo. Quando os alunos estão com 9 anos, o processo deve ser desenvolvido adiante, com os professores ajudando, mas não direcionando. Considera-se mais efetivo quando o apoio adulto direto é reduzido ao longo do tempo, com a redução correspondendo ao desenvolvimento das habilidades e das capacidades dos alunos. Assim, o papel do professor é modelar e amparar os processos de aprendizagem em toda a sua duração.

Quadro 5.2a Progressão da compreensão dos procedimentos – Estágio 1

Aspectos	Recepção	1ª série	2ª série
Métodos de trabalho	O trabalho é totalmente apoiado pelo adulto	Começando a trabalhar em grupos apoiados por adultos	Os grupos trabalham em suas investigações com o apoio do planejamento e dos professores
Formação de questões	O adulto gera questões	O adulto propõe a questão. Os alunos começam a levantar suas próprias questões	Questões e sugestões feitas pelos alunos, que respondem às questões do professor
Previsão	Os alunos formulam ideias e palpites mentalmente. Não se pergunta "o que vai acontecer?" aos alunos	Pergunta-se aos alunos se, como resultado de seu trabalho, o que aconteceu foi o que esperavam	Pergunta-se aos alunos se o que aconteceu era esperado e por quais razões
Variáveis	O professor seleciona variáveis, isto é, tipo de material, quantidade de água	O professor e os alunos selecionam variáveis, isto é, tipos de materiais, quantidade de água, tipo de líquido	O professor e os alunos refletem sobre variáveis, os alunos escolhem tipos de materiais, quantidade de água, tipo de líquido, quantidade de material
Amplitude e intervalo	Amplitude escolhida pelo professor	Amplitude simples discutido pelos alunos e pelos professores. Intervalo definido pelo professor	Amplitude desenvolvida pelos alunos, isto é, três materiais escolhidos. Intervalo discutido quando relevante, isto é, 0ml de água, 50 ml de água, 100 ml de água
Escolha e uso de equipamentos	Objetos cotidianos usados, fornecidos pelo professor. Usados com um pouco de apoio	Alguns objetos cotidianos e equipamentos simples, ampulhetas, canudos (medida sem padrão) selecionados com apoio limitado	Uso independente de equipamentos simples fornecidos pelo professor, ou seja, réguas, escalas e fita métrica
Observações e mensurações	Observações simples, isto é, seco/molhado	Começar a usar medidas não-padronizadas e a falar sobre observações	Uso de unidades padronizadas para medir comprimento, massa. Começam a fazer mais de uma leitura. Observações usadas para fazer comparações

continua

Quadro 5.2a continuação

Aspectos	Recepção	1ª série	2ª série
Comunicação oral	Alunos respondem a questões sobre seu trabalho. Falam em sentenças relacionando dois acontecimentos	Alunos começam a falar se o que aconteceu foi o que esperavam	Alunos fazem comparações "esse tecido é mais absorvente do que aquele outro". Algumas razões simples
Comunicação escrita	Não se espera retorno escrito. Escrita emergente ou perguntas e respostas do adulto representa o trabalho	Escrita simples para transmitir o significado usada para comunicar resultados. P.ex., escrever uma carta para a mãe de Alex	Escrita usada para descrever o que aconteceu. Conhecimento e entendimento científicos desenvolvidos até a conclusão
Representação gráfica	Alunos começam a desenhar gráficos seguindo o modelo do professor	Tabelas (2 colunas) e gráficos produzidos pelos alunos com apoio limitado. Adulto modula histogramas	Tabelas com espaço para leitura repetida. Alunos desenham histogramas. Adulto ajuda com escala se necessário. Padrões e tendências discutidos com a classe
Vocabulário científico	Palavras simples. Adulto modela vocabulário correto, isto é, duro, mole, macio	Vocabulário ampliado. Adultos ainda modelam. Quadros proporcionam reforço importante	Os alunos usam vocabulário simples para explicar os resultados. A modelagem dos adultos e dos quadros são muito importantes. Mapas conceituais/tabelas SQCA desenvolvem vocabulário
Saúde e segurança	Seguem instruções simples quando executam atividades	Seguem instruções simples quando usam equipamento. Podem responder a questões de adultos sobre como trabalhar em segurança	Sabem trabalhar com cuidado e segurança. Seguem instruções. Ênfase ainda no professor para controlar perigos e riscos

Ensino de ciências 89

Quadro 5.2b Progressão da compreensão dos procedimentos – Estágio 2

Aspectos	3ª série	4ª série	5ª série	6ª série
Métodos de trabalho	Trabalho individual dentro do grupo, alguns com apoio do adulto	Professor dá apoio ocasionalmente, quando necessário. Alunos trabalham em grupos	Trabalho em grupo principalmente sem apoio	Sem apoio para grupos em situações normais. Apoios eliminados
Formação de questões	Depois da classe refletir sobre a questão global. Os alunos começam a levantar suas próprias questões	Questões selecionadas pelos alunos. Questão global dá início ao processo	Oportunidades para seguir as questões dos alunos como resultado da investigação inicial	Variedade de questões testadas como resultado de ideias que surgem com o trabalho. Não apenas do tipo de experimento
Previsão	Alunos fazem previsões com incentivo. Previsões incluem uma justificativa	Previsões do nível 3 começam a incluir conhecimento e compreensão	Previsões baseiam-se em experiências passadas. Usam conhecimento e entendimento simples	Previsões são desenvolvidas, e explicações usam entendimento sólido do tema tratado
Variáveis	Os alunos, com apoio, identificam diversas variáveis que poderiam ser testadas, isto é, altura, peso, material, tamanho, maneira como cai, comprimento da asa. Introduzidas unidades padronizadas	Os alunos identificam variáveis com pouco apoio, isto é, quantidade de solo, tipo de solo, quantidade de água, temperatura da água	Apoios usados de forma independente, sendo identificada uma ampla faixa de variáveis, isto é, o tipo de substância, quantidade de líquido, tamanho do pote, quantidade de açúcar, temperatura da água, tipo de líquido, se agitou ou não	Os alunos identificam variáveis, que são escolhidas e manipuladas, garantindo uma testagem justa, se necessário
Amplitude e intervalo	Os alunos começam a entender a amplitude da necessidade. Amplitude escolhida adequada às investigações, isto é, 3 helicópteros. Intervalo desenvolvido com ajuda do professor, mas ainda não padronizado, isto é, pequeno, médio e grande	Entendimento da amplitude. Números usados variam segundo o contexto, mas um mínimo de 4, isto é, 4 tipos de solo, materiais. Intervalo identificado por alunos, mas ainda não padronizado, isto é, materiais grossos, finos, etc.	Amplitude usada independentemente, e 5 ou mais usados rotineiramente. O intervalo contém medições padronizadas e é selecionado sistematicamente com apoio limitado dos colegas e do professor	Os alunos usam amplitude adequada para que padrões e tendências possam ser identificados (6 no mínimo). Os alunos usam conhecimento e compreensão para identificar intervalos adequados de maneira sistemática. Unidades padronizadas são selecionadas
Escolha e uso de equipamentos	Usar equipamento simples com algum apoio, p.ex., termômetro, dinamômetro, cronômetro	Usar equipamento com confiança e apoio limitado até o número inteiro mais próximo	Saber qual equipamento usar, selecionando por conta própria. Uso correto até 1N, 1g, 1mm, 1cm³	Selecionar a partir da experiência passada. Nível do equipamento selecionado para variedade de atividades. Medições repetidas, com precisão
Observações e mensurações	Observações simples usadas e mensurações (3) acompanham essas unidades de medição (SI) para T°C, tempo, força	Três ou mais medições feitas rotineiramente. Unidades do SI usadas com cuidado. Verificar introdução de leituras incomuns	Dependendo do contexto, leituras múltiplas se tornam parte do procedimento. Leituras incomuns são discutidas e repetidas, se o tempo permitir	Medidas múltiplas (mais de 6), com precisão. Resultados incomuns repetidos automaticamente

continua

Quadro 5.2b continuação

Aspectos	3ª série	4ª série	5ª série	6ª série
Comunicação oral	Os professores usam sessão de *feedback* para desenvolver habilidades orais. Acontecimentos descritos em ordem	Os alunos relatam com pouco apoio. Questionamento do professor usado para desenvolver explicações	O papel do professor é ajudar quando houver descrições, e não dar explicações. Os professores e os alunos fazem perguntas para desenvolver conhecimento e compreensão. Estilo conciso e sistemático estimulado	Os alunos relatam, incluindo todos os detalhes relevantes. Explicam o que descobriram e como poderiam melhorar suas investigações. O papel do professor é de plateia
Comunicação escrita	Professor modela respostas adequadas. A escrita simples promove conclusões simples. Padrões e tendências descritos. "O que significou?" é mais importante do que "o que eu fiz"	Explicações incentivadas pelo trabalho escrito. Padrões e tendências desenvolvidos. Questões: "as evidências confirmam a previsão?", "o que eu sei que não sabia antes?"	Conclusões referentes a métodos e aparatos NÃO são recomendadas. São dadas explicações, discutindo-se padrões e tendências. Generalizações incluídas, reduzindo a estrutura	Apoio reduzido/removido. Conclusões baseadas no conhecimento e no entendimento científicos, em previsões e em evidências
Representação gráfica	Tabela – 3 medições e * (asterisco) colunas são desenhadas sem apoio. Usa-se total ou mediana. Histogramas produzidos sem apoio. O professor ajuda alunos a identificar padrões e tendências	Tabelas construídas sem apoio. Alunos conferem resultados incomuns com adultos. Mediana usada. Histogramas construídos sem apoio. Padrões e tendências discutidos com pouco apoio	Tabelas são sofisticadas. Médias usadas. Resultados incomuns discutidos. Gráficos lineares desenhados, com poucos pontos e escalas de números inteiros. Decisão sobre gráfico linear/histograma ou diagrama de dispersão tomada em consulta com professor	Tabelas são apresentadas de forma clara. Média usada quando adequado. Consolidação de gráficos lineares, histogramas e diagramas de dispersão, com mais pontos e escalas complexas. IT usado efetivamente. Representações gráficas usadas para desenhar resultados. Vocabulário científico
Vocabulário científico	Vocabulário usado para desenvolver conceitos. Vocabulário correto usado para explicar observações. Comparações usadas de forma efetiva. Tabelas SQCA/mapas conceituais começam o processo	Professor usa vocabulário correto, isto é, dissolver, fundir, evaporar, no decurso do trabalho. Diferenças entre as definições de palavras científicas desenvolvidas. Vocabulário científico usado normalmente	Generalização simples explicada com o uso do vocabulário científico. Alunos dão definições de palavras usadas como, por exemplo, gravidade. Questionados por adultos/colegas. Tabelas SQCA/mapas conceituais ainda usadas como ponto de partida	Vocabulário científico usado efetivamente para desenvolver generalizações. Alunos comparam tabelas SQCA e explicam definições de palavras. Termos usados efetivamente, isto é, fundir, dissolver, evaporar, condensar, e em uma variedade de contextos
Saúde e segurança	Conhecem os termos perigo e risco. Começam a usar os termos enquanto avaliam 'perigos' no trabalho prático	Desenvolvem a ideia de reconhecer perigos e riscos no trabalho investigativo. Conseguem responder a questões	Começam a avaliar perigos e riscos em seu próprio trabalho sem ajuda. Começam a agir para controlar riscos	Controlam perigos e riscos. Demonstram em seu trabalho que entendem o conceito de perigo e risco

No trabalho investigativo, os alunos devem ter alguma opção dentro dessa atividade demarcada. Conforme discutido no Capítulo 2, tentar "embutir" um experimento em um levantamento trará resultados estranhos e confundirá os professores e os alunos. Seja qual for o tipo planejado de investigação, o professor deve identificar antecipadamente:
- Que tipo de investigação será realizado
- As variáveis possíveis
- Propostas para como e quais os métodos de coleta de dados podem ser usados.

A FORMULAÇÃO DAS QUESTÕES

Para começar a investigar, faz-se necessário partir de uma ideia ou questão para estimular o pensamento. Com alunos menores, esse processo é novo e, portanto, é essencial que haja modelagem e estruturação em todos os estágios. Para o sucesso nessa idade, é central selecionar uma questão global simples que resulte em poucas variáveis, quando houver resultados claros e o contexto for relacionado à vida real. Nas salas de aula das séries iniciais, como os adultos proporcionam as questões globais e identificam as variáveis a testar, o foco está em proporcionar oportunidades de introduzir os alunos aos processos envolvidos na testagem de ideias. Por volta dos 7 anos, os alunos já conseguem responder à questão global e identificar as variáveis por conta própria. O professor, nesse estágio, ainda estará amparando o processo. Todavia, aos 11 anos, os alunos devem ser capazes de pensar suas próprias questões, em decorrência das ideias desenvolvidas nas atividades ilustrativas.

ESTABELECENDO O CONTEXTO

Nos estágios iniciais, é necessário apresentar aos alunos o problema que deverão ajudar a resolver. Esse estabelecimento do contexto é vital para que os alunos enxerguem valor na atividade. Existe uma variedade de recursos novos para lidar com essa área, e todos eles têm uma característica em comum: apresentam o problema ou a questão global em circunstâncias que as crianças entendam. Muitos professores usam quadros interativos para apresentar a introdução de um modo visual interessante. Deve-se ter cuidado se essa for a única forma de ciência oferecida aos alunos, pois o foco, mais uma vez, deve estar em atividades que tenham formato de experimento. Além disso, também pode se tornar desinteressante se for usado ao longo do ensino fundamental, pois, embora os alunos sejam apresentados a características básicas para criar familiaridade, sabe-se que a variedade é o tempero da vida! De certas maneiras, essas últimas inovações, usando quadros interativos para apresentar informações com blocos de notas para fazer anotações e planilhas para imprimir, ainda promovem uma abordagem mecânica à ciência do primário. Outras inovações incluem o uso de bonecos que apresentam o problema aos alunos e pedem sua ajuda (Keogh, Naylor, Downing, Maloney e Simon, 2005).

Estudo de caso 5.1

Um criativo professor de ciências decidiu criar um contexto para atividades relacionadas para desenvolver habilidades de investigação científica. O contexto criado era que um dos troféus que a escola ganhara havia sido roubado do armário dos troféus. Havia pistas, e quatro suspeitos principais foram identificados, um professor regente, o professor de ciências, um assistente e a cozinheira da escola. As pistas estavam perto da cena do crime, e deviam ser usadas para resolvê-lo. Os alunos compararam impressões digitais, pegadas, amostras de cabelo, identificaram pós brancos e usaram cromatografia em uma caneta deixada perto da cena. A motivação estava alta, e o papel do professor foi oferecer orientação e apoio, para organizar pequenas reuniões a fim de provocar a reflexão com questionamento e garantir que as evidências seriam respeitadas. A atividade levou três semanas de aulas de ciências, e os alunos escreveram seus resultados como um artigo de jornal para o informativo da escola. Esse modelo garante que as crianças usem uma abordagem de ideias e de evidências.

PLANEJANDO INVESTIGAÇÕES

Se for usada uma testagem justa, então, um planejamento pode ajudar os professores e os alunos. Essa modelagem é necessária porque torna explícito aquilo que está implícito no processo de investigação de uma ideia. Deve-se usar uma variedade de tipos de apoios estruturais, com aumento de complexidade ao longo dos anos do ensino fundamental, e muitos baseiam-se em uma ideia original de Goldsworthy

(1997). A estratégia do ensino médio de ciências observa os valores dessa abordagem, com exemplos que podem ser obtidos por *download* e adaptados.*

Com crianças pequenas, sempre que possível, deve-se usar elementos visuais, imagens de objetos para alterar ou para medir, ao invés apenas de textos escritos, como um modo de se comunicar efetivamente.

Com a experiência, os alunos podem identificar variáveis diversas. O Quadro 5.3 demonstra variáveis identificadas por alunos da 2ª série que investigavam a questão geral: "Que tipo de chá de saquinho faz o corante mais escuro?". Os alunos conheceram diferentes tipos de chá de saquinho. Eles nunca haviam participado de uma investigação completa antes, mas conseguiram pensar sobre todos os fatores em menos de cinco minutos. Todavia, já haviam feito uma atividade ilustrativa com um tipo de material, e três chás de saquinho diferentes, de modo que tinham alguma experiência com que contar. Embora essa atividade seja um tipo de testagem justa, os alunos também aprendem desde cedo a separar e a classificar coisas, a pesquisar, a resolver problemas e a investigar mudanças ao longo do tempo.

Quadro 5.3 Formato de planejamento. Os alunos selecionam uma variável para mudar e mantém as outras iguais

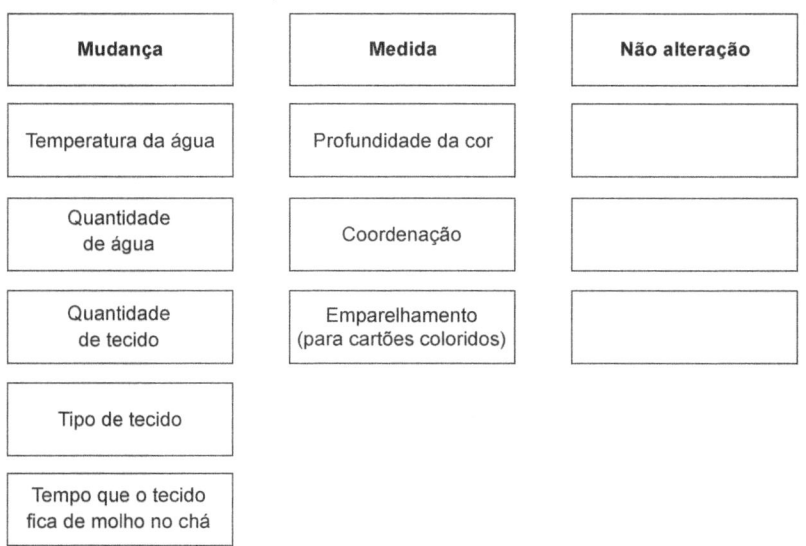

Mudança	Medida	Não alteração
Temperatura da água	Profundidade da cor	
Quantidade de água	Coordenação	
Quantidade de tecido	Emparelhamento (para cartões coloridos)	
Tipo de tecido		
Tempo que o tecido fica de molho no chá		

---

* N. de R. Os exemplos, em inglês, poderão ser obtidos no site: http://bristol-cyps.org.uk/teaching/secondary/science/word/se_posters.doc.

> **Estudo de caso 5.2**
>
> Um grupo de alunos da 1ª série estava investigando qual de suas lanternas era a mais forte. Eles receberam várias lanternas, alguns copos plásticos de cores diferentes e amostras de materiais variados, e deviam pensar em como poderiam descobrir qual era a mais forte. Suas respostas foram registradas em um diário de campo (discutido no Capítulo 11), onde tudo que diziam era anotado para que pudessem olhar depois. Questionados sobre como poderiam descobrir qual era a lanterna mais forte,
>
> O garoto A disse: "a maior vai ser a melhor, a azul".
>
> A garota A disse: "vamos projetar no chão e veremos qual clareia mais".
>
> O garoto B disse: "vamos projetar no quadro e veremos qual você pode ver".
>
> Os alunos formaram grupos de três para pensar sobre como poderiam descobrir qual era a lanterna mais forte. Eles conversaram e compartilharam suas ideias, e começaram a ver qual lanterna aparecia através de um copo, depois dois, e três, e assim por diante. Algumas crianças analisaram o tamanho do raio de luz. Elas registraram seu trabalho riscando ao redor das lanternas e classificando-as, usando um sistema de estrelas, com ***** sendo muito forte e * sendo pouco forte. A aula terminou com as crianças compartilhando seus resultados, que foram registrados em palavras e fotos. O trabalho das crianças e seus pensamentos foram transformados em um livro para olharem sempre que quisessem. Isso foi uma investigação, pois cada um dos grupos selecionou o que queria mudar e medir, todos trabalharam de forma independente e puderam discutir o que seu grupo havia descoberto. Embora, para essa atividade, todos os grupos tenham trabalhado ao mesmo tempo, ela teria sido tão efetiva quanto foi se os grupos tivessem trabalhado separadamente ao longo da semana.

RESOLUÇÃO DE PROBLEMAS

Uma investigação muito efetiva pode resultar de um problema ou de um desafio. Embora a eletricidade seja um bom contexto para esse trabalho, as atividades de resolução de problemas também são efetivas em todas as áreas do currículo de ciências. O professor pode usar problemas como: "Como se pode proteger a casa de bonecas de ladrões, que são espertos e podem aprender a burlar um sistema simples?" ou "Você pode fazer um farol que mantenha os navios seguros?" ou "Você pode fazer a fada da ponta da árvore de Natal piscar?". Nesses tipos de atividades, não é adequado fazer um experimento, e as habilidades de investigação científica que os alunos usam serão aperfeiçoadas, e não reduzidas. Uma professora usou uma abordagem de resolução de problemas ao trabalhar com seres vivos no ambiente. Ela disse à classe que eles deveriam decidir onde seria o lugar mais adequado para a nova pracinha de brinquedos. Os alunos saíram para fazer um levantamento do pátio da escola, de modo a garantir que o local escolhido tivesse o menor impacto possível sobre os seres vivos encontrados em diferentes partes do pátio da escola. Foram criados planos, mapas e pôsteres para mostrar onde a maioria dos seres vivos foi encontrada, e para sugerir o local mais ambientalmente adequado para os novos equipamentos lúdicos.

Independentemente de a atividade ser um experimento, um levantamento, a observação de uma mudança ao longo do tempo ou uma atividade de resolução de problemas, pensar sobre o que se poderia fazer e decidir sobre coisas que poderiam ser alteradas e mensuradas são coisas que ajudam os alunos nos primeiros estágios da investigação. Isso é particularmente verdadeiro quando sua experiência pessoal com atividades é limitada. Os alunos precisam de ajuda no decorrer do processo, pois ter opções é algo tão pouco comum que precisam de tempo para entender que podem pensar por si mesmos.

Estudo de caso 5.3

Os alunos neste estudo de caso tinham entre 9 e 10 anos, e suas aulas normais de ciências começavam com uma apresentação de PowerPoint que apresentava o tema que deviam aprender, tinha algumas demonstrações das quais um ou dois alunos participavam, e concluía com um "relatório" escrito sobre o que haviam visto e ouvido. Observou-se que eles precisavam ser mais motivados com a ciência e assumir um papel mais ativo em sua aprendizagem. Desse modo, foram colocadas as seguintes questões: "Por que as sementes precisam de dispersão?" e "Quantas maneiras diferentes existem?". A aula começou com a distribuição de caixas de frutas e de sementes para os grupos, que deveriam observar e dividir. As caixas continham castanhas, morangos, castanhas fechadas, avelãs, duas espécies de ervilha, uma laranja pequena, amoras, papoulas, etc. Os alunos discutiram em grupos o que achavam que as sementes fariam, embora sua primeira pergunta tenha sido se podiam abrir as ervilhas. Então, separaram as frutas em grupos diferentes e explicaram seu agrupamento. Foram feitas perguntas relacionadas à maneira como elas se afastariam da planta-mãe e se havia alguma pista que poderiam analisar. Os alunos registraram seu trabalho em uma série de diagramas

> comentados e agruparam todas as sementes semelhantes. Os morangos causaram alguns problemas, pois suas sementes não ficam no centro, onde achavam que estariam. Agruparam as sementes e discutiram as maneiras como elas se dispersavam. A professora pediu para os alunos dramatizarem como as sementes se dispersavam da planta-mãe, dando razões para o modo apontado. Isso possibilitou uma avaliação imediata. Os alunos demonstraram sua compreensão daquilo que as sementes precisam para crescer, explicando pela dramatização que podia ser escuro e seco perto da planta-mãe, e que a competição não seria boa para os novos brotos. A aula então avançou para um momento em que se pediu para os alunos criarem sua semente especial. Eles deveriam decidir como seria, onde viveria, como se dispersaria e qual método seria adequado. Ao final da aula, a maioria dos alunos disse que havia se divertido, e a qualidade de suas ideias demonstrava aprendizagem, e que eles estavam começando a pensar por conta própria. Essa aula foi investigativa, pois os alunos tiveram que fazer escolhas sobre como agrupar e comparar as sementes, usando evidências para fundamentar suas ideias. Eles também tiveram que fazer escolhas sobre sua semente imaginária, usando seu conhecimento da disciplina.

TRABALHO EM GRUPO

Os alunos devem trabalhar em grupos pequenos a partir das séries iniciais. Todavia, durante esse período, é provável que eles abordem a atividade individualmente, alternando-se, em vez de em um grupo de trabalho cooperativo. O importante é a oportunidade de os alunos conhecerem as práticas, que serão refinadas ao longo de sua formação educacional. Não existe nenhuma exigência de que todos os grupos trabalhem ao mesmo tempo, e a investigação pode ser uma atividade dirigida pelo professor em grupos pequenos, se satisfizer as necessidades de aprendizagem dos planos individuais ou gerais. Embora muitos alunos sentem-se em grupo, poucos realmente trabalham juntos. Em ciências, as atividades investigativas proporcionam o desenvolvimento de habilidades de trabalho em grupo. Contudo, o tamanho e a composição do grupo é importante para o trabalho efetivo. Se os grupos forem grandes demais, nem todos os alunos terão o suficiente para fazer, resultando em tempo "livre". Se todos tiverem o mesmo nível de capacidade, eles poderão não querer ouvir os outros ou não ter a habilidade para falar e ouvir com confiança. Se os grupos forem grandes demais, será mais problemático para se chegar a um consenso sobre a tarefa a ser realizada. Grupos de três parecem ser mais efetivos para investigações completas, em que os alunos planejam e executam suas próprias ideias. Uma ideia efetiva é atribuir rótulos a esses alunos, para ajudá-los com suas habilidades de trabalho em grupo. Um aluno pode ser o "observador", cujo papel é registrar ou observar o que acontece. Outro pode ser o "comunicador", cujo papel é registrar os resultados e se manter pronto para comunicar para a classe. O papel final é o "experimentador", o aluno que irá executar a tarefa. Na maioria das investigações, esses papéis podem ser mudados, de modo que cada aluno execute cada papel, e a atividade seja repetida três vezes, aumentando a fidedignidade do trabalho. Em certas ocasiões, também é efetivo mudar os papéis do grupo a cada aula. Mais adiante no estágio, para fins de controle do tempo e de aprendizagem, é mais efetivo que todos os alunos trabalhem ao mesmo tempo. Aos 11 anos, a maioria dos alunos consegue trabalhar efetivamente em grupo, e a classe compartilha conclusões ao final da sessão.

Embora seja importante proporcionar contextos interessantes e abertos, os alunos também devem receber apoio com certas habilidades básicas, como tabelas e gráficos.

Figura 5.1 Alunos adotando papéis em uma investigação: o Experimentador, o Comunicador e o Observador.

Estudo de caso 5.4

Sempre começar qualquer investigação com uma questão talvez não proporcione que os alunos desenvolvam todas as suas habilidades científicas. Muitas vezes, as aulas não são suficientemente longas para uma investigação completa e, como resultado, pode haver mais trabalho dirigido. Isso muitas vezes gera poucas oportunidades para as crianças se apropriarem de sua aprendizagem e trabalharem cooperativamente. Uma forma de iniciar atividades investigativas em ciências e de colocar os alunos no controle de sua aprendizagem é proporcionar diversos desafios abertos, dentro de limites cuidadosamente definidos.

Figura 5.2 Caixa das coisas vivas.

Os alunos receberam uma carta de um alienígena, que queria saber sobre seu planeta e o que eles sabiam sobre diversos tópicos científicos. Na carta, o alienígena fazia perguntas que cobriam as principais concepções errôneas que os alunos do ensino fundamental têm na área em estudo (SPACE, 1998). A carta vinha acompanhada por uma caixa decorada de equipamentos científicos, que os alunos podiam usar para responder as perguntas feitas pelo alienígena (Figura 5.2. Caixa das coisas vivas). Na caixa, havia uma variedade de materiais cotidianos e alguns equipamentos científicos especializados. Os alunos tinham que decidir para que servia o equipamento e como poderiam usá-lo para responder as perguntas da carta. Inicialmente, houve um período de exploração, e depois começaram a sugerir experimentos simples, investigações e atividades de resolução de

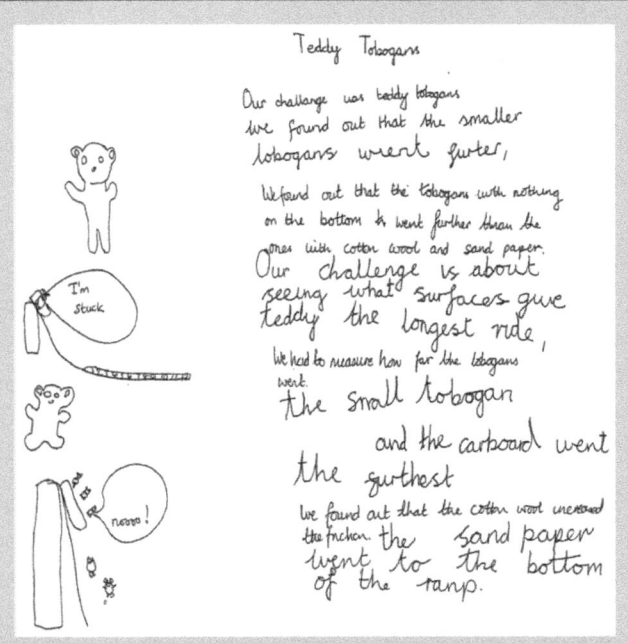

Figura 5.3 Resposta de duas crianças a perguntas sobre forças.

Os tobogãs do ursinho de pelúcia / Nosso desafio foi os tobogãs do ursinho / Descobrimos que os tobogãs menores funcionam melhor, / Vimos que os tobogãs sem nada embaixo vão mais longe do que os que têm lã e lixa. / Nosso desafio era /Ver quais superfícies levam / O ursinho mais longe, / Tivemos que medir até onde os tobogãs levavam. / O tobogã pequeno / e o papelão foram / mais longe. / Vimos que a lã perde o controle / E a lixa / caiu embaixo / da rampa. / Fiquei preso / Aaaaaiiiii!

problemas. Eles responderam ao alienígena com uma série de cartões postais, pôsteres e apresentações de PowerPoint, que respondiam as perguntas do alienígena. No total, foram usadas 10 caixas com alunos de diversas escolas locais. (Figura 5.3, Informações da caixa sobre forças). As vantagens dessa abordagem foram que ela proporcionou desafios para os alunos e garantiu que eles pensassem por si mesmos. Não havia uma resposta certa a descobrir, e eles não precisavam provar nada. A necessidade de encontrar as respostas para as questões da carta garantiu que o trabalho se mantivesse dentro das exigências do Currículo Nacional. Uma outra vantagem foi que, respondendo para um alienígena, os alunos estavam explicando e usando vocabulário científico continuamente.

TABELAS, MAPAS E GRÁFICOS

Mesmo os alunos pequenos são capazes de criar uma tabela simples com ajuda. Desenhar uma tabela é uma habilidade e, assim, pode ser demonstrada para a turma toda, podendo-se prestar apoio adicional para os alunos que tiverem dificuldade com essa forma de representação. De maneira interessante, esses alunos costumam ter dificuldades posteriormente para fazer tabelas. Nesses estágios iniciais, é importante que as tabelas sejam bastante simples e relacionadas diretamente à atividade. Por exemplo, se a atividade é encontrar o material adequado para um guarda-chuva, pode-se colar uma amostra dos materiais a testar na tabela, pois, nesse estágio, muitos alunos têm dificuldade para fazer desenhos e outras representações.

Embora seja importante que os adultos entendam a progressão das habilidades de investigação, isso também pode ser comunicado aos alunos mudando-se os modelos em uso. Um exemplo está na construção de tabelas (Figura 5.4), que mostra a progressão de tabelas simples para tabelas de duas colunas (Tabela 2 C) e finalmente para tabelas que podem ter uma variedade de medidas e de observações.

Não se espera que alunos pequenos façam suas próprias tabelas. É importante observar que o tempo gasto enquanto os alunos pequenos constroem pictogramas pode contribuir para as dificuldades com tabelas em um estágio mais avançado, isto é, números desenhados nos quadros, ao invés das linhas. Aos 7 anos, os alunos devem saber fazer um histograma simples com um pouco de apoio para a escolha da escala. Aos 11, os alunos devem ter confiança suficiente para desenhar gráficos lineares e diagramas de dispersão. É importante que essas habilidades sejam desenvolvidas inicialmente fora do modelo das investigações. Muitas investigações falham nesse ponto porque, sem o uso de gráficos, os alunos não podem concluir o processo, pois não conseguem identificar tendências e padrões claros para tirar conclusões.

COMUNICANDO RESULTADOS E TIRANDO CONCLUSÕES

Ao comunicar resultados, os alunos precisam ter muitas oportunidades e conhecer estilos variados. A maneira como os resultados são comunicados deve variar conforme a idade dos alunos, bem como o tipo de investigação, conforme discutido no Capítulo 2. Embora as crianças

Ensino de ciências 101

Tabela

Mudança	Observar

Objetos reais. Medidas padrões, mediana e moda

Tabela simples 2 C

Mudança	Observar/medir
	3
	3
	1

Representação pioctórica de objetos. Medida não-padronizada e ordenação

Tabela 4 C

Mudança	Medida	*

Objetos pictóricos e escritos. Medidas padrões, adição de totais

Tabela 5 C

Mudança	Medida	*
Marron		
Castor		
Granulado		
Café		

Objetos escritos. Medidas padronizadas, mediana e moda

Tabela 6 C

Mudança	Medida	*
10 cm		
12 cm		
14 cm		
16 cm		
18 cm		

Medidas padronizadas, mediana e moda. Identificação de resultados incomuns esperada.

Tabela 7 C

Mudança	Observações	Medida	*

Variedade de resultados ao longo do tempo, com leituras precisas. A seleção é responsabilidades dos alunos. Uso de média, moda ou mediana.

Figura 5.4 Auxílios para o desenvolvimento de tabelas.

pequenas estejam desenvolvendo sua capacidade de usar a linguagem escrita, uma abordagem voltada inteiramente para esse modo não terá êxito. Depois que se conclui a parte observacional da atividade, deve-se discutir o trabalho oralmente e compartilhar os resultados visualmente. Fazer um quadro para a parede ou colocar alguns dos resultados no livro da classe é uma forma de celebrar o trabalho (ver Capítulo 11).

Em investigações completas, os alunos devem saber demonstrar suas habilidades. Os alunos que consideram difícil dar respostas escritas devem ter apoio e dicas para ajudar em sua escrita. Os modelos escritos se tornaram o padrão em muitas escolas no auge da estratégia de alfabetização, mas usar a mesma estrutura ao final de cada investigação limita a motivação e a criatividade.

A criatividade ocorre quando há tempo e possibilidades de escolha. Isso foi demonstrado por uma criança da 1ª série que investigava a questão geral "como posso manter o ursinho seco". Ela usou os materiais que havia testado para fazer uma colagem de um ursinho com o guarda-chuva feito de papel-alumínio, o material que havia verificado ser à prova d'água. Além disso, fez uma dobra no trabalho, que, quando levantada, tinha a palavra "papel-alumínio" escrita embaixo. Sua resposta não levou mais tempo que a de qualquer uma das outras crianças, mas, mais notável que isso foi o fato de que essa foi a primeira aula do período letivo em que ela concluiu uma atividade de maneira apropriada.

Escrever uma carta para explicar os resultados é algo que funciona, especialmente se as cartas forem enviadas e receberem respostas. Investigações como a do detergente que faz mais bolhas, a toalha mais forte, a pasta de dente mais efetiva ou o saquinho de chá mais forte oferecem ótimas oportunidades para escrever cartas. Nem todas as conclusões devem ser escritas, e fotografias podem ser usados para transmitir o significado, com os adultos fazendo perguntas e anotando as respostas para referência futura. A publicação de notícias e a dramatização possibilitam que os alunos demonstrem sua compreensão, que é a principal razão para tirar conclusões e para explicar os resultados. Os quadros de fotos e recados e os pôsteres também são excelentes estratégias de comunicação.

LIMITANDO O NÍVEL DE AQUISIÇÃO

Às vezes, as atividades estabelecidas para os alunos reduzem sua capacidade de apresentar níveis elevados de habilidades científicas. Por exemplo, ao realizar investigações sobre hélices, se os alunos apenas mudarem o tipo de material e mantiverem todo o resto igual e medirem o tempo de permanência no ar, o resultado final será inferior do que se mudarem o tamanho da hélice e registrarem o tempo no ar. Mudar sistematicamente a área ou o comprimento das pás exige mais habilidade do que apenas mudar os materiais, e os resultados finais da mudança de tamanho produziriam um gráfico linear, ao passo que a mudança de materiais produziria apenas um histograma. Ao iniciar nosso trabalho investigativo, é importante que o professor incentive seus cientistas mais capazes a experimentar atividades desafiadoras.

Resumo

A compreensão dos procedimentos envolve todos os processos usados ao se investigar uma ideia, e representa as maneiras como os cientistas trabalham. Essas habilidades devem ser ensinadas aos alunos, mas os alunos também devem ter oportunidades para realizar o processo de investigar uma ideia por conta própria, passando por todos os estágios da investigação científica. Apresentamos um modelo para ajudar com a continuidade e com a progressão na faixa etária do ensino fundamental, bem como algumas sugestões para diferentes investigações, identificando-se a questão global e algumas variáveis possíveis. Essas investigações não envolviam apenas experimentos. À medida que os cientistas abordam diferentes questões de diferentes maneiras, os alunos devem ter oportunidades para fazer uma "testagem justa", levantamentos, classificações e comparações, resolver problemas e investigar mudanças ao longo do tempo.

SUGESTÕES PARA LEITURA

Feasey, R. (2006) "Scientific investigations in the context of enquiry" in Harlen, W. (ed.) *ASE Guide to Primary Science Education*. Hatfield: ASE.
Johnson, J. (2005) "The importance of exploration", in Maidenhead: Open University Press.
Keogh, B., Naylor, S., Downing, B., Maloney, J. e Simon, S. (2006) "Puppets bringing stories to life in science", *Primary Science Review* 92, 26-8.
Newton, D.P. (2002) *Talking Sense in Science: Helping Children Understand Through Talk*. London and New York: Falmer.

6 Planejamento e avaliação da aprendizagem

Hellen Ward

Introdução

A avaliação é uma combinação de todos os processos usados para planejar e para avaliar aulas adequadamente, de modo a facilitar a aprendizagem ideal e garantir que todos os alunos tirem o máximo de sua capacidade. A avaliação é muito mais que apenas registrar e relatar informações. Este capítulo analisa a área da avaliação no ensino de ciências na sala de aula do ensino fundamental.

AVALIANDO A APRENDIZAGEM DOS ALUNOS EM CIÊNCIAS

Existem apenas três maneiras de obter evidências de como os alunos estão aprendendo:
- observação
- discussão
- correção/análise de trabalhos feitos

Os professores muitas vezes têm expectativas irrealistas sobre a avaliação que fazem dos alunos, que podem afetar suas avaliações em ciências: não é possível escutar cada conversa ou observar cada aluno em cada situação, e o foco único no trabalho concluído pode ser muito limitante. Devem-se fazer escolhas cuidadosas sobre as informações que devem ser coletadas para a avaliação, como devem ser coletadas e como serão usadas. É importante envolver outros adultos, mas envolver os alunos é essencial.

Em ciências, é vital observar os alunos. Observando-os enquanto trabalham, pode-se avaliar sua capacidade de usar equipamentos, a maneira como conduzem a investigação e sua cooperação com os outros, bem como suas posturas quanto à aprendizagem, como a criatividade e a perseverança. Observando como o aluno faz os trabalhos, podem-se identificar informações sobre necessidades atuais e futuras para o ensino.

É essencial que se discuta com os alunos e se escutem as discussões que fazem entre eles, pois elas proporcionam informações sobre ideias e processos de pensamento individuais e coletivos. Além disso, também proporcionam visões importantes sobre maneiras de trabalhar e outras informações sobre os conceitos e os processos que os alunos estão usando. De maneira realista, como é impossível estar presente em todos os momentos significativos do trabalho de cada aluno em ciências, deve-se criar um protocolo para observar e para conversar com todos os alunos ao longo do tempo: observações com foco. Todavia, isso não deve impedir que os adultos registrem momentos "significativos" para alunos específicos, quando acontecerem.

Na realidade, o professor avalia principalmente os trabalhos realizados, por meio de sua correção: os resultados escritos, os desenhos e diagramas, ou respostas a questões de testes práticos. Todavia, eles não mostram o "quadro todo" dos processos e da aprendizagem que ocorre. Portanto, é importante usar uma combinação de todas as três abordagens, mas também entender que cada uma tem suas vantagens e desvantagens. Por exemplo, com alunos maiores, a avaliação dos trabalhos pode fornecer informações razoáveis, enquanto com alunos menores, alunos cuja primeira língua não seja a língua nativa do país ou aqueles com necessidades educacionais especiais, a avaliação dos trabalhos escritos proporcionará uma noção limitada, particularmente dos processos de aprendizagem.

AVALIAÇÃO PARA APRENDIZAGEM

O Assessment Reform Group (ARG, 1999) definiu os termos "avaliação para aprendizagem" e "avaliação da aprendizagem". A avaliação para a aprendizagem envolve os processos formativos usados para desenvolver a aprendizagem dos alunos, o conhecimento de onde os alunos estão em um dado momento e as habilidades necessárias para possibilitar que progridam até onde devem chegar. A avaliação da aprendizagem é entendida como um teste nacional ou de final de unidade, mas pode ser qualquer método que julgue a aprendizagem em um dado momento.

Entre os propósitos da avaliação, estão os seguintes:
- promoção da aprendizagem efetiva para cada aluno;
- divulgação regular da aprendizagem de alunos específicos a pessoas interessadas (pais, cuidadores e outros professores);
- certificação e acreditação da aprendizagem (exames e qualificações);
- monitoramento dos padrões das escolas e do ensino (tabelas de comparação);
- monitoramento dos padrões no nível regional e nacional (comparações políticas e internacionais) (adaptado de Harlen, 2007).

A introdução da testagem nacional na Inglaterra e a publicação anual de resultados escolares levou a avaliações que relacionam a qualidade do ensino aos resultados de testes. Como sempre que se fazem essas relações, os professores adaptam sua abordagem, um fenômeno observado em muitos países. Isso então influencia a maneira como se leciona (Assessment Reform Group (ARG), 2006). Um resultado direto pode ser que áreas que não são testadas se tornam "menos importantes", com uma ênfase correspondente em estratégias de ensino para "passar no teste". A prática de "ensinar para o teste" geralmente começa na 5ª série, senão antes, e, em certas escolas, ocorre até a 6ª série. Esse tipo de foco na avaliação da aprendizagem pode ter um impacto negativo sobre o ensino, embora o *status* da ciência como disciplina básica no Currículo Nacional seja resultado direto de sua avaliação por testes nacionais.

O planejamento do ensino de ciências começa com o plano de longo prazo. Cada escola tem seu próprio *ethos* e identidade e, de fato, isso é estimulado em *Excellence and Enjoyment* (DfES, 2003). O plano de longo prazo mapeia as experiências adequadas que a escola propicia para que os alunos adquiram o conhecimento e o entendimento necessários para as habilidades citadas nos documentos estatutários nacionais da educação infantil até o final das séries iniciais. O plano deve indicar o tempo permitido para cada disciplina, mas também deixar claro onde as conexões entre as disciplinas proporcionam experiências de aprendizagem mais realistas. Os esquemas nacionais não refletem contextos escolares locais ou individuais e, como resultado, muitas escolas, particularmente na 1ª e 2ª séries, estão começando a planejar um ensino de ciências que corresponda as suas necessidades (Ofsted/HMI, 2004). Essa ação é positiva. Outro fator positivo é a sugestão de que todos os alunos devem ter uma aprendizagem personalizada.

> A aprendizagem personalizada exige estratégias de ensino e de aprendizagem que desenvolvam a competência e a confiança de cada aluno, envolvendo e as ampliando (DfES, 2007).
>
> Para personalizar a aprendizagem, os professores devem avaliar seus alunos. Eles devem saber onde os alunos se encontram atualmente, onde devem chegar e também como podem construir uma ponte entre esses dois pontos (Wiliam, 2003).

A aprendizagem personalizada significa adotar uma abordagem que corresponda às necessidades de cada aluno:
- fortalecer a conexão entre a aprendizagem e o ensino;
- envolver os alunos como parceiros na aprendizagem: conectar a aprendizagem com o que já sabem e podem fazer;
- incentivar os alunos a ser ativos e curiosos;
- incentivá-los a criar suas próprias hipóteses e fazer suas próprias perguntas;
- ajudar os alunos a estabelecer seus próprios objetivos;
- incentivar os alunos a correr riscos, mas considerando questões de saúde e de segurança;
- envolver os alunos na autoavaliação e na avaliação dos colegas.

Muitos leitores identificarão que a aprendizagem personalizada em ciências tem a mesma filosofia e metas da avaliação para aprendizagem.

PLANEJAMENTO PARA AVALIAÇÃO

Os planos de médio prazo contêm detalhes de objetivos de aprendizagem específicos, as oportunidades para alcançá-los, os recursos necessários e as estratégias de avaliação a usar. Em certas escolas, usa-se o esquema de trabalho da QCA/DfEE (1998) ou algum documento semelhante. Embora não seja estatutário, esse esquema reduz a necessidade de os professores tomarem decisões sobre o tempo e o conteúdo, para garantir que as necessidades dos alunos sejam satisfeitas. O planejamento efetivo de médio prazo proporciona a estrutura para a personalização da aprendizagem no nível da sala de aula.

A ciência diz respeito ao conhecimento e ao entendimento, mas também está relacionada à progressão em adquirir habilidades e desenvolver procedimentos. Um plano de médio prazo deve apresentar a progressão em todas as áreas da ciência em uma escola de ensino fundamental. Usando o plano para acompanhar um aluno "imaginário" à medida que avança na escola, pode-se mapear a ciência que esse aluno estuda e identificar as áreas de aprendizagem que ocorrem regularmente e os aspectos que não costumam ser tratados. Trabalhando com os coordenadores de ciências, fica claro que muitos alunos são expostos a uma grande quantidade de repetição. Usando como exemplo "comida e alimentação saudável", verifica-se falta de progressão quando o tema "uma refeição saudável" é o foco da aprendizagem, repetidamente. Embora o ensino de ciências seja cíclico e certos aspectos devam ser revisitados, deve-se desenvolver a aprendizagem, e é improvável que isso ocorra revisitando-se a mesma atividade repetidas vezes.

Essa falta de progressão é observada em muitas outras unidades. Os problemas ocorrem quando as experiências repetidas não sofrem desenvolvimento, enquanto o planejamento claro garante que se desenvolvam experiências e oportunidades para os alunos e que se estimule a motivação. Os esquemas nacionais também podem ajudar com o planejamento para a progressão, mas devem ser revisados de forma crítica. É importante que cada escola adapte o esquema às necessidades de seus alunos. Apenas porque um esquema publicado tem o "selo de um especialista", um vendedor insistente ou uma apresentação bonita e brilhosa, não significa que é perfeita para cada escola. Muitas classes do ano de recepção têm unidades sobre o que as plantas precisam para crescer e as partes da planta, e esse trabalho é repetido depois na 1ª série – normalmente usando uma variedade limitada de plantas.

No esquema de ciências da QCA/DfEE (1998), o som é estudado na 1ª série e não é abordado novamente até a 5ª série. Todavia, as respostas dos alunos em testes nacionais e discutidas no relatório anual de padrões (p. ex., QCA/NAA, 2006) indicam que a compreensão dos alunos sobre o som não está desenvolvida adequadamente. Em parte, esse subdesenvolvimento dos aspectos do som pode estar relacionado à falta geral de ensino de música. O Office for Standards in Education e o HMI (2004) reconhecem que um currículo que se concentra principalmente na numeralização e na alfabetização afetará outras áreas de aprendizagem. Isso ilustra por que as escolas devem identificar conexões adequadas no currículo que enriqueçam a aprendizagem e satisfaçam as necessidades de seus alunos. Também é importante ter amplitude e equilíbrio, mas, no esquema da QCA/DfEE, existem muitas outras unidades que se concentram na Vida e nos Processos Vivos (Sc2), em comparação com unidades sobre Materiais e suas Propriedades (Sc3), ou Processos Físicos (Sc4).

Depois de acompanhar a aprendizagem ao longo da escola, é importante analisar o que os alunos recebem a cada ano. Isso não é responsabilidade apenas do professor de ciências, mas também do professor regente. Esse nível de escrutínio deve enfocar a experiência e as oportunidades de envolvimento com a ciência. É nesse nível que a aprendizagem pode ser personalizada. Se a ciência for percebida simplesmente como um corpo de conhecimento, o foco estará apenas nas metas de aprendizagem do conhecimento disciplinar, de modo que pode ser necessária uma revisão para garantir que se otimize o desenvolvimento das habilidades.

A maneira como as aulas se baseiam umas nas outras também precisa de uma avaliação contínua, e o tempo disponibilizado para os alunos desenvolverem suas ideias e habilidades precisa ser considerado. Uma razão apresentada para os alunos não gostarem de ciências é que eles não têm consciência das conexões e da progressão na aprendizagem. "Cada aula é diferente, e não existe conexão com o que fizemos antes", disse um garoto menos letrado da 5ª série. A quantidade de trabalhos incompletos vista em muitos livros de exercícios corrobora essa abordagem de "espichar ao máximo".

O desenvolvimento de habilidades (ver Capítulo 2) é uma área que tem adquirido importância no ensino de ciências, mas, para que haja aprendizagem para todos os alunos, é essencial que se entenda e que se trabalhe com as descrições dos níveis contidas no Currículo Nacional. A aprendizagem e o desempenho de cada grupo de alunos variam, assim como o progresso de cada aluno em todos os aspectos da ciência. Essas diferenças não estão apenas no entendimento, mas também incluem experiências, expectativas e prazer. Embora a expectativa nacional na Inglaterra para a maioria dos alunos da 2ª série seja o Nível 2 e, para os da 6ª série seja o Nível 4, essa é uma abordagem ampla, e os professores devem conhecer as habilidades, os processos e os entendimentos que são necessários para cumprir cada nível, e planejar com eles em mente. Compartilhando uma compreensão dos elementos das descrições dos níveis, em palavras que possam entender, os alunos podem começar a reconhecer onde estão e o que precisam para melhorar sua aprendizagem. Isso é vital para que a aprendizagem seja personalizada e para que haja avaliação para aprendizagem.

O ensino e a aprendizagem muitas vezes são discutidos juntos, como se estivessem inexoravelmente ligados. Todavia, apenas o fato de haver ensino não garante que haja aprendizagem. Entender a progressão das habilidades permite que as diferentes necessidades de todos os alunos em uma determinada faixa etária sejam satisfeitas. Essa diferenciação é vital e deve ocorrer em cada aula.

> **Estudo de caso 6.1**
>
> Em uma turma da 2ª série que estudava materiais e suas propriedades, a expectativa foi definida inicialmente no Nível 2, *fazer algumas observações*. Todavia, nessa classe, havia alunos que não estavam trabalhando nesse nível. A meta de aprendizagem que foi apresentada às crianças permanecia a mesma: *"observar como as coisas mudam"*, mas a atividade/resultado foi alterada levemente, usando critérios de desempenho.
> - Tirar um saquinho e usar algumas palavras para mostrar as mudanças
> - Comparar mais de um saquinho e usar palavras para mostrar como mudaram
> - Ser capaz de fazer algumas medidas e registrá-las
>
> Isso permitiu que os alunos que trabalhavam no Nível 1 observassem e se comunicassem de maneiras simples, enquanto alunos mais capazes podiam fazer *mais observações e algumas medições*. Aqui, a maioria dos alunos estava trabalhando no Nível 2, de modo que se esperava que fizessem comparações. Com 30 alunos na turma, era impossível basear toda a avaliação da aprendizagem apenas em observações ou em discussões, de modo que se usou uma combinação de abordagens. Para a maioria dos alunos, o resultado foi demonstrado com o trabalho concluído, que era um conjunto de desenhos com algumas palavras. Para outros, as informações foram obtidas por meio de uma discussão. Havia pouca oportunidade para observação direta, mas o professor conseguiu fazer perguntas. Os alunos mais capazes conseguiram adicionar medições a suas observações, enquanto os menos capazes apenas desenharam uma figura e tiveram ajuda para escrever, usando etiquetas autocolantes com palavras. Planejar atividades totalmente diferentes para a faixa de capacidade geralmente obriga os professores a prestar apoio para as atividades, não conseguindo ensinar aos alunos – uma aula de malabarismo. No caso em questão, todos os alunos tinham a mesma atividade básica. Foi importante considerar o fator do desafio nessa atividade, pois os alunos que têm tarefas inferiores e equipamentos menos interessantes podem se entediar e se desinteressar.

Pode ter ocorrido a alguns leitores que a atividade que os alunos estavam realizando não foi comentada. Essa omissão envolve a questão da atividade, ao invés de aulas de ciências voltadas para a aprendizagem. A atividade era uma experiência com fusão, usando os saquinhos citados no Capítulo 9 (Figura 9.5) e colocando-os em água morna. Se a atividade tivesse sido selecionada antes, a aprendizagem teria sido reduzida a saber que os materiais mudam, o que torna ainda mais problemático para satisfazer as necessidades de cada aluno. No exemplo, porém, o foco estava nas habilidades, e a mudança era o contexto. Os alunos lembram que os materiais mudam, mas também são incentivados a praticar suas habilidades, proporcionando, assim, oportunidades mais claras para uma aprendizagem diferenciada.

AVALIAÇÃO PARA APRENDIZAGEM EM CIÊNCIAS

A avaliação para aprendizagem recebeu uma grande quantidade de publicidade, desde a publicação de *Inside the Black Box* (Black e Wiliam, 1998) até os atuais projetos de pesquisa em muitas escolas dentro e fora do Reino Unido. Ela não é um conjunto de procedimentos, mas uma oportunidade para colocar os alunos no assento do motorista da aprendizagem. Essa necessidade de que os alunos assumam o controle de sua aprendizagem é onde, às vezes, a avaliação para aprendizagem não tem êxito. É difícil para alguns professores mudar práticas antigas e dar poder aos alunos. Alguns professores acreditam que é suficiente apenas executar as estratégias, como compartilhar as metas de aprendizagem, fazer avaliação dos colegas e fazer comentários na correção. Sutton (2007) chamou isso de "avaliação para o ensino", e sugere que, sem que os alunos tomem o controle de sua aprendizagem, haverá poucas mudanças notáveis.

A avaliação para aprendizagem em ciências exige que os alunos entendam o que já sabem e que estejam cientes do que ainda precisam aprender. Assim, o primeiro estágio do planejamento deve incluir maneiras de ativar o conhecimento prévio dos alunos. Independentemente da idade, os alunos não são telas em branco ou potes vazios a encher. Eles têm ideias e entendimentos sobre o mundo, e seria contraproducente ignorar isso. Um ponto de partida pode ser as tabelas SQCA (discutidas no Capítulo 2) ou os mapas mentais. Um projeto de aprendizagem personalizada financiado pela AstraZeneca Science Teaching Trust, com 30 professores, traz o exemplo apresentado a seguir.

(a)

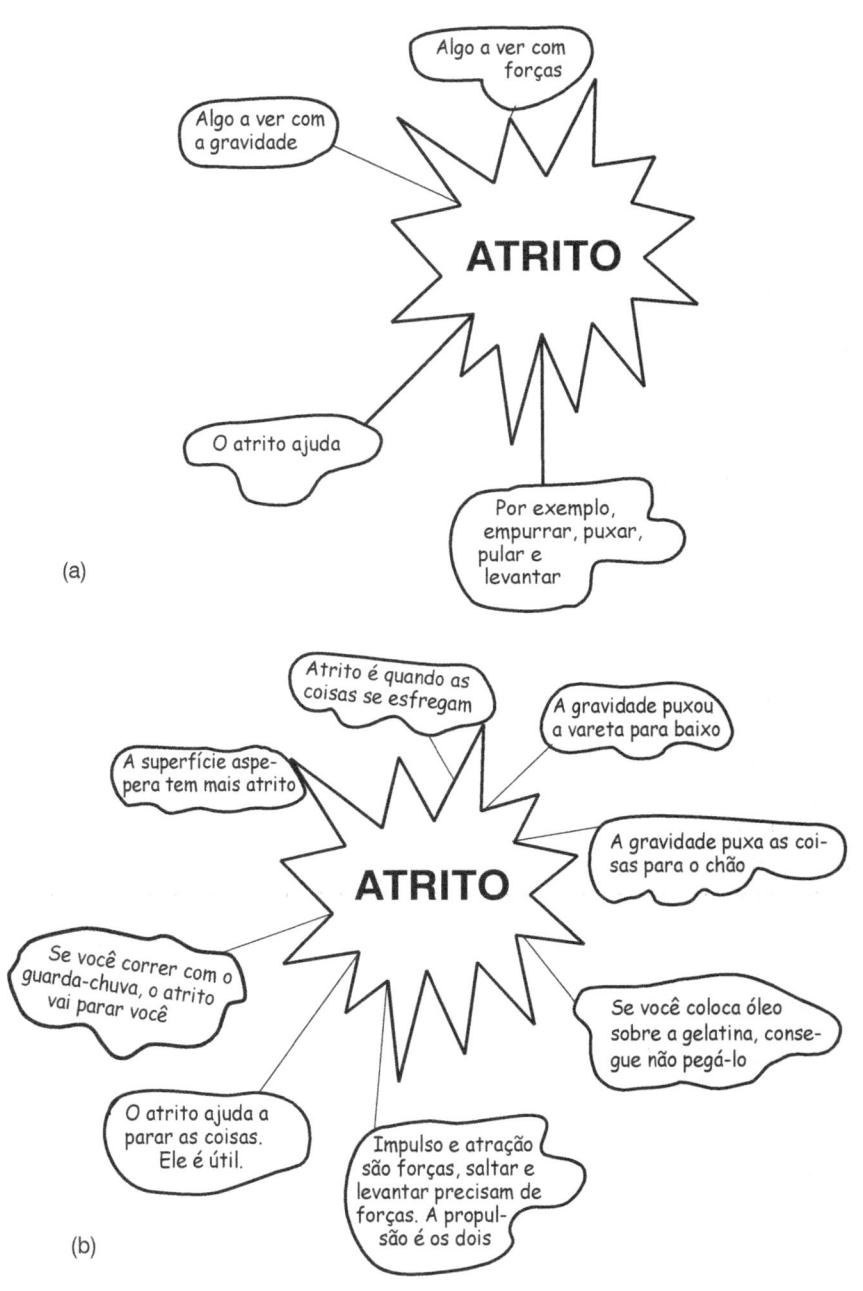

Algo a ver com forças

Algo a ver com a gravidade

ATRITO

O atrito ajuda

Por exemplo, empurrar, puxar, pular e levantar

(b)

Atrito é quando as coisas se esfregam

A gravidade puxou a vareta para baixo

A superfície aspepera tem mais atrito

ATRITO

A gravidade puxa as coisas para o chão

Se você correr com o guarda-chuva, o atrito vai parar você

Se você coloca óleo sobre a gelatina, consegue não pegá-lo

O atrito ajuda a parar as coisas. Ele é útil.

Impulso e atração são forças, saltar e levantar precisam de forças. A propulsão é os dois

Figura 6.1 Antes e depois, mapas mentais: o que você sabe sobre fricção (4ª série).

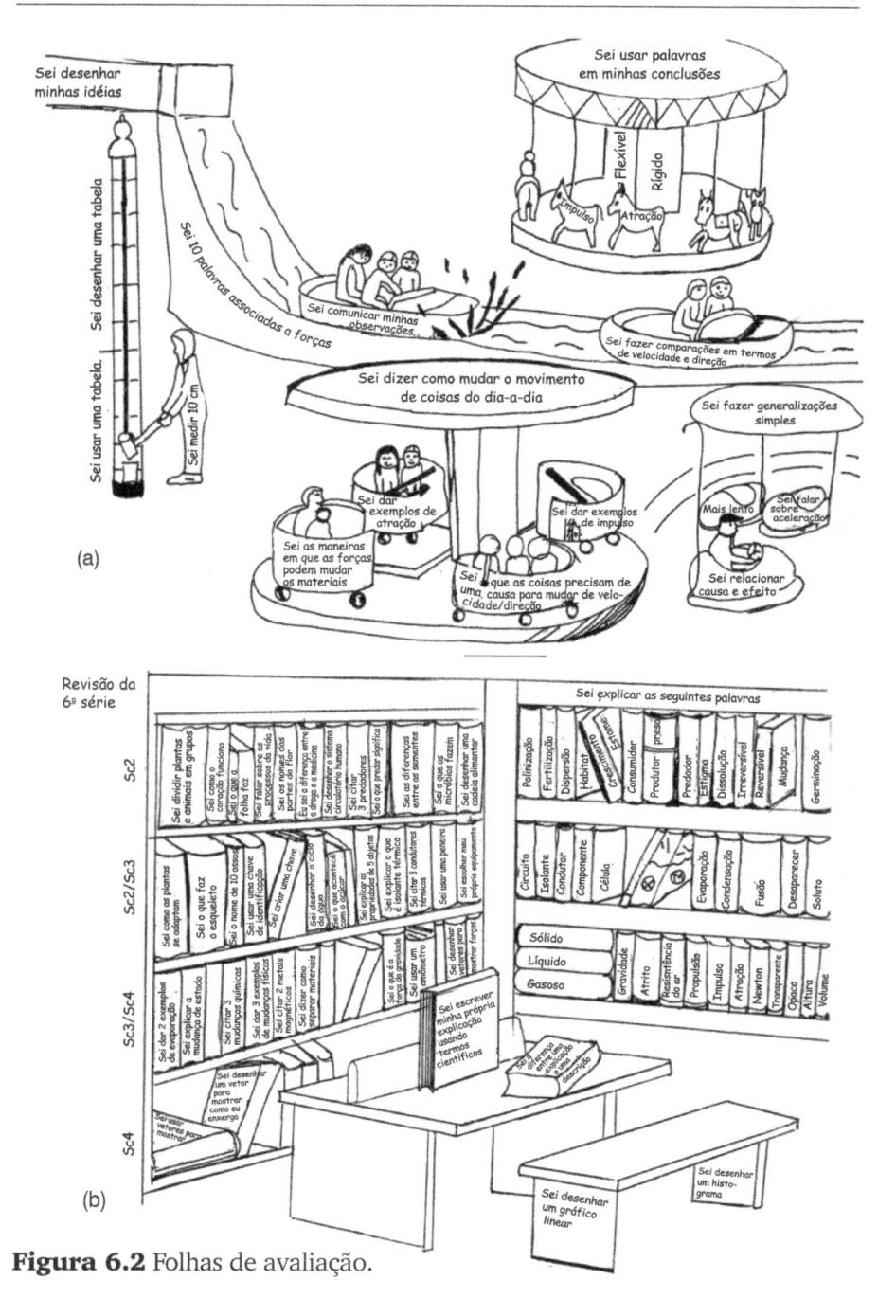

Ensino de ciências 113

(a)

(b)

Figura 6.2 Folhas de avaliação.

Esses exemplos são de uma turma da 4ª série que vinha estudando o atrito. No começo do tópico, eles tinham pouco conhecimento e entendimento, e atitudes negativas em relação à ciência. Ao final do tópico, havia uma compreensão muito maior. Um dos principais pontos de aprendizagem para alguns foi ter gostado da atividade.

Depois de identificas as ideias dos alunos e o vocabulário atualmente em uso, é possível ajudá-los a entender o que precisam saber ao final do tópico. Isso pode ser feito usando-se folhas de avaliação visual. Um exemplo é fornecido na Figura 6.2. Com alunos menores, as crianças e os professores podem preenchê-las juntos, enquanto alunos maiores podem assumir maior responsabilidade e ser instrumentais no monitoramento de seu próprio progresso.

Usar os resultados da avaliação também é importante para o planejamento das aulas. As descrições dos níveis para conhecimento e entendimento no Currículo Nacional podem ser usadas para identificar o progresso nível por nível através do programa de estudo (DfES, 1999). Usando apenas Sc2, Sc3 e Sc4 e começando com o Nível 1, podem-se identificar palavras-chave. Por exemplo, em todos os três aspectos, o Nível 1 diz respeito a comunicar observações na forma oral e escrita. O entendimento necessário no Nível 2 está relacionado a separar, a agrupar e a classificar. Incidentalmente, esse elemento de comparação do Nível 2 também aparece em história e geografia, e permite outras conexões entre as disciplinas. O Nível 3 pode ser classificado como "causa e efeito", por exemplo, comer demais causa ganho de peso, superfícies mais ásperas têm mais atrito. Essas generalizações simples costumam ser difíceis de entender para alunos com 6 ou 7 anos.

O Quadro 6.3 demonstra a progressão em cada nível. Ela pode ser usada para planejar metas de aprendizagem, usando a ideia de que "se eu sei o que estou procurando, é mais provável que eu enxergue quando acontecer". Quando usada dessa forma, a aula tem um nível apropriado e o foco é na aprendizagem, em vez de na atividade. Ela também proporciona que os alunos saibam o que se espera que façam. Assim, aqueles que trabalham no Nível 4 saberiam que seu trabalho deve conter explicações e usar vocabulário científico.

Quadro 6.1 Conhecimento em níveis diferentes

Nível	Conhecimento esperado
1	Comunicar observações
2	Separar, agrupar, comparar semelhanças e diferenças
3	Causa e efeito, generalizações simples e explicações simples
4	Explicações usando vocabulário científico. Generalizações
5	Ideias abstratas e modelos

Estudo de caso 6.2

Os alunos da 2ª série ainda estavam trabalhando com materiais e suas propriedades, e a atividade refere-se a rochas. O requisito de conhecimento para os alunos foi definido segundo o Nível 2, alinhado às expectativas nacionais. A meta de aprendizagem apresentada para os alunos era *"separar objetos em grupos e fazer um registro simples"*.

Os critérios de sucesso eram:
- saber agrupar rochas com a mesma propriedade
- saber registrar esses grupos
- saber usar algumas palavras para explicar o agrupamento.

Alguns dos alunos ainda não estavam no nível de saber separar e agrupar e fazer desenhos, de modo que receberam argolas para colocar suas rochas e apoio por meio de questões e de discussão. Outro grupo estava começando a separar as rochas, de modo que recebeu um pequeno grupo de amostras com propriedades bastante claras. Eles receberam ajuda para usar as pequenas argolas e pranchas com vocabulário. A maior parte do resto da classe estava separando e agrupando as rochas, e desenhando os resultados em seus cadernos. Trocavam ideias e usavam seus próprios dicionários de ciências para conferir as palavras adequadas. Os alunos de melhor desempenho explicaram o modo como separaram as rochas usando um número maior de amostras, algumas exigindo mais que uma simples observação visual.

Nessa aula, não houve apoio adicional, mas, se tivesse havido o grupo de menos capacidade teria tido oportunidades para trabalhar com um adulto, ampliar seu vocabulário, ou um dos grupos intermediários poderia ter sido questionado e desafiado a dar explicações simples para seus agrupamentos. A avaliação foi relativamente fácil, pois a meta de aprendizagem e os critérios eram claros e haviam sido compartilhados com os alunos, em uma linguagem que entenderam, sendo a maior parte da aprendizagem definida para o Nível 2. Mais para o final da aula, os alunos avaliaram seu trabalho, decidindo se haviam cumprido os critérios. Aqueles que cumpriram desenharam um rosto sorridente e, os que não, desenharam um rosto triste. Os alunos entendiam o propósito disso, e se avaliaram bem. Foram necessárias algumas semanas para familiarizá-los com esse método. Alguns desenharam uma boca reta nos rostos, pois não tinham certeza. Ao final da aula, os livros foram revisados. Alguns alunos conseguiram apenas desenhar as rochas, mas também falaram sobre elas usando palavras científicas que o professor havia ensinado. Eles não estavam trabalhando no Nível 2 e precisavam de mais ajuda. A maioria dos alunos sabia comparar e separar (eles haviam alcançado a meta de aprendizagem) e alguns deram explicações simples. Isso demonstrava que estavam trabalhando em um nível superior. Essas avaliações contribuíram diretamente para a aula seguinte.

APRESENTANDO AS METAS DE APRENDIZAGEM

Atualmente, muitos professores planejam suas aulas identificando as metas de aprendizagem. Todavia, muitas vezes, há metas demais em uma única aula, e isso confunde o professor e os alunos. Evidências demonstram que é vital apresentar as metas de aprendizagem, e que escrevê-las no quadro ou apresentá-las em um lugar proeminente também é importante. Elas devem ser escritas na "língua da criança", possibilitando, assim, que os alunos falem sobre o que irão aprender e pensem sobre como saberão que aprenderam. Se as metas de aprendizagem não forem apresentadas dessa forma, perde-se a conexão entre a aprendizagem da aula e a capacidade dos alunos de se autoavaliarem. Escrever a meta de aprendizagem no quadro nas salas de aula do ano de Recepção proporciona que os alunos identifiquem e falem sobre a aprendizagem na aula, embora não possam ler as palavras por conta própria. Contudo, isso contribui para que aprendam a ler. Quando a meta de aprendizagem é compartilhada apenas por via oral em uma turma com idades que variam entre 6 e 7 anos, mesmo os alunos mais letrados não retêm a certeza do objetivo da aula.

Ao se planejar a aprendizagem, Clarke (2003) enfatiza a importância de separar a meta do contexto da aprendizagem. No estudo de caso 6.2, a meta é "separar coisas em grupos", e é importante que os alunos entendam que estão aprendendo a separar coisas. O contexto, nesse caso, vem a ser as rochas, mas poderia ser qualquer outro material. Se essa separação entre meta e contexto não estiver clara, segundo Clarke (2003), os alunos se concentram mais nas rochas do que na separação. Para levar a aprendizagem adiante, é importante considerar as seguintes questões no planejamento:

- Como terá sido essa aula depois de concluída?
- Quais alunos precisam de reforço?
- Quais alunos ou grupos de alunos precisam de apoio?
- O apoio pode ser dado por assistentes, professores ou mesmo por outros alunos?
- Como os alunos comunicam suas observações?
- Será que uma ficha trará o resultado esperado?

As fichas trazem certos benefícios, mas muitas vezes, apenas quando produzidas para satisfazer um propósito específico. Todavia, muitas fichas usadas para proporcionar diferenciação contribuem para a falta de desafio e de interesse nas aulas de ciências. As questões fundamentais que os professores devem considerar são o nível de alfabetização dos materiais, o tipo de palavras usadas e a densidade do texto. Muitas fichas comerciais que podem ser copiadas promovem a ciência como uma atividade de compreensão, uma folha de colorir ou um "trabalho chato". Um aluno de 5 anos cunhou esse termo. Questionado sobre sua visão da aprendizagem, ele disse que era melhor na Recepção, pois, no início, era só "trabalho chato". Em um questionamento mais aprofundado, revelou-se que, no ano de Recepção, havia oportunidades para construir, explorar e investigar, mas, que com o passar do tempo, tudo isso foi substituído por uma quantidade interminável de folhas de papel, de um "trabalho chato"! O custo das fichas nos orçamentos de ciências é enorme, com algumas escolas gastando tanto em fotocópias que ficam com recursos inadequados para ciências. O custo da aprendizagem é inestimável.

As evidências do desempenho representam uma das questões difíceis da última década e contribuíram para a prática inadequada. O uso de fichas pode desespecializar os alunos, ao passo que estimulá-los a fazer seus próprios desenhos, tirar fotografias e construir tabelas produz ganhos consideráveis para a aprendizagem com a aquisição de habilidades em ciências, prazer para os alunos e uma redução nos custos orçamentários. Quando a mesma abordagem é introduzida a partir da 3ª série, o processo é mais difícil, pois os alunos já perderam sua independência, e leva tempo para recuperarem ou aprenderem as habilidades. Inicialmente, os livros ficam desorganizados, mas os resultados finais valem a pena, tanto para os professores quanto para os alunos. As observações e as discussões feitas com os alunos usando as fichas demonstram que o foco fica totalmente na ficha, ao invés de na aprendizagem. Quando um aluno está fazendo o trabalho e o resto do grupo está copiando, é difícil avaliar. É impossível avaliar a compreensão com trabalho copiado do quadro. O prazer e a criatividade da aprendizagem não devem ser sufocados pela tarefa de fazer anotações, e essa abordagem mecânica não possibilitará que haja autoavaliação ou comentários na correção.

AVALIANDO A APRENDIZAGEM

A formação dos grupos deve se basear na avaliação do conhecimento, no entendimento e nas habilidades dos alunos em ciências, e não na capacidade em outras disciplinas. O agrupamento em ciências deve variar conforme o aspecto a ser ensinado, pois o desempenho pode variar em diferentes aspectos. Por exemplo, uma criança "menos capaz" da 1ª série liderou a aula sobre eletricidade, pois sabia o que era a eletricidade, de onde ela vinha e como era criada em uma usina elétrica. Esse conhecimento era resultado de sua aprendizagem fora da escola, ajudado pelo fato de seu pai ser eletricista! O menino sabia criar e entender circuitos elétricos, desenhar diagramas e comunicar sua compreensão em um nível muito maior do que os outros alunos. O professor incentivou e desenvolveu sua habilidade e, como resultado, sua autoestima aumentou.

Sempre que se avalia a aprendizagem, também se faz juízo sobre a qualidade do ensino. Ao final da aula, reflita sobre:
- os elementos que tiveram êxito
- o nível de motivação do aluno
- a clareza das explicações do professor
- a efetividade dos recursos
- a efetividade das atividades

Essas avaliações ajudam a adaptar a aula na próxima vez que essa unidade for ensinada, além de informar a próxima aula da série. É importante que as aulas em uma unidade não sejam fixas em concreto, com a única intenção de passar por elas: o progresso e a aprendizagem dos alunos são a principal prioridade. Ao final de uma aula, pode ser importante registrar e avaliar a aprendizagem.

O Quadro 6.2 traz um exemplo de um sistema informativo simples. As setas para cima demonstram desempenho acima do esperado (deve-se dar uma atividade mais desafiadora!), pontos significam que esses alunos tiveram desempenho apropriado, e setas para baixo indicam que os alunos não cumpriram as metas (e, portanto, precisam de mais apoio). A próxima aula deve ser aperfeiçoada sob essa luz, e uma série de avaliações poderá fornecer informações e indicar mudanças no desempenho geral para alunos específicos. Por exemplo, se um aluno que vinha tendo um ótimo desempenho começa a decair, deve-se investigar as causas. Talvez o problema seja o aspecto da ciência estudado, ou ter perdido uma aula onde se ensinou uma habilidade crucial, ou existem problemas em casa. Esse tipo de avaliação somente será formativo se o professor e/ou o aluno agirem com base nela (Black e Wiliam, 1998).

Depois de cada atividade, os alunos devem saber se cumpriram a meta de aprendizagem e receber oportunidades para ação futura. As correções devem ser acompanhadas de comentários, juntamente com novas instruções, em todas as lições até o final da unidade de trabalho, quando se faz uma avaliação cumulativa. Essa avaliação tem de ser registrada, pois o próximo período letivo será sobre um aspecto diferente da ciência. A avaliação de final de unidade fornece informações sobre o progresso do aluno ao longo do ano, e será relatada aos pais e a outros colegas. Se forem usadas descrições de níveis para planejar as metas de aprendizagem, pode-se saber o nível em que o aluno está trabalhando. A avaliação para aprendizagem em ciências somente funciona se os alunos e os professores agirem em relação às necessidades de aprendizagem. Se os cadernos forem corrigidos com um comentário de "bom", não há como agir para levar a aprendizagem adiante, além de não dar nenhuma indicação de por que estava bom ou se tudo estava bom. Em ciências, a correção com símbolos funciona de forma bastante efetiva. Os símbolos usados devem ser discutidos com os alunos.

Quadro 6.2 Sistema formativo simples

Ficha de registro dos alunos 5ª série	Aluno A	Aluno B	Aluno C	Aluno D	Aluno E	Aluno F	Aluno G	Aluno H	Aluno I	Aluno J	Aluno K	Aluno L	Aluno M
Foco da avaliação													
Sabem descrever o funcionamento do coração, dos pulmões e do sistema circulatório do corpo	→	↑	↓	→	A	→	→	↓	→	→	↑	→	→
Sabem explicar a relação entre o aumento nos batimentos cardíacos, o pulso e fazer mais exercícios	→	↑	↓	A	→	→	→	↓	↑	→	↑	→	→
Sabem explicar semelhanças entre o ciclo de vida das plantas e dos seres humanos	↓	→	↓	→	A	→	→	↓	→	A	↑	→	→
Sabem que, quando fazemos exercícios, os músculos trabalham mais	→	↓	→	→	A	→	→	↓	↑	→	↑	→	→
Sabem explicar o que é um microrganismo e alguns de seus efeitos													
Sabem explicar que as diferenças em fatores ambientais afetam a distribuição de plantas e de animais em *habitats*													
Sabem reconhecer e descrever relações usando cadeias alimentares													
Sabem que as plantas verdes fabricam seu próprio alimento													
Sabem usar termos científicos para descrever mudanças													

Abaixo da Expectativa ↓   Acima da Expectativa ↑   Ausente   ⟶ Dentro da expectativa

Estudo de caso 6.3

A escola era uma pequena instituição de uma cidadezinha, e os inspetores do Ofsted haviam identificado a avaliação de ciências como um problema. Os alunos eram um grupo com capacidades diferentes, com 28 garotos e garotas de 10 e 11 anos. O tópico do período era materiais e suas propriedades, e o professor gostava de fazer comentários nas correções. Os alunos haviam escolhido o uso de rostos sorridentes quando o trabalho estivesse bom e cumprisse a meta de aprendizagem, o que era inesperado, por causa da idade, e não era unânime. Também havia se concordado que dois rostos sorridentes seriam registrados para cada trabalho. Colocar três para alguns, dois para outros ou apenas um seria o mesmo que dar números ou notas de 0 a 10, que se sabe ser desmotivador para todos, exceto para os melhores alunos. Um triângulo fora escolhido para indicar onde o trabalho podia melhorar. Ao final de cada aula, o trabalho era corrigido, ressaltando-se as áreas que podiam melhorar. Os alunos usavam os primeiros cinco minutos da aula seguinte para olhar o que havia sido avaliado como bom, e para mudar a área de melhora. Isso estabelecia uma ligação clara entre as aulas, além de um começo claro e calmo. Também possibilitava oportunidades para o professor conversar com alunos específicos, para proporcionar apoio adicional. Os alunos gostavam do sistema, e sempre seguiam as correções. Havia uma melhora constante no trabalho de alunos de todos os níveis de capacidade.

De maneira interessante, depois de quatro ou cinco semanas, o trabalho de uma criança começou a decair e, apesar de analisado minuciosamente, um trabalho recebeu apenas um rosto sorridente. No começo da aula seguinte, Darren reclamou que só tinha um rosto sorridente. Darren foi desafiado a encontrar, e justificar, onde poderia receber outro. Ao final da aula, ele disse que seria impossível dar outro rosto sorridente, pois não havia nenhum lugar que cumprisse os critérios. A qualidade do seu trabalho foi discutida e, como resultado, o trabalho retornou ao nível de qualidade e padrão de que ele era capaz. O uso de dois rostos sorridentes mostrou ser uma estratégia produtiva, assim como o uso de dicas para os alunos. Como elas não eram todas diferentes, os alunos que tinham aspectos semelhantes puderam trabalhar nelas, que foram incluídas no planejamento para a próxima aula. Os alunos se tornaram mais conscientes de quando o trabalho estava bom, e podiam ver que havia oportunidades para melhorar. Eles gostavam dos comentários pessoais. Concentrando a avaliação na meta de aprendizagem e usando os símbolos para corrigir, levava-se menos de uma hora para corrigir todos os cadernos. Em certas ocasiões, a dica dada para promover a aprendizagem estava relacionada à meta de ciências, à *capacidade de enxergar padrões e tendências em gráficos* e em *outras representações visuais*.

Outra estratégia efetiva de avaliação em ciências é corrigir com questões. Ao final da aula, o professor escreve uma questão no fim do trabalho, e o aluno deve dar uma resposta no começo da próxima aula. Os professores que usam essa abordagem dizem que estavam usando questões semelhantes para as diferentes capacidades dos alunos e começaram a manter um banco de questões que poderiam usar no futuro. Essas questões foram revisadas pelo coordenador de ciências e relacionadas às descrições dos níveis, garantindo que todos os alunos, mas particularmente os mais capazes, tivessem o nível adequado de dificuldade. As respostas dos alunos às questões eram bastante positivas, e o HMI, no relatório da inspeção, comentou favoravelmente esse retorno da avaliação para os alunos. Eles também podem corrigir seu próprio trabalho e avaliar efetivamente seu nível de compreensão antes que o professor faça sua correção.

AVALIAÇÕES CUMULATIVAS

A avaliação formativa é vital para ajudar na aprendizagem dos alunos, porém, em alguns momentos, faz-se necessária uma avaliação cumulativa, para informar a outras pessoas. O site, em inglês, do Currículo Nacional em Ação* proporciona exemplos de trabalhos que foram avaliados com níveis definidos. Esse é um ótimo ponto de partida para professores em escolas e para compartilhar o trabalho investigativo. Definir o nível do trabalho e justificar por que é, por exemplo, Nível 1, Nível 3 ou Nível 5, propicia uma melhora no juízo profissional, e isso pode ser muito bom para a aprendizagem. Nos últimos sete anos, trabalhando em muitas escolas e salas de aula conduzindo aulas demonstrativas em ciência investigativa, uma grande fraqueza observada é a falta de trabalho do Nível 5 em ambientes investigativos. O escrutínio de muitos livros demonstra um exagero considerável no ensino do conhecimento conteudístico, normalmente no Nível 6 e para além, mas com pouco desenvolvimento de habilidades e da compreensão dos procedimentos para além do foco na testagem justa.

---

* N. de R. Para informações acesse o site www.curriculum.qcda.gov.uk, (conteúdo em inglês).

SISTEMAS DE REGISTRO E TESTAGEM

Os sistemas de registro contínuo da avaliação, com setas para cima e para baixo, ajudam o planejamento futuro, pois identificam alunos específicos e grupos de alunos para os quais se deve ajustar o nível da aprendizagem. Todavia, é importante que os professores planejem seu tempo de observação e discussão com os alunos. Ter um modo simples de registrar o resultado dessa atividade é um desafio para os professores. Muitos professores do Estágio Fundamental usam notas autocolantes para marcar locais no trabalho dos alunos, mas elas podem cair e confundir com outras coisas, tornando-as pouco úteis. Etiquetas adesivas impressas com o nome do aluno, mantidas em uma prancheta, possibilitam tomar notas durante a aula, podendo ser transferidas diretamente para os registros do aluno. Uma vantagem desse sistema é que ele identifica os alunos que não receberam avaliação, pois sua etiqueta permanece na prancheta até o final da semana. Esses alunos costumam ser os que estão "na média", silenciosos ou apenas tentando não chamar a atenção. Alguns professores ainda usam uma lista de marcar, mostrando quais alunos conseguem fazer certas atividades ou que sabem certas coisas. Essas listas precisam de análise, de avaliação e, espera-se, de alguma ação, para garantir que haja aprendizagem adequada para os alunos. Ao final da unidade de trabalho, devem ser usadas para a avaliação cumulativa. Deve-se decidir se essas listas serão passadas para os colegas e se eles irão aceitar ou usá-las. Um sistema de cartões, acessíveis para os professores ou assistentes de ensino, também pode ser útil, com um cartão para cada aluno, arquivado em ordem alfabética. À medida que a aula avança, o cartão pode ser retirado, anotando-se comentários com a data. De maneira semelhante, os sistemas que permitem que os alunos considerem e registrem seu desempenho são bastante produtivos. Os alunos recebem folhas com afirmações para colorir ou para marcar quando estiverem prontos, como "sei usar o termômetro", "sei medir corretamente" ou "sei o que é a atração gravitacional" (Figura 6.2). Os professores também usam códigos coloridos: vermelho para "não sabiam/tratado"; amarelo para "alguma compreensão"; e verde para "compreensão clara". Leva-se um certo tempo para fazer o registro, e somente vale a pena se as avaliações forem usadas para informar o planejamento futuro. Isso ocorre especialmente quando os alunos fazem testes regulares e seus escores são registrados: "o que eles significam?".

A testagem é um aspecto problemático, pois grande parte do tempo acaba sendo usado nessas atividades, e os professores raramente discutem as respostas com os alunos para ampliar a aprendizagem. O custo dos testes também é um aspecto que se deve ter em mente. Os custos diretos de proporcionar, administrar, controlar, corrigir e publicar os resultados dos testes e exames nas escolas de ensino fundamental e médio foram estimados em 370 milhões de libras em 2003, em uma pesquisa realizada pela PriceWaterhouse Coopers para a QCA. A cifra de 2007 provavelmente seja o dobro disso, pois os níveis de admissão aumentaram em mais de 70% entre 2003 e 2006 (Harlen, 2007).

O relatório Post Note (POST, 2003) sugere que os testes nacionais e o impacto do "ensino para os testes" podem ser um dos fatores na aversão e na falta de prazer dos alunos para com o ensino de ciências. Além disso, não existem evidências de que a testagem melhore a compreensão dos alunos (ARG, 2002) ou que os testes sejam válidos ou justos (Harlen, 2007).

Analisar testes e olhar se as questões são respondidas corretamente ou não proporciona informações sobre aspectos que podem ser melhorados ajustando-se o ensino e a aprendizagem. Essas mudanças costumam beneficiar apenas o grupo seguinte de alunos, pois aqueles que fazem os testes já terão avançado. Os professores devem usar os resultados dos testes para discutir com os alunos as decisões que tomaram e como responderiam se tivessem uma questão semelhante no futuro. Aqui, todos se beneficiam compartilhando ideias.

AVALIAÇÃO

Qualquer sistema usado necessita de avaliação. É vital planejar e definir o nível das aulas, mas, no entanto, o foco da atenção costuma estar no registro dos resultados. Isso é contraproducente e enfoca os sistemas, e não os alunos. Deve-se criar um sistema que possibilite avaliações e que seja moderado por meio da escola, mas que tenha flexibilidade nos modelos de coleta e de comparação. É importante que as informações da avaliação sejam compartilhadas com os alunos. São necessários formatos comuns para divulgar informações dentro da escola, para proporcionar que as avaliações cumulativas sejam transferidas.

Resumo

A avaliação compreende diversos processos e começa com o planejamento. As experiências de longo prazo devem estar relacionadas às necessidades dos alunos, eliminando-se a repetição de atividades. É essencial desafiar os alunos a melhorar, colocando as aulas no nível adequado e envolvendo-os no processo. Os alunos devem entender as metas de aprendizagem e se envolver em todo o processo, pois a aprendizagem não é algo que se possa fazer *para* os outros. A aprendizagem deve ser pensada antecipadamente, e cada aula deve se basear na última, com oportunidades para aprendizagem, e não apenas para completar o trabalho pedido. Os comentários da avaliação devem enfatizar o sucesso, mas também ser um guia para o futuro, fazendo-se avaliações cumulativas de um modo que seja coerente e significativo, para que, no ano seguinte, a aprendizagem tenha continuidade.

SUGESTÕES PARA LEITURA

Harlen, W. (2007) *Designing a fair and effective assessment system*. Artigo apresentado na 2007 Conferência anual da BERA, como parte do simpósio Future Directions for Student Assessment da ARG.
Swaffield, S. (ed.) (2008) *Unlocking Assessment*. London:Taylor & Francis Ltd.
Warwick P., Linfield, R.S., Stephenson, P. (1999) "A comparison of primary school pupils" ability to express procedural understanding in science through speech and writing", *International Journal of Science Education* 1999, 21: 8, 823-38.

A ciência das histórias   7

Claire Hewllet

> **Introdução**
>
> As histórias, reais e imaginárias, podem ser uma rica fonte de oportunidades de aprendizagem para alunos de todas as idades. As histórias folclóricas, os mitos e as lendas tradicionais, bem como as histórias modernas que lidam com o mundo onde as pessoas vivem podem ser usadas como estímulo para dar suporte à aprendizagem em diversas disciplinas curriculares, incluindo a investigação científica, além de proporcionarem um ponto de partida cotidiano para a ciência. Este capítulo considera por que as histórias devem ser usadas como recurso e de que forma a ficção pode ser usada para desenvolver a compreensão científica, com particular ênfase na faixa etária de 7 a 11 anos. Sugere-se uma variedade de investigações práticas como ponto de partida para ilustrar de que forma a investigação científica pode estar relacionada a seleção da literatura popular dos alunos.

POR QUE USAR FICÇÃO?

A ficção, que também inclui a poesia, traz oportunidades para os alunos fazerem conexões entre conceitos científicos e suas próprias experiências de vida, proporcionando um modelo de referência para fundamentar sua aprendizagem. As histórias representam um veículo para relacionar conceitos já conhecidos a novas ideias. As boas histórias têm o potencial de motivar os alunos, fazendo com que se sintam envolvidos, relacionando sua própria visão do mundo com os personagens do livro.

Com o estímulo a novas iniciativas de ensino, como as propostas apresentadas no documento *Excellence and Enjoyment* (DfES, 2003) do Department for Education and Skills, espera-se que os professores considerem maneiras cada vez mais criativas de apresentar o currículo. Pesquisas mostram que as pessoas aprendem de diferentes maneiras e por diferentes razões, e o uso da ficção como recurso de ensino permite que o professor estimule e promova uma variedade de estilos de aprendizagem. Pode-se dizer que os professores que planejam aulas ou temas claramente em torno do uso de histórias tendem mais a adotar estilos de ensino variados para satisfazer as necessidades da classe. As histórias escolhidas neste capítulo contêm exemplos de como interpretar o currículo de maneiras diferentes para proporcionar uma grande variedade de aulas estimulantes, que envolverão os alunos em sua própria aprendizagem.

Os professores que trabalham com alunos entre 6 e 7 anos usam histórias regularmente, como ponto de partida e como estímulo para ensinar uma variedade de temas curriculares, incluindo ciências. Existe uma variedade impressionante de textos disponível, muitas vezes com ilustrações lindas e imaginativas, que exploram o mundo da criança. Textos como *A lagarta faminta*, de Eric Carle, ou *O nabo gigante*, de Aleksei Tolstoi, são textos básicos encontrados nas prateleiras de livros em muitas salas de aula de educação infantil, e os alunos têm oportunidades para desfrutar dessas histórias em muitos níveis.

Essa boa prática tende a desaparecer na sala de aula da 3ª à 5ª séries, onde os professores têm menos probabilidade de utilizar a ficção como recurso no ensino de ciências. Existem várias razões possíveis para isso: as histórias são mais longas e mais complexas, de modo que pode ser difícil encontrar uma história que seja adequada para uma determinada finalidade. Pela mesma razão, pode ser problemático encontrar uma história que interesse a todos os alunos da classe, ou que propicie continuidade e progressão na área temática em questão. Com a pressão sobre os professores para apresentar um currículo amplo e equilibrado, eles podem sentir que não há tempo para gastar lendo uma história além de fazerem o esquema de trabalho, pois o envolvimento na história pode resultar em perda para a ciência. Todavia, à medida que o conteúdo de ciências da 3ª, 4ª e 5ª séries se torna mais abstrato, algumas dessas ideias podem se distanciar demais das experiências e da compreensão dos alunos. Proporcionar um contexto com que os alunos possam se identificar pode ajudar a tornar a aprendizagem mais significativa.

Existem soluções óbvias. Nem sempre é necessário ler o texto inteiro. Inicialmente, pode-se repetir a história de forma resumida para apresentar o contexto geral, selecionando capítulos relevantes para proporcionar o estímulo para mais investigação. Outra possibilidade seria usar um texto que já tenha sido lido antes, que os alunos conheçam talvez de outra aula, sendo a alfabetização um exemplo óbvio*. Além disso, nem sempre é necessário se ater às limitações dos textos adequados à idade. Muitos livros ilustrados voltados para crianças pequenas apresentam ideias científicas de forma bastante simples, mas os conceitos subjacentes, de fato, são bastante complexos e, portanto, o material também é relevante para alunos maiores. Por exemplo, uma história como *Mommy Laid an Egg*, de Babette Cole, introduz o conceito de reprodução de um modo acessível para alunos pequenos, mas também pode ser usado para ensinar sobre os processos de vida na faixa de 7 a 11 anos. Uma das características das histórias para essa faixa etária pequena é que elas costumam ser bastante divertidas, e essa pode ser uma vantagem adicional ao usá-las com alunos maiores, ajudando-os a se sentirem mais à vontade discutindo questões que poderiam envergonhá-los ou preocupá-los.

Ao pensar sobre qual texto pode ser adequado, é importante estar ciente de que a ficção pode ser usada de diferentes maneiras e para diferentes finalidades. Pense na intenção. Talvez o objetivo seja promover o interesse do aluno na história para estimular e para desenvolver linhas de investigação relacionadas a uma certa área de estudo, por exemplo, a eletricidade ou as forças. De maneira alternativa, o objetivo pode ser incentivar os alunos a resolverem problemas científicos que certos personagens encontram dentro do cenário da história, como, por exemplo, "podemos fazer uma ponte para ajudar os três bodes a atravessar o rio?". A história pode vir em primeiro lugar, desenvolvendo a ciência a partir dela, ou o contrário, com a ciência levando à seleção de um texto relevante. Algumas histórias se aplicam a uma variedade de usos, enquanto outras podem ser bastante específicas. Um texto como *Danny the Champion of the World*, de Roald Dahl, proporciona diversas oportunidades para atividades de resolução de problemas na sala de aula, enquanto também se aplica a áreas de estudo mais específicas, como o estudo de materiais ou de forças. *Old Bear*, de Jane Hissey, por outro lado, tende a se concentrar em uma coisa e, portanto, poderia ser usada especificamente como ponto de partida para uma investigação, nesse caso, os paraquedas.

---

* N. de R.T. A autora parece estar se referindo a textos que foram usados no processo de alfabetização desses alunos.

DESENVOLVENDO A CIÊNCIA A PARTIR DAS HISTÓRIAS

Seja qual for a história escolhida, e seja qual for a razão, é importante lembrar de não se envolver demais no texto e se perder. As pesquisas mostram que os professores planejam muito mais do que chegam a ensinar, de modo que devem garantir que fique claro como a história deve ser usada e como ela será integrada ao ensino de ciências. Pense sobre como pode planejar a progressão e a continuidade. Leia a história e decida se ela cobre os conceitos, as habilidades ou as posturas esperados. Então leia a história, ou a parte relevante com os alunos e explore as áreas de interesse. A partir dessa "chuva de ideias" inicial, decida quais investigações serão feitas e concentre-se em metas específicas.

As seguintes questões podem ajudar a concentrar no planejamento:
- O que exatamente os alunos aprenderão?
- Como eles farão isso?
- Por que fazer isso? (Que habilidades, conceitos, ou posturas você pretende desenvolver?)
- A atividade é adequada? (Satisfaz a necessidade, a capacidade, a aprendizagem prévia)
- Que organização será necessária?
- Que recursos, materiais e equipamentos serão necessários?
- Percepção de segurança?

SELECIONANDO HISTÓRIAS PARA INICIAR UMA AULA DE CIÊNCIAS

As histórias seguintes ilustram como os textos podem ser usados para dar suporte ao ensino de ciências, proporcionando interessantes pontos de partida para a ciência investigativa. Muitas das atividades são voltadas para os alunos com idade entre 8 e 11 anos, para demonstrar como conceitos abstratos podem ser amparados, mas muitas das atividades – e, de fato, os próprios textos – podem ser adaptadas para alunos menores ainda.

Stig of the Dump, de Clive King

Publicado pela Puffin (1963), esse clássico moderno sobre um garoto das cavernas transportado para o mundo moderno envolve várias áreas do currículo de ciências, inclusive os requisitos básicos da natureza das ideias científicas. Essa história tem um grande potencial para investigar conceitos dentro do currículo de ciências e também para desenvolver conexões transversais com outras disciplinas, em particular a tecnologia do *design*, as artes e a música. As sugestões oferecidas aqui abordam várias áreas dos programas de estudo, de modo que se pode usar a história para ensinar qualquer uma delas.

Os materiais e suas propriedades

Ele engatinhou pela grama dura e surgiu de repente. As laterais do buraco eram brancas, com linhas de pederneira aparecendo como ossos em certos pontos. Na parte de cima, havia terra marrom caindo, juntamente com as raízes das árvores que cresciam nas bordas. Algumas das árvores penduravam-se na borda, agarrando-se desesperadamente pelas raízes... Barney desejou que estivesse no fundo do buraco. E o chão cedeu. (p. 2-3)

Usado como estímulo para trabalhar com materiais, um ponto de partida adequado pode ser estudar rochas e solos, e depois passar para mudanças e para a separação de materiais. As atividades podem ser:
- Começar com um trabalho minucioso de observação, com uma rocha ou uma pedrinha. Memorizar as características da pedrinha por observação do tamanho, forma, massa, textura e cor. Será que os alunos conseguem identificar sua rocha quando todas forem reunidas? As rochas e os solos podem ser analisados ainda mais, testando a dureza de diferentes rochas – o teste do risco – e testando a permeabilidade. Será que os alunos podem criar suas próprias investigações para fazer isso?
- O que é o solo? A turma sabe fazer solo? Desenhe e faça um minhocário. Os alunos podem pensar em como Stig pode filtrar a água para beber.
- As mudanças nos materiais podem ser investigadas por meio de atividades como a construção de fósseis. Use plasticeno para fazer formas de conchas, fósseis ou folhas, e adicione uma mistura de gesso. Essa atividade pode ser um ponto de partida para investigar mudanças reversíveis e irreversíveis.

Olhe fotografias de pinturas rupestres. Será possível produzir pinturas rupestres usando diferentes solos ou extraindo corante de frutas ou de vegetais? Considere como o carvão se forma, desenhando com giz e carvão.

Forças e movimento

O pedaço de rocha estava caído no chão. Doze homens com lanças pontudas as colocaram sob a borda da rocha e a levantaram meio metro do solo ... os homens com os paus e as cordas prepararam-se novamente. Dessa vez, foi diferente: por causa da inclinação da ladeira, eles não poderiam levantá-la pela frente, mas teriam que levantar e empurrar por trás. (p. 152-154)

Essa parte se aplica muito bem à investigação de forças, em particular para estudar os atos de puxar e de levantar, e para explorar conceitos como atrito e gravidade. Existe um grande potencial para resolução de problemas, apresentando algumas questões abertas relacionadas aos personagens da história e que proporcionam oportunidades para uma ampla variedade de trabalhos investigativos, como, por exemplo:
- O que acontece quando mais pedras devem ser carregadas ladeira acima?
- O que acontece com a força necessária à medida que aumenta a massa?
- O que acontece quando o terreno é mais inclinado?
- Onde seria necessário mais força para levar uma pedra ladeira acima, na frente ou atrás?
- Em qual superfície é mais fácil arrastar as pedras?
- Qual é a melhor maneira de levantar uma pedra do chão?

Esse tipo de questões incentiva os alunos a planejar uma testagem justa e a pensar sobre como registrariam seus resultados de maneira sistemática (um esquema de planejamento também funcionaria bem aqui). Um trabalho prático sobre puxar e levantar, usando pedras, recipientes, planos inclinados, superfícies de diferentes materiais e dinamômetros, ajudaria a desenvolver a compreensão conceitual sobre o atrito e a gravidade. Os alunos podem começar investigando o que acontece quando o peso das pedras aumenta e o recipiente é puxado sobre uma superfície plana. Existem padrões nos resultados? O que podem concluir? Os alunos então podem avançar para investigar o efeito das inclinações, puxando uma massa fixa para cima em diferentes rampas. Será que conseguem prever o que pode acontecer: podem explicar seu raciocínio? Ainda usando o mesmo equipamento básico, podem explorar o conceito de atrito e analisar como superfícies diferentes afetam a força.

Embora o uso de alavancas e pivôs não seja um requisito do Currículo Nacional para ciências na escola básica, esse tipo de investigação permite estender o trabalho com a gravidade e o atrito, e está dentro das capacidades dos alunos nos níveis superiores. Como pode um mecanismo de alavanca tão simples ajudar a carregar uma pedra ou ajudar a colocá-la de pé? Uma maneira simples de demonstrar esse princípio é usando uma régua de madeira equilibrada em um lápis, como uma gangorra, e colocando um objeto pesado em uma das extremidades. Exercendo pressão com o dedo do outro lado, os alunos podem analisar o que acontece quando o lápis, ou apoio, se aproxima ou se afasta do dedo ou do objeto. A história termina com os personagens em Stonehenge, e os alunos podem desenvolver suas ideias para investigar como podem carregar ou levantar pedras para criar um Stonehenge de pequena escala no pátio da escola.

Luz e som: a terra e muito mais

E por sobre as dunas, surgiu um brilho avermelhado, e o vale foi inundado com luz. O sol estava nascendo. Dentro da neblina baixa no fundo do vale, viu-se a torre de uma igreja, a cumeeira dos fornos de lúpulo e pilões elétricos. (p. 156)

Essa parte da história proporciona a oportunidade para conectar esse trabalho à Terra, particularmente analisando o dia e a noite, ou como estímulo para explorar o conceito de luz. Seu pequeno modelo de Stonehenge pode ser usado para investigar a formação de sombras, podendo acompanhar o movimento do sol durante um dia de aula e olhar como as sombras podem ser usadas para marcar o tempo.

The Iron Man, de Ted Hughes, publicado por Faber e Faber.

Materiais e suas propriedades: processos físicos – eletricidade, forças e movimento. Essa dramática história se aplica particularmente ao trabalho sobre eletricidade e magnetismo e à exploração de materiais metálicos e suas propriedades:

As gaivotas alçaram voo e planaram sobre a grande cabeça de ferro, que agora andava lentamente através das ondas. Os olhos brilhavam vermelhos, na altura da crista das ondas, até que uma onda maior os cobriu e lançou espuma por cima da cabeça. A cabeça ainda se mexeu sob a água. Os olhos e a cabeça apareceram por um momento no vale das ondas. Agora os olhos estavam verdes. (p.17-18)

As relações com propriedades metálicas e magnéticas conectam essa atividade à ciência da vida cotidiana. Os alunos podem começar explorando as propriedades de diferentes metais e considerando os diferentes usos dos metais. Podem testar diferentes metais para conhecer suas qualidades magnéticas e registrar suas observações em tabelas ou em gráficos simples. Podem ser experimentadas questões como "metais com propriedades magnéticas ainda são atraídos por ímãs através de materiais diferentes, como papelão, água ou tecido?". Os alunos planejam maneiras de testar a força de uma variedade de ímãs. A força tem relação com o tamanho? Os resultados podem ser registrados em uma variedade de gráficos ou de tabelas, que os alunos criam no computador.

Qual teria sido o melhor material para fazer o Homem de Ferro? O que acontece com o ferro quando exposto à água salgada? Tecnicamente, o enferrujamento não está mais no Currículo Nacional, mas pode ser incluído como parte das exigências amplas de estudo e proporciona oportunidades para os alunos planejarem suas próprias investigações com experimentos, analisando o que faz os ferros enferrujarem. A ferrugem traz um grande custo econômico para o mundo industrializado. É possível impedir o enferrujamento? Eis uma boa oportunidade para colocar a ciência do ensino fundamental dentro de um contexto mais amplo.

As histórias podem dar vazão a concepções errôneas relacionadas aos conceitos científicos, pois a necessidade de um efeito dramático muitas vezes assume prioridade sobre os fatos científicos. Nessa história, o exterior enferrujado do Homem de Ferro volta a ser o metal brilhante e livre de qualquer ferrugem. Isso é possível, da maneira como se conta na história? Essas formas de representações enganosas nas histórias podem ser a base para um trabalho investigativo e ser usadas para desafiar o conhecimento e a compreensão dos alunos. Eles podem tentar resolver o problema dos personagens pelo ponto de vista do Homem de Ferro ou dos aldeões.

A mudança nas cores dos olhos do Homem de Ferro são mencionadas várias vezes ao longo da história. Além de buscar como construir circuitos e botões simples, os alunos sempre consideram fascinante experimentar com lâmpadas que piscam em circuitos. O que faz a lâmpada piscar? O que acontecerá com as outras lâmpadas em um circuito serial quando se colocar uma lâmpada piscante? Novamente, pode-se usar questões abertas para fazer os alunos analisarem por si mesmos e levantarem hipóteses sobre o fluxo de eletricidade ao redor do circuito. Faça um modelo bidimensional ou tridimensional da cabeça do Homem de Ferro, ou olhe outros robôs e faça todo um Homem de Ferro com outros materiais de construção ou outros materiais adequados. Será que os alunos saberão fazer um modelo com olhos de diferentes cores ou olhos que pisquem em uma frequência fixa? Podem fazer os olhos piscarem alternadamente ou alterar o brilho dos olhos? Alunos da 5ª e 6ª séries podem trabalhar com resistores simples para fazer isso.

Dr Dog, de Babette Cole, publicado por Sagebrush Educational Resources.

Processos da vida e seres vivos

Esse livro, voltado para a faixa etária de 4 a 8 anos, usa um pretexto médico para contar uma variedade de piadas escatológicas afrontosas. Como em muitos de seus outros livros, existe ensino sério por trás do enredo humorístico e um tanto ridículo, nesse caso, os perigos de fumar e de uma alimentação insalubre e a importância de lavar as mãos para impedir a disseminação de germes. Novamente, é uma história que alunos maiores podem gostar, assim como crianças menores. É um recurso divertido, que ajuda a ensinar os processos da vida e a reforçar o conceito de que todos os seres vivos precisam passar por vários processos para viver. Os alunos muitas vezes se confundem em relação aos processos da vida e o que os envolvem, mesmo ao final das séries iniciais do ensino fundamental e as histórias podem ajudar a torná-los mais explícitos ao estudarem plantas ou animais.

O perigo de fumar faz parte do programa sobre a consciência para as drogas. O efeito do tabagismo sobre os pulmões pode ser relacionado a outros trabalhos sobre processos da vida, em particular, a importância de fazer exercícios e o papel dos pulmões dentro do sistema circulatório, e existem muitas oportunidades para fazer trabalhos práticos, por exemplo, comparar a capacidade pulmonar. Podem ser usadas questões para comparação, como "alunos mais altos têm maior capacidade pulmonar?" ou "alunos com pernas mais compridas pulam mais alto e correm mais rápido?".

Os hábitos alimentares desagradáveis do vovô podem proporcionar um ponto de partida para o trabalho sobre a nutrição e a necessidade de uma dieta saudável e variada. Os alunos podem fazer um levantamento sobre o que seus colegas trazem em suas lancheiras, manter um diário, planejar uma refeição saudável para o personagem vovô da história. Pode-se analisar como o corpo pode ser afetado por uma dieta ruim, analisando o funcionamento e o cuidado dos dentes ou, mais uma vez, relacionando a um trabalho sobre saúde e boa forma. Investigue quanto açúcar oculto há na dieta diária das pessoas, lendo os ingredientes nos pacotes. Com alunos maiores, estudar rótulos pode ser uma boa maneira de aprender sobre microrganismos. Podem-se considerar questões mais universais, como o quanto a dieta inadequada afeta as crianças em outros países.

Entender o sistema digestivo não é uma exigência do currículo para a faixa etária dos 7 aos 11 anos, mas os alunos costumam ficar fascinados pela viagem da comida através do corpo, e não têm dificuldade para entender os processos envolvidos, se ensinados no seu nível. Pode ser bastante produtivo usar informações científicas básicas como estímulo para escrever, ou apenas como um meio de registrar o que se aprendeu. O processo digestivo é uma história interessante por si só, e serve para escrever histórias imaginativas de "aventura" (Figura 7.1). Fazer os alunos escreverem suas próprias histórias de ciências e poemas proporciona oportunidades de expressão pessoal e um distanciamento interessante dos modelos mais formais que costumam ser usados ao se escrever uma investigação científica

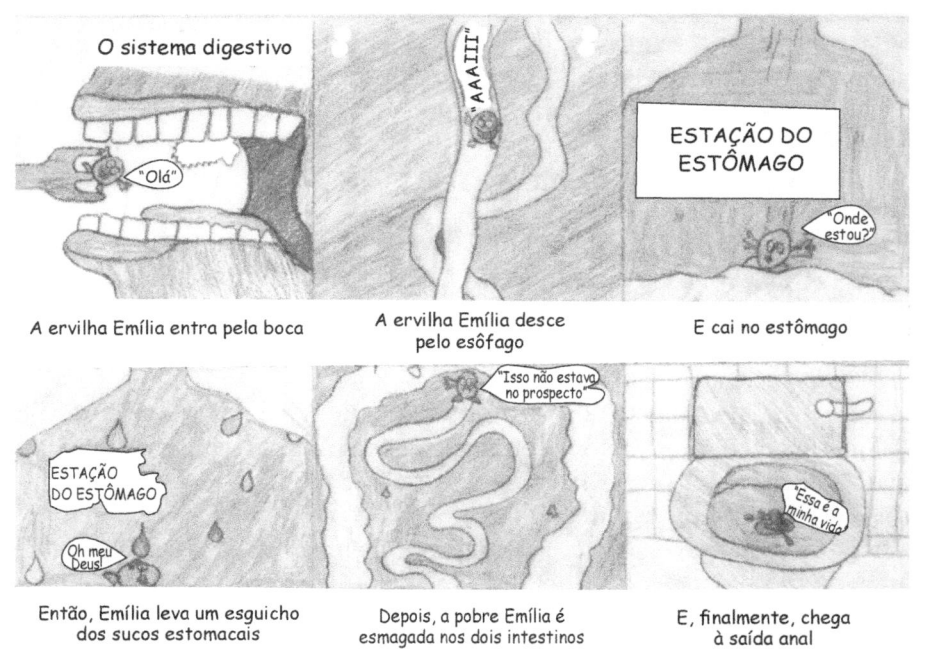

Figura 7.1 O processo digestivo.

(Capítulo 5). A história da digestão também é um ótimo ponto de partida para uma dramatização, podendo ser usada como base para uma peça apresentada aos outros alunos. Também se podem usar pôsteres e advertências de saúde para converter os resultados de uma investigação e apresentar na sala de aula ou na escola. Eles são particularmente efetivos quando usados para dar suporte aos processos da vida, por exemplo, higiene pessoal para prevenir a disseminação de germes, ou uma dieta saudável para promover o crescimento e dentes e ossos saudáveis.

Os Quadros 7.1 e 7.2 proporcionam outras sugestões para a maneira como se pode usar a ficção como ponto de partida para as ciências, explorando o ambiente ou analisando as forças envolvidas no tema voar. Ambas trazem muitas atividades ou investigações que podem ser adaptadas para toda a faixa etária de 5 a 11 anos, embora algumas sejam voltadas particularmente para uma faixa etária específica. As histórias selecionadas representam uma amostra bastante pequena da ampla variedade de obras de ficção existentes para ajudar no ensino de ciências. Os textos voltados para a faixa de 5 a 8 anos também costumam ser adequados para ensinar conceitos para alunos com mais idade.

Quadro 7.1 Outras sugestões para o uso de ficção como ponto de partida em ciências

Over the Steamy Swamp, de Paul Geraghty	Ótimas ilustrações que dão vida ao mundo do pântano.
Tadpoles Promise, de Jeane Willis e Tony Ross	Incorpora os ciclos de vida de sapos e borboletas, à medida que um girino e uma lagarta se apaixonam, com consequências drásticas.
The Tiny Seed, de Eric Carle	Um dos vários livros desse conhecido autor, que ensina sobre os processos da vida.
Diary of a Worm, de Doreen Cronin	A hilariante narrativa da vida de uma minhoca, a partir de sua própria perspectiva.
Our Field, de Berlie Doherty e Robin Bell Corfield	Três crianças fazem uma descoberta interessante em suas férias de verão.
The Secret Garden, de Frances Hodgson Burnett	Um jardim secreto, cercado por um muro, trancado e esquecido. Será que pode ser trazido de volta à vida? Um clássico infantil.
Observação cuidadosa do ambiente. Leve crianças pequenas para caminhar na natureza e fazer minissafáris para procurar coisas, por exemplo, flores com 3, 4, 5, 6 pétalas, plantas com cores que combinem com uma paleta de tintas, folhas com diferentes texturas, formas, etc. As árvores são plantas, mas costumam ser deixadas de fora do currículo – adotar uma árvore, o que vive em sua árvore, qual é a altura, medir a circunferência sem medidas padronizadas, como ela muda ao longo do ano?	

Quadro 7.1 (continução)

Secções transversais ou transectos de uma determinada área permitem que as crianças observem cuidadosamente o que vive em diferentes áreas, por exemplo, sob a árvore, em um caminho, perto da cerca-viva no meio do campo. Adequado para a faixa etária de 5 a 7 anos, as crianças maiores podem registrar amostras aleatórias usando argolas ou cordão para marcar uma pequena área. O que vive dentro? Que conclusões podem ser tiradas?

Classificar plantas e animais por suas diferentes características, registrando observações na forma de uma tabela. A faixa etária de 7 a 9 anos pode identificar plantas e animais que ocorrem no local e dividir em grupos usando chaves simples, alunos maiores podem fazer as suas. Cultivar plantas – feijões em vidros de geleia contra papel-carbono, permite que as crianças enxerguem o desenvolvimento do sistema de raízes. Adequado para uma variedade de idades, principalmente crianças de 7 a 9 anos. Criar um banco de dados.

Mergulhar no lago – descobrir sobre ciclos de vida de insetos. O que vive no fundo, no meio e na superfície do lago? Use chaves para classificar insetos diferentes. Que tipos de plantas vivem em um lago, e na beira do lago? Olhe a interdependência entre plantas e animais. Compare o *habitat* do lago com outra área em torno da escola.

Crie uma pequena área de vida selvagem na sua escola, que condições pode proporcionar para as plantas e para os animais? Considere os processos de vida, o que é necessário para plantas e animais sobreviverem? Faça um levantamento para estabelecer as condições de vida de lesmas, de larvas ou de minhocas. Use fontes secundárias para responder as questões que surgirem ao observar seres vivos. Crie uma casa para as larvas, para que possam ser mantidas na sala de aula.

As crianças na faixa etária de 9 a 11 anos podem **identificar cadeias alimentares simples no ecossistema**. O jogo da cadeia alimentar – as crianças representam alguma coisa (por exemplo, sol, grama, vaca, homem) e devem se colocar na ordem certa. Registre a ingestão de alimentos desde ontem. Toda comida vem das plantas ou animais, descubra de onde vem sua comida para criar cadeias alimentares simples (relações com a geografia). Escreva uma história dramática sobre a cadeia alimentar, ou a represente como uma peça.

Os alunos maiores podem **explorar redes alimentares e desenvolver o conceito de cadeias alimentares**. Alguns animais comem coisas diferentes, por exemplo, as garças comem outras coisas além de peixes. Use fontes secundárias para desenvolver ideias sobre ecossistemas, comparar redes alimentares da Grã-Bretanha com redes de outros *habitats/ ecossistemas* (*Over the Steamy Swamp*, ainda que voltado para a faixa de 5 a 7 anos, é um excelente recurso para alunos maiores). Conecte as crianças com um cordão para mostrar essas relações complexas. Analise uma cadeia alimentar, começando com um mosquito e terminando com o homem, quais são as implicações? O que acontece quando uma doença elimina um elo da cadeia alimentar?

Ensino de ciências **137**

Quadro 7.2 Outras sugestões como ponto de partida

Old Bear, de Jane Hissey	O velho urso foi guardado no sótão, será que seus amigos podem pensar em um meio de tirá-lo de lá?
Flat Stanley, de Jeff Brown	Stanley Lambchop acorda um dia e descobre que está achatado. Diversas aventuras ocorrem, incluindo voar como uma pipa.
The Eagle and the Wren, de Jane Goodall	Um conto sobre voar e como um pequeno uirapuru vence uma poderosa águia.
Danny Champion of the World, de Roald Dahl	Uma história adorada, sobre um garoto e a relação que tem com seu pai. Como fazer um balão de ar e empinar papagaio em dois capítulos.
The Blue Between the Clouds, de Stephen Wunderli	Uma novela sobre a amizade entre dois garotos e sua paixão mútua por voar.

Muitas dessas atividades podem ser adaptadas para crianças de diferentes idades:
Solte um peso de alturas diferentes sobre uma bandeja com areia. Preveja o que acontecerá. Haverá diferença na profundidade da marca? O que acontecerá se a altura da queda for alterada? Crianças menores podem investigar isso e observar o que acontece, crianças maiores podem levantar hipóteses e testar.

Solte uma bola de papel e uma folha de papel aberta da mesma altura, o que acontece? O que acontece se dois potes de tamanho semelhante forem largados da mesma altura simultaneamente, um vazio e outro cheio de plasticeno?

Solte objetos feitos do mesmo material, mas com formas diferentes. O que acontece? Preveja qual cairá mais devagar e dê razões para isso.

Faça pipas, aviões de papel, hélices e paraquedas. Investigue qual permanece mais tempo no ar, qual vai mais longe, quais são mais aerodinâmicos, etc. (Adapte as investigações). Mais uma vez, as crianças pequenas podem observar o que acontece, enquanto as maiores podem desenvolver suas próprias investigações, levantando suas próprias questões, identificando variáveis, pensando sobre como podem registrar seus resultados. Explore questões como:

Paraquedas:
- Existem materiais melhores que outros para fazer paraquedas?
- Por que o paraquedas desce tão devagar?
- O que acontece se houver um furo no meio?
- O que acontece com mais de um furo, qual é o melhor número de furos, o tamanho do furo faz diferença?

Hélices:
- Investigue os fatores que mantêm a hélice no ar por mais tempo. O que pode ser mudado, medido, registrado? Por exemplo, o número de pás, comprimento, forma, material. Elas voam melhor quando têm um peso?
- Procure padrões nos resultados.

Faça desenhos mostrando a direção das forças com setas.
Olhe os pássaros e como eles sobem nas correntes quentes.
Procure fotografias das primeiras tentativas de voar e compare alguns dos fatores com os descobertos em um campeonato de aviões de papel.
Conexões com a matemática; descubra quanto combustível um avião consome, calcule quanto é consumido em determinadas viagens.

Resumo

Este capítulo considerou como se pode usar a ficção como veículo para auxiliar no ensino de ciências. Relacionando conceitos já aprendidos a novas ideias, a ficção pode proporcionar um modelo de referência para fundamentar a aprendizagem futura. A ficção proporciona oportunidades para fazer conexões entre conceitos científicos e suas experiências de vida. Fazendo pequenas mudanças no planejamento e na prática existentes, para incluir um uso maior de uma ampla variedade de textos de ficção, pode-se possibilitar que os professores promovam ativamente a criatividade dos alunos e respondam a suas ideias e ações criativas. A ficção é um recurso poderoso e prontamente disponível para auxiliar e para envolver os alunos em sua compreensão científica própria. As boas histórias têm o potencial de motivar os alunos, envolvendo-os por meio da relação entre sua compreensão própria do mundo e os personagens dos livros. Foram apresentados exemplos específicos da literatura infantil de língua inglesa para ilustrar maneiras em que se pode usar a ficção como recurso em ciências, para dar suporte à variedade de estilos de ensino e aprendizagem. Outras sugestões para desenvolvimento são apresentadas nos Quadros 7.1 e 7.2. O capítulo também analisou brevemente como os alunos podem desenvolver sua expressão própria, escrevendo de várias maneiras sobre sua compreensão da ciência.

SUGESTÃO PARA LEITURA

Butzow, C.M. e Butzow, J.W. (2000) *Children's literature in science education*, Libraries Unlimited.

O uso de dramatização* para estimular e desenvolver a compreensão dos alunos sobre conceitos científicos

8

Julie Foreman

Introdução

Este capítulo apresenta uma breve síntese da teoria por trás do uso do corpo inteiro, em experiências cinestésicas, para promover a aprendizagem dos alunos em ciências. Usa-se a dramatização como ferramenta cinestésica para promover o entendimento de alunos do ensino fundamental sobre conceitos científicos abstratos. No decorrer do capítulo, enfatiza-se a importância de os professores modelarem essa abordagem, juntamente com a importância de proporcionar oportunidades para os alunos aprenderem a praticar a dramatização como um instrumento valioso de aprendizagem. Incorporar a dramatização com discussões relevantes garante que os alunos desenvolvam sua compreensão de maneira efetiva. São apresentadas sugestões para trabalhar na sala de aula. Finalmente, para promover a consciência e evitar representações equivocadas, são discutidas as limitações do uso da dramatização.

---

* N. de R. T. Optou-se por traduzir o termo inglês "role-play" por dramatização – para se referir a atividades de aprendizagem nas quais as pessoas se comportam da mesma forma que outras pessoas, elementos e/ou processos de comportamento numa situação particular. Portanto, o termo dramatização, neste contexto, está intimamente ligado à ideia de desempenho de papéis. Neste capítulo são apresentados exemplos de situação nas quais os alunos comportam-se, não como outras pessoas, mas como se fossem elementos e/ou processos naturais, tais como moléculas, átomos, propagação de sons, etc.

ABORDAGENS DE ENSINO NO CURRÍCULO NACIONAL

O Currículo Nacional (DfEE, 1999, p. 83) incentiva os professores a adotarem uma abordagem flexível no ensino de ciências, quando diz que os alunos devem ser ensinados que "a ciência diz respeito a pensar criativamente para tentar explicar como as coisas vivas e as não vivas funcionam". Portanto, deve-se estimular os alunos a usar sua imaginação e a desenvolver sua criatividade nas aulas de ciências. Essa visão é corroborada na recente publicação *Excellence and Enjoyment: A Strategy for Primary Schools* (DfES, 2003) e é particularmente importante nos anos do ensino fundamental.

Certas pessoas argumentariam que a imaginação, ao invés do conhecimentos dos fatos, é o fator mais importante e necessário para aprender ciência e, portanto, o uso da imaginação deve se refletir em seu ensino. Sem dúvida, a ciência é parte integral da cultura moderna e deve buscar ampliar a imaginação e a criatividade dos jovens. A capacidade de pensar criativamente é um atributo essencial do cientista bem-sucedido. Portanto, os alunos devem ter a oportunidade de responder a certos aspectos da ciência de maneira imaginativa e criativa. Isso será especialmente importante se estimular os futuros cientistas, pois a criatividade e a capacidade de comunicar ideias de forma clara para as pessoas são características importantes dos bons cientistas.

As implicações disso para o ensino fundametal de ciências são enormes. Estudos recentes do Ofsted enfatizam que os professores devem desafiar alunos de todos os níveis de capacidade, particularmente os mais capazes, muito além do que se faz atualmente, e que os alunos devem ter formas mais complexas de aprendizagem. Afinal, de um modo geral, acredita-se que os alunos terão um desempenho maior se forem desafiados de um modo motivador e não-ameaçador.

Embora as abordagens tradicionais de ensinar ciências possam não reprimir a criatividade em certos alunos, sabe-se que muitas pessoas foram afastadas da ciência no passado por sua experiência com a ciência na escola. Todavia, é fácil aceitar que o desenvolvimento da criatividade de um indivíduo em ciências dependa da qualidade e da diversidade das oportunidades de aprendizagem proporcionadas na sala de aula. De fato, observa-se que, se existem tão poucas oportunidades para os alunos demonstrarem sua curiosidade, sua motivação para comportamentos criativos pode ser facilmente limitada. Assim, é importante abordar as atividades de um modo criativo, garantindo que se estimule o risco e a exploração.

Os autores que se dedicam a esse tema acreditam que o cérebro floresce em meio à diversidade, de modo que existe necessidade de se prover estratégias diversas de ensino e aprendizagem. Os alunos aprendem de diferentes maneiras o tempo todo, e não existe uma única maneira "certa" para todos. Portanto, os professores devem usar uma variedade de abordagens diferentes em seu trabalho, para atender a variedade de estilos de aprendizagem dos alunos.

A pesquisa nos diz que as abordagens ativas de aprendizagem, como a dramatização, que envolvem o intelecto de maneiras prazerosas e menos ameaçadoras, devem ter um papel muito maior no ensino de ciências do que tiveram no passado. O autoperpetuante ditado "ouço e esqueço; vejo e lembro; faço e entendo" mostra a importância das atividades práticas, e uma dessas técnicas experimentais, criativas e práticas é a dramatização (Van Ments, 1983, p.14-23). Estudos indicam que a dramatização, como forma de modelagem física, pode ajudar os alunos a enxergar e a entender conceitos científicos abstratos. Aqui, o entendimento vem não apenas pelo elevado nível de envolvimento dos participantes, mas pela exposição a ideias, pela discussão e pelo trabalho conjunto com outros alunos.

Observou-se que a dramatização desenvolve a apreciação natural dos alunos pelo lúdico, podendo gerar muita diversão e um interesse verdadeiro. Desempenhar papéis pode ser considerado um meio bastante natural de aprender, quando se considera quanto tempo os alunos pequenos passam em fantasias imaginativas livres, tanto em suas brincadeiras fora da escola e quando têm a oportunidade para tal no maternal e na sala de aula das séries iniciais. O professor pode aproveitar essa tendência natural de desempenhar papéis de um modo mais estruturado, para estimular a aprendizagem da ciência. Mais importante ainda, a dramatização é motivadora, pois envolve atividade e proporciona uma quebra nas rotinas estabelecidas da sala de aula.

O movimento pode representar ou exemplificar coisas que não se podem colocar em palavras facilmente (Bruner e Haste, 1993, p.169). Portanto, como a dramatização envolve o movimento físico, ela pode ser usada para ajudar a explicar conceitos abstratos. Pesquisas recentes sobre como o cérebro ajuda a construir a aprendizagem sugerem que o movimento pode ser uma estratégia efetiva de ensino para desenvolver redes permanentes de conexões no cérebro (Smith, 1999, p. 33). Nesse caso, o corpo humano é considerado uma "poderosa rota para a aprendizagem" (Smith, 1999, p. 178). Essa forma de aprendizagem física pode ser considerada um estilo de aprendizagem cinestésico, visto como uma "inteligência corporal-cinestésica" por Gardner (1993, p. 9). Todavia, a dramatização exige mais que apenas movimento corporal. Também há a necessidade de interação e de cooperação. Dessa forma, podem-se satisfazer as necessidades de uma variedade de estilos de aprendizagem. A dramatização também pode ser vista como uma experiência de aprendizagem valiosa, que integra diferentes áreas do cérebro (Smith, 1999, p. 37). Juntamente com essa noção, as atividades criativas como a dramatização não apenas permitem que os alunos se comuniquem usando códigos linguísticos familiares, como podem estimulá-los a se comunicar usando uma "linguagem restrita geralmente aos cientistas" (Taylor, 1997, p. 39), desenvolvendo, assim, o uso do vocabulário científico.

Para que a dramatização consiga transmitir visão de uma maneira científica de pensar, é importante que o professor modele a ideia antes que os alunos a pratiquem. Para que tirem o maior proveito, deve-se usar dramatização regularmente em ciências, desde os primeiros dias da educação formal, e no decorrer de toda a escolarização. Dessa forma, os alunos se familiarizam com a estratégia e, portanto, desenvolvem confiança na participação – a confiança de que são poderosos atores na aprendizagem. A familiarização desenvolve a capacidade dos alunos de usar a dramatização de forma mais efetiva para demonstrar sua aprendizagem e, assim, proporciona uma forma de avaliação de sua aprendizagem. O uso da dramatização também ilustra conceitos científicos abstratos e facilita a retenção do conhecimento adquirido.

A DRAMATIZAÇÃO NO ENSINO FUNDAMENTAL

Conforme discutimos, é importante que a dramatização seja incorporada em esquemas de trabalho escolares, para que os alunos se familiarizem com essa estratégia de ensino e desenvolvam confiança na participação. A dramatização já é uma estratégia importante nas séries iniciais da escola, embora não necessariamente para o desenvolvimento do conhecimento e do entendimento científicos. É bastante comum que alunos pequenos "representem", por exemplo, um trecho de livros de contos tradicionais e se envolvam em representações mais informais no "canto da casa". Portanto, é fácil estender essa ideia a ideias científicas simples no ensino fundamental. É fácil relacionar a alfabetização à ciência dessa forma. O uso de "auxílios" é importante na dramatização. Os alunos maiores gostam de usar rótulos e imagens na apresentação de suas dramatizações. Já os menores podem se "fantasiar", usar máscaras ou figurinos para ajudar a transmitir ideias científicas.

Um conceito difícil de entender para os alunos menores tem relação com as forças, isto é, atração e impulsão. Nesse caso, após a leitura de *O nabo gigante*, pequenos grupos de alunos podem dramatizar partes da história para atrair o enorme nabo para o chão. Desse modo, podem desenvolver seu entendimento sobre as forças. De maneira semelhante, muitos conceitos científicos podem ser explorados por meio de dramatização, começando com uma história ou com uma observação. Os alunos maiores podem abordar a representação de ideias de maneiras muito imaginativas e criativas, se tiverem a oportunidade de transmitir suas próprias ideias após uma breve instrução.

O Quadro 8.1 ilustra como outros tópicos podem ser desenvolvidos pelo uso de dramatização no decorrer da escola. Todavia, é importante entender que muitas das mesmas ideias podem ser abordadas em diferentes idades e níveis de capacidade. Aqui, é papel do professor escolher o nível da ideia a ser explorada e decidir quanta ajuda dar aos alunos para formular a dramatização. Por exemplo, dentro do tópico da eletricidade, alunos menores podem apenas representar o fluxo da eletricidade em um circuito elétrico usando uma corda de pular, mas se pode esperar que alunos maiores dramatizem, por exemplo, o fluxo dos elétrons, com os próprios alunos atuando como os elétrons em um circuito. Conceitos como resistência, e circuitos em série e em paralelo podem ser desenvolvidos dessa forma.

Quadro 8.1 Aspectos da dramatização que pode ser desenvolvidos com pontos de partida diferentes

Tema	Faixa etária	Aspectos da dramatização
Sapatos (aspecto científico: materiais e suas propriedades)	Educação infantil	Os alunos pensam sobre as propriedades dos materiais usados para diferentes tipos de acessórios para os pés, p.ex., tecido macio e quente para chinelos, couro duro para botas e alguns sapatos, materiais flexíveis para sandálias de praia. Os alunos então dramatizam o uso de um deles para demonstrar suas propriedades.
Minibestas	Educação infantil	Após as observações de minibestas, os alunos podem fingir que andam como diferentes criaturas: os materiais podem ser, por exemplo, membros extras para possibilitar que as crianças se tornem aranhas ou insetos, e um pequeno saco de dormir pode ser um bom "material" para a pele de uma lagarta.
Materiais à prova d'água	5-6 anos	Ideias relacionadas às propriedades dos materiais: alguns materiais deixam a água atravessar, e outros não deixam. Os alunos representam as partículas de água e materiais diferentes.

Tema	Faixa etária	Aspectos da dramatização
Dia e noite	5-6 anos	Ideias relacionadas com o movimento da Terra em relação ao Sol e à Lua. Os alunos dramatizam o giro da Terra em relação ao Sol para mostrar como o dia e a noite ocorrem.
Eletricidade	6-7 anos	Fluxo da energia: os alunos formam um círculo segurando uma corda e passando-a através das mãos para ilustrar o fluxo da eletricidade. Um aluno pode atuar como o bulbo da lâmpada e retardar o movimento da corda.
Sombras	7-8 anos	Ideias relacionadas à maneira como a luz se move: alguns materiais permitem que a luz os atravesse, enquanto outros não, isto é, explorar materiais opacos, translúcidos e transparentes. Os alunos representam o caminho da luz e como ela pode ser refletida, transmitida ou absorvida pelo material em seu caminho.
Isolantes térmicos	8-9 anos	Ideias relacionadas à transferência de calor: por que o sorvete não derrete quando enrolado em jornal e por que o jornal mantém a batata-frita quente. Os alunos representam a transferência de calor e o jornal, isto é, o calor é impedido de atravessar o jornal a partir do exterior ou do interior do pacote.
Dissolução	9-10 anos	Ideias sobre solubilidade: o fato de que certas coisas dissolvem em líquidos, enquanto outras não. O fato de que existe um limite na quantidade de substância que dissolve no líquido. Os alunos agem como as partículas do líquido e do material a ser dissolvido.
Filtragem	9-10 anos	Ideias sobre o tamanho das partículas: algumas partículas são grandes demais para passar pelo filtro, enquanto outras não são. Alguns alunos agem como o filtro, deixando passar algumas partículas, e outro agem como as partículas, tentando passar pelo filtro.
Evaporação	9-10 anos	Ideias sobre o movimento das partículas: poças d"água evaporando. Os alunos agem como as partículas de um líquido que se transforma em gás – sem ferver.
Sol, Lua e Estrelas	9-10 anos	Ideias relacionadas à posição e o movimento dos planetas ao redor do Sol.
Sol, Lua e Estrelas	10-11 anos	Ideias relacionadas à posição e o movimento da Terra ao redor do Sol, e da Lua ao redor da Terra. Os alunos agem como o Sol, a Terra e a Lua para demonstrar as órbitas. Pode-se representar o lado da Lua voltado para sua órbita, explicando a duração de uma volta completa da Terra.
Cadeias alimentares	10-11 anos	Os alunos agem como o Sol, as plantas e os animais em cadeias alimentares variadas, usando fios para conectá-los da maneira correta. Conectam cadeias alimentares para mostrar uma teia alimentar com o Sol no centro.
Reprodução sexual em plantas: polinização	10-11 anos	Os alunos podem representar o papel dos órgãos sexuais de plantas em flor, como os estames e o estigma. Um aluno age como um polinizador (por exemplo, uma abelha) que voa de flor em flor.
Fazer uma chave de classificação	10-11 anos	Todos os alunos da classe se alinham e discutem/desenvolvem questões com respostas do tipo sim/não para agrupar/classificar os alunos, como em uma chave ramificada, p.ex., a criança tem olhos azuis?
Coração e circulação	10-11 anos	Ver estudo de caso 8.1

Estudo de caso 8.1

Este estudo de caso é de uma escola de ensino fundamental situada no centro de uma pequena cidade do sudeste da Inglaterra. A turma apresentava uma ampla variedade de capacidades, com uma elevada proporção de alunos com necessidades educacionais especiais. Os alunos vinham estudando um tópico sobre saúde e boa forma, incluindo o sistema circulatório. A professora notou que muitos alunos da classe estavam confusos com esse processo, e que muitos tinham dificuldade para interpretar os diagramas dos livros de não ficção disponíveis na classe. Então, decidiu envolver os alunos em uma dramatização, como meio de desenvolver seu entendimento do sistema circulatório. A dramatização consistia da viagem do sangue entre os pulmões e o coração, que foi usada para explicar como o sangue transporta o oxigênio e o dióxido de carbono até os órgãos do corpo.

A escola, como muitas outras, tinha uma tradição segundo a qual as classes se alternavam, a cada semana, em uma apresentação para os pais. Quando foi a sua vez, a classe em questão decidiu que gostaria de apresentar sua dramatização daquele período. Os alunos estavam acostumados a tomar suas próprias decisões sobre o que e como apresentar em suas assembleias e, então, depois de uma discussão inicial, ficou à vontade para planejar. O resultado foi uma versão ampliada de sua dramatização original, em um drama que incluía ações, expressões e diálogo. O narrador, que decidira usar um jaleco branco de laboratório, óculos e uma peruca vermelha, equipado com uma prancheta e um indicador, representou o papel do "cientista louco". Enquanto ele explicava a viagem do sangue pelo corpo, alguns dos alunos representavam órgãos estrategicamente colocados ao redor da sala, e o resto dos alunos fazia o papel das hemácias. Andavam pela sala, enchendo de oxigênio os pulmões, e lentamente soltando o oxigênio à medida que andavam pelo corpo alimentando os órgãos.

Quando a turma estava preparando sua apresentação de "formatura" no ano seguinte, solicitaram que escrevessem suas memórias favoritas. O narrador escreveu sobre sua peça e ainda lembrava dos principais pontos de ensino que havia aprendido no ano anterior.

O USO DE DRAMATIZAÇÃO EM DUAS ÁREAS DO CURRÍCULO NACIONAL

O resto deste capítulo analisa o uso de dramatização em duas áreas do currículo, com base no trabalho com uma classe de alunos da 5ª série, isto é:
- Sólidos, líquidos e gases
- Som

Em cada exemplo, são enfatizadas as referências do Currículo Nacional abordadas na dramatização dentro dos Programas de Estudo, com orientações sobre como se pode usar dramatização para modelar fisicamente esses conceitos científicos. São incluídas fotografias para ilustração, bem como sugestões para pontos a enfatizar durante a dramatização, de maneira a desafiar as possíveis concepções errôneas dos alunos. Além disso, esta seção apresentará possíveis atividades de extensão em grupo para permitir que os alunos usem dramatização para demonstrar sua compreensão conceitual. Finalmente, esta seção apresenta exemplos de resultados possíveis do uso dessas abordagens na sala de aula do ensino fundamental de ciências.

SÓLIDOS, LÍQUIDOS E GASES

A seguir, apresentamos sugestões específicas de como os alunos podem ser organizados para a dramatização.

Fazendo um sólido

O que você está tentando mostrar?
Os sólidos, os líquidos e os gases fazem parte da seção Materiais e suas propriedades. Espera-se que alunos de 7 a 11 anos aprendam a reconhecer diferenças entre sólidos, líquidos e gases, em termos da facilidade de fluxo e manutenção da forma e do volume.

Os alunos devem representar partículas (átomos e moléculas) na dramatização.

Pontos de ensino
- As partículas de um sólido somente vibram em posições fixas, e não podem andar por aí, pois são compactadas – peça para os alunos simularem isso balançando-se.
- O sólido tem forma e volume fixos. Ele somente pode mudar de forma quando se aplica uma força – isso também pode ser simulado.

O que você precisa?
Exemplos de sólidos para os alunos examinarem as propriedades. Os alunos também podem trazer para a escola listas de sólidos que analisaram em casa ou na internet.

Como preparar os alunos?
Os alunos investigam uma variedade de sólidos e estabelecem as propriedades dos sólidos.

Fazendo a dramatização
Escolha nove alunos para formar um sólido. Organize-os em filas de três e peça para darem os braços como na Figura 8.1.

Ensino de ciências **147**

Perguntas a fazer

Antes da dramatização:
Se vocês se tornassem partículas de um sólido (pode ser necessário explicar a escala aqui), como poderiam mostrar as propriedades do sólido?

Durante a dramatização:
Como podemos mostrar que as partículas de um sólido somente podem vibrar em posições fixas e não podem andar por aí? Como podemos mostrar que as partículas são compactadas e o sólido tem forma e volume fixos?

Depois da dramatização:
Discussão para reforçar as propriedades do sólido, referindo-se à dramatização.

Trabalho de seguimento

Os alunos registram as propriedades do sólido referindo-se à dramatização, usando um método de sua escolha, como:
- tiras de história em quadrinhos
- artigo de jornal
- pôster
- diagrama
- uma história sobre a vida de um sólido
- um poema.

Outras dramatizações sobre líquidos, gases e mudança de estado serão discutidas a seguir.

Figura 8.1 Fotografia de alunos dramatizando um sólido.

Fazendo um líquido

O que você está tentando mostrar?

Os sólidos, os líquidos e os gases fazem parte da seção Materiais e suas propriedades. Isso significa que os alunos devem aprender a reconhecer as diferenças entre sólidos, líquidos e gases, em termos da facilidade de fluxo e da manutenção da forma e do volume.

Os alunos devem representar partículas (átomos e moléculas) na dramatização.

Pontos de ensino

- As partículas ainda são compactadas, mas podem "deslizar" umas contra as outras em um líquido.
- Os líquidos mudam sua forma para se adequar ao recipiente onde estão – isso pode ser simulado "derramando-se" as partículas do líquido em uma área restrita, formada por mesas ou cadeiras, por exemplo, como mostrado na fotografia.
- Os líquidos mantêm o mesmo volume quando são derramados de um recipiente para outro. As partículas do líquido podem ser "derramadas" em outro grupo de cadeiras, mas o número de partículas permanece o mesmo.

O que você precisa?

Exemplos de líquidos. Os alunos também podem trazer listas obtidas em investigações feitas em casa, na internet, etc.

Como preparar os alunos?

Os alunos investigam uma variedade de líquidos para estabelecer as propriedades dos líquidos.

Fazendo a dramatização

Escolha outros nove alunos para fazer um sólido e explique que você é uma fonte de calor aplicada ao sólido.

Em um sólido que derrete, as partículas começam a vibrar/oscilar rapidamente e gradualmente se tornam líquido quando se alcança a temperatura que as faz vibrar/oscilar tão rápido que elas se liberam de suas ligações e começam a fluir.

Peça para os alunos "soltarem" seus braços e "deslizarem" uns pelos outros, como mostrado na fotografia (Figura 8.2).

Perguntas a fazer

Antes da dramatização:
Como podemos transformar um sólido em líquido?
Como o líquido difere do sólido?
Se fôssemos nos tornar as partículas de um líquido, como poderíamos mostrar as propriedades dos líquidos?

Durante a dramatização:
Como podemos mostrar que as partículas de um líquido ainda estão compactadas, mas que podem deslizar umas nas outras?
Como podemos mostrar que os líquidos mudam sua forma para se adequar ao recipiente onde estão, mas que mantêm o mesmo volume?

Depois da dramatização:
Discussão para reforçar as propriedades do líquido, referindo-se à dramatização. Outras comparações entre as propriedades de sólidos e líquidos.

Trabalho de seguimento

Os alunos registram as propriedades do líquido referindo-se à dramatização, usando um método de sua escolha, como:
- tiras de história em quadrinhos sobre como um sólido se transforma em líquido
- história para descrever a viagem de um líquido
- fluxograma sobre o que acontece com as partículas de um sólido quando ele se transforma em líquido
- pôster para comparar as propriedades de um sólido e um líquido
- diário sobre a vida de um sólido e como ele se transforma em um líquido

Outras dramatizações sobre gases e mudança de estado serão discutidas a seguir.

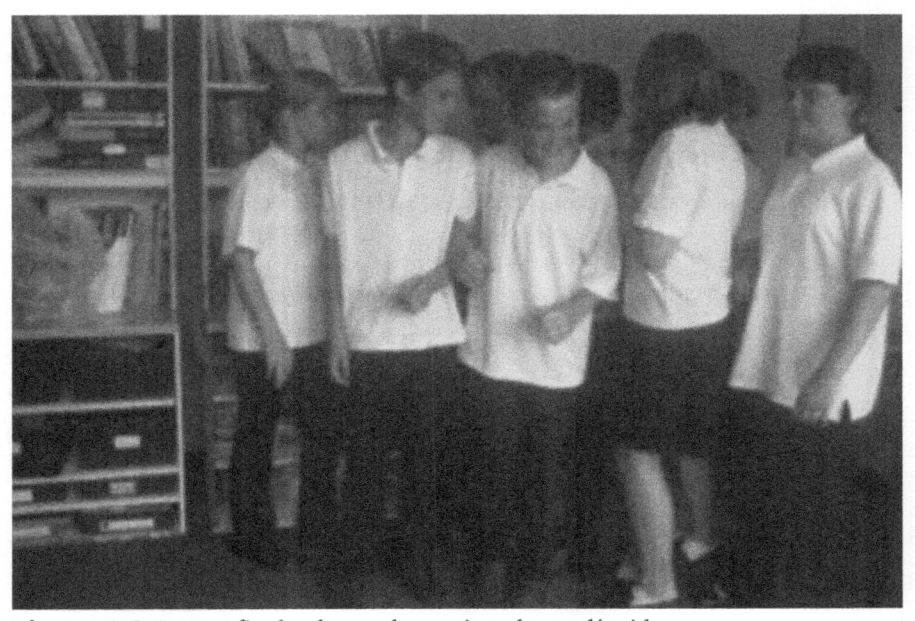

Figura 8.2 Fotografia de alunos dramatizando um líquido.

Fazendo um gás

O que você está tentando mostrar?

Os sólidos, os líquidos e os gases fazem parte da seção Materiais e suas propriedades. Isso significa que os alunos devem aprender a reconhecer as diferenças entre sólidos, líquidos e gases, em termos da facilidade de fluxo e da manutenção da forma e do volume, e também sobre mudanças reversíveis, incluindo a dissolução, a fusão, a ebulição, a condensação, o congelamento e a evaporação.

Os alunos devem representar partículas (átomos e moléculas) na dramatização.

Pontos de ensino

- Os gases não têm forma ou volume fixos e podem se espalhar para preencher qualquer espaço ou recipiente – os alunos correm para as extremidades da sala para demonstrar esse fato.
- As partículas se espalham sem nada entre elas, movendo-se rapidamente e em todas as direções – os alunos, como partículas, podem colidir ocasionalmente uns contra os outros e mudar de direção para simular o gás.
- As partículas de um gás podem ser comprimidas em um espaço menor – os alunos podem passar do espaço do pátio para a sala de aula, por exemplo, para simular isso.
- O aquecimento do gás faz suas partículas se mexerem ainda mais rápido e mais separadas, pressionando-as contra as paredes do recipiente ou do espaço que as contém.

O que você precisa?

Exemplos de gases. Os alunos podem trazer listas de investigações feitas em casa, na internet, etc.

Como preparar os alunos?

Os alunos observam e discutem onde são encontrados gases para estabelecer as propriedades de um gás.

Fazendo a dramatização

Escolha outros nove alunos para fazer um sólido, e depois um líquido, aquecendo o sólido como antes.

Desta vez, aumentando o calor, as partículas se mexem com mais facilidade, até se mexerem tão rapidamente que escapam da superfície do líquido.

Peça para os alunos se mexerem rapidamente e, um por um, deixarem o "líquido" e se mexerem rapidamente em direções aleatórias pelo espaço da sala, conforme a Figura 8.3.

Perguntas a fazer

Antes da dramatização:
Como podemos transformar um sólido em líquido, e em gás?
Como o gás difere do sólido e do líquido?
Se fôssemos nos tornar as partículas de um gás, como poderíamos mostrar as propriedades dos gases?

Durante a dramatização:
Como podemos mostrar que as partículas de um gás preenchem qualquer espaço ou recipiente e que não têm forma ou volume fixos?
Como podemos mostrar que as partículas de gás se mexem muito rapidamente e em todas as direções?
Como podemos mostrar que as partículas se mexem ainda mais rápido quando aquecidas?
Como podemos mostrar que as partículas de um gás podem ser comprimidas em um espaço menor?

Depois da dramatização:
Faça perguntas para evocar dos alunos o que aprenderam sobre as propriedades de um gás – referindo-se à dramatização para reforçar os conceitos.
Outras comparações das propriedades de sólidos, líquidos e gases.

Trabalho de seguimento

Os alunos registram as propriedades do gás referindo-se à dramatização, usando um método de sua escolha, como:
- tiras de histórias em quarinhos sobre como um sólido se transforma em líquido e em gás
- história da vida de uma partícula gasosa
- pôster mostrando uma variedade de gases na vida cotidiana, incorporando as propriedades
- artigo de jornal sobre o que acontece quando um sólido se transforma em líquido e em gás

Outras dramatizações sobre mudança de estado serão discutidas a seguir.

Atividades de extensão possíveis para propiciar que os alunos usem a dramatização para demonstrar seu entendimento conceitual

Depois dessas atividades ilustrativas de dramatização, os alunos podem ser agrupados para demonstrar os conceitos por meio de dramatização, para fins de avaliação e para propiciar oportunidades de apresentação e discussão com o grande grupo a fim de esclarecer concepções errôneas que possam surgir:

Figura 8.3 Fotografia de alunos dramatizando um gás.

Quadro 8.2 Como fazer dramatizações

Dramatizações possíveis	Conexões com o Currículo Nacional	Instruções sobre como isso pode ser feito
Evaporação O que acontece com as partículas de água no cabelo molhado quando se está secando com um secador de cabelos?	• Materiais e suas propriedades • Materiais mutáveis • Mudanças reversíveis • O ciclo da água	Estabeleça com os alunos a mudança de estado que ocorre
Evaporação O que acontece com as partículas de água quando a água evapora de uma poça?	• Materiais e suas propriedades • Materiais mutáveis • Mudanças reversíveis • O ciclo da água	Considere o movimento das partículas em cada estado da matéria
Condensação O que acontece com o vapor de água no ar, à medida que colide contra um copo de água fria?	• Materiais e suas propriedades • Materiais mutáveis • Mudanças reversíveis • O ciclo da água	Pergunte aos alunos o que acontece na mudança de estado em questão – refira-se às dramatizações feitas
Fusão O que acontece quando o chocolate derrete?	• Materiais e suas propriedades • Materiais mutáveis • Mudanças reversíveis	Identifique em grupos selecionados quem deve representar uma das partículas, quem será o narrador e materiais necessários, por exemplo, um secador de cabelo
Congelamento O que acontece com a água em uma bandeja de gelo colocada no congelador	• Materiais e suas propriedades • Materiais mutáveis • Mudanças reversíveis	Grupos de alunos preparam sua dramatização da mudança de estado para apresentar ao resto da classe
Ebulição O que acontece com uma panela de água quando ela ferve no fogão?	• Materiais e suas propriedades • Materiais mutáveis • Mudanças reversíveis	

Obs.: É importante deixar claro que a maioria das substâncias contrai quando muda de líquido para sólido, com exceção da água, que se expande ao congelar. Os alunos devem demonstrar isso na dramatização do congelamento, podendo mostrar quando formam o sólido dando as mãos e empurrando para fora, ao invés de darem os braços para mostrar as conexões, como nos exemplos anteriores.

OS RESULTADOS DESSAS ABORDAGENS NA SALA DE AULA PRIMÁRIA DE CIÊNCIAS

O conhecimento e a compreensão de que a matéria é formada por partículas e seu arranjo e movimento nos sólidos, nos líquidos e nos gases não são identificados a partir da 5ª série (DfEE, 1999, p. 87) – esse conceito é identificado nas séries finais do ensino fundamental (DfEE, 1999, p. 23), embora a modelagem seja identificada no nível 5. Todavia, pesquisas mostram que os alunos no início da faixa etária do ensino médio apresentam pouquíssimo entendimento do movimento intrínseco das partículas (Johnson, 1999, p.93). Outras pesquisas mostram que a modelagem do movimento intrínseco das partículas pelos alunos pode ajudá-los a compreender as propriedades dos sólidos, dos líquidos e dos gases (Foreman, 2002, p. 61). A seguir, algumas das respostas de uma turma de 5ª série, entrevistada depois de participar de uma dramatização sobre sólidos, líquidos e gases:

> Acho que quando estudar sólidos, líquidos e gases vou pensar no que acontece dentro deles. (Menino de 9 anos)
>
> Aprendi que as moléculas na verdade se mexem, antes eu não sabia, eu pensava que elas ficavam paradas e se você mexesse elas, elas se mexiam. (Menino de 10 anos)
>
> Porque a gente tem que fazer o que elas (as partículas) estavam fazendo e se tivesse que escrever isso a gente não saberia o que elas estavam fazendo e como seria ser elas. (Menina de 9 anos)

A professora afirmou que o uso de dramatização:

> Ajudou a explicar conceitos que são muito difíceis de entender. Creio que os levou a um estágio adiante e consolidou o que já sabiam ... ela os levou até o limite do que podiam assimilar.

Esses alunos ainda mantinham o conhecimento e a compreensão obtida pela dramatização, quando questionados ao final do ano escolar, com respostas como as seguintes:

> Formamos grupos e mostramos como os sólidos, os líquidos e os gases se mexem, e nós éramos as moléculas. Quando as moléculas ficavam apertadas, nós éramos um sólido, quando estavam livres e preenchiam todo o espaço, éramos um gás e quando deslizam umas nas outras elas eram um líquido. (Menina de 10 anos)

> A dramatização do meu grupo era quando você lava o cabelo e seca com o secador. A água começa como líquido e termina como gás, porque o cabelo seca. Começamos devagar, mas ficou mais rápido quando o cabelo estava secando. (Menina de 10 anos)

> Podíamos fazer o que estávamos sentindo, mas quando se escreve não se consegue fazer isso ... Às vezes, eu acho difícil escrever as minhas ideias. Assim ficou mais claro do que apenas falando, porque a gente podia fazer e nos fez entender mais. (Menino de 9 anos)

SOM

O que você está tentando mostrar?

As características sonoras fazem parte da seção Processos físicos. Aqui, os alunos devem aprender que os sons são produzidos quando os objetos vibram, mas que as vibrações nem sempre são diretamente visíveis. Além disso, devem aprender como mudar a frequência e o volume dos sons produzidos por objetos que vibram e que as vibrações de fontes sonoras necessitam de um meio para se deslocar até o ouvido.

O uso da dramatização

Os alunos devem ter a experiência de representar partículas (átomos e moléculas) em sólidos, líquidos e gases antes das atividades de dramatização relacionadas ao movimento do som.

Pontos de ensino

- O som se propaga mais rápido através de sólidos do que de líquidos, e mais rápido através de líquidos do que de gases.
- É a onda sonora que se propaga através do material/meio, e não as partículas do material.
- A fonte sonora vibra e, portanto, as partículas dos materiais circundantes vibram da mesma forma, e é assim que o som se propaga.

- O som se propaga somente através de materiais, de modo que não pode viajar pelo espaço sideral.

O que você precisa?

Telefones de cordão
Cabos de vassoura de madeira
Tanques plásticos cheios de água
Balões inflados

Como se prepara os alunos?

Os alunos devem investigar e observar como o som se propaga através de diferentes materiais e estados de matéria (sólidos, líquidos e gases).
Os alunos podem compartilhar suas observações sobre suas experiências com o movimento do som na piscina, na banheira em casa, etc.

O movimento do som por um telefone de cordão encerado

Divida a classe ao meio, para que os alunos tenham a experiência de atuar e "sentir" a dramatização, e também de observá-la. Organize-os em uma fila, com os braços sobre os ombros da criança à frente, conforme a Figura 8.5. Os alunos devem segurar firme. Garanta que ambas metades da classe tenham experiências e discutam suas observações depois da dramatização.

Figura 8.4 Fotografia de alunos dramatizando aspectos do som.

Você atuará como a fonte de som que vibra, balançando para a frente e para trás, de modo que, quando agarrar os ombros do aluno no fim da fila, ele balance e, por sua vez, balance o aluno à sua frente, e assim por diante ao longo da fila.

Os alunos poderão "sentir" a onda sonora propagando-se ao longo da fila, através de si mesmos, como partículas, e a metade da classe que observa poderá ver a onda sonora propaga-se ao longo das partículas do "telefone de cordão".

Volume ou amplitude

Usando a mesma organização de antes, com alunos como partículas em um telefone de cordão, com suas mãos colocadas nos ombros da criança à frente, os alunos podem demonstrar a faixa de volume, pelo quanto se movem quando as partículas balançam para a frente e para trás.

- Para sons muito altos, eles podem balançar bastante para frente a para trás.
- Para sons baixos, eles balançam pouco para frente e para trás.

Pontos de ensino

- O volume aumenta à medida que aumenta o tamanho das vibrações (amplitude) da fonte de som, como ao se bater com mais força em um tambor.

Tom ou frequência

Usando a mesma organização usada para o volume, pode-se demonstrar a faixa de frequência pela velocidade com que os alunos balançam para a frente e para trás, como partículas.

- Para sons de alta frequência, eles balançam rapidamente.
- Para sons de baixa frequência, os alunos balançam mais lentamente.

Pontos de ensino

- O tom ou frequência é a taxa em que as vibrações se propagam para a frente e para trás.
- Pontos vibratórios pequenos ou curtos fazem as vibrações serem rápidas e, assim, os sons produzidos são de alta frequência.
- Pontos vibratórios longos ou grandes fazem as vibrações serem mais lentas e, assim, os sons produzidos são de baixa frequência.

Perguntas a fazer

Antes da dramatização:

O que está acontecendo com a fonte de som para criar o som?
Quando o som se propaga através de um material, como ele se propaga?
O que acontece com as partículas do material?
O que acontece com a partículas em um som alto?

O que acontece com as partículas em um som baixo?
O que acontece com as partículas em um som de baixa frequência?
O que acontece com as partículas em um som de alta frequência?
Se nos transformássemos em um telefone de cordão, como poderíamos demonstrar o que acontece com as partículas à medida que o som se propaga ao longo do cordão?

Durante a dramatização:
Você consegue sentir a onda sonora passando?
Você consegue ver a onda sonora passando?
O que acontece com as partículas no telefone de cordão à medida que passa o som?
Como se pode demonstrar um som alto passando pelo telefone de cordão?
Como se pode demonstrar um som baixo passando pelo telefone de cordão?
Como se pode demonstrar um som de alta frequência passando pelo telefone de cordão?
Como se pode demonstrar um som de baixa frequência passando pelo telefone de cordão?

Depois da dramatização:
Referindo-se à dramatização:
Por que você acha que o som se propaga mais rápido através de um sólido do que de um líquido?
Por que você acha que o som se propaga mais rápido através de um líquido do que de um gás?

Trabalho de seguimento

Revisão sobre como o som se propaga, volume e frequência.

Atividades de extensão possíveis para permitir que os alunos usem dramatização para demonstrar sua compreensão conceitual
Em grupos menores, desafie os alunos a demonstrar o movimento das partículas nos seguintes conceitos:
- Um som de volume alto e baixa frequência
- Um som de volume alto e alta frequência
- Um som de volume baixo e baixa frequência
- Um som de volume baixo e alta frequência

A propagação de sons através de materiais diferentes
O conceito de que os sons podem se propagar mais rápido através de um sólido do que de um líquido e do que de um gás também pode ser dramatizado com base nas experiências das dramatizações realizadas até este ponto. Todavia, pode ser mais proveitoso apresentar isso como um desafio grupal para os alunos.

> *Atividades de extensão possíveis para proporcionar que os alunos usem dramatização para demonstrar seu entendimento conceitual.*
> *Em grupos, os alunos podem ser desafiados a demonstrar e comparar o que acontece quando o som se propaga através de sólidos, de líquidos e de gases, e explicar por que o som se propaga mais rapidamente através de sólidos do que de líquidos e de gases.*
> *Os alunos deverão se basear em seu conhecimento da dramatização de sólidos, de líquidos e de gases, e de como o som se propaga a partir da fonte sonora vibratória das dramatizações anteriores.*

Resultados do emprego dessas abordagens na sala de aula do ensino fundamental de ciências

Quase todos os alunos que foram entrevistados depois de participarem de dramatizações sobre os sons conseguiram "sentir" a onda sonora se propagando, o que consideravam ter ajudado em sua aprendizagem. Alguns comentários feitos pelos alunos são:

> É mais fácil lembrar como os sons se propagam agora na dramatização, mais fácil que escrever. (Menino de 9 anos)

A observação da dramatização também foi proveitosa para aqueles que não conseguiram "sentir" a onda sonora se propagando na dramatização:

> Eu não consegui sentir a onda sonora andando de verdade, mas deu para ver quando os outros estavam na fila. (Menino de 9 anos)

De maneira semelhante aos resultados discutidos antes, também se observou que os alunos mantinham o conhecimento e a compreensão adquiridos pela dramatização dos sons, quando questionados ao final do ano escolar, com respostas como as seguintes:

> Aprendi que, quando o som andava através das moléculas, nós balançávamos para a frente e para trás. Chamamos esse movimento de vibração. (Menina de 9 anos)

> Fizemos uma fila e colocamos a mão no ombro da pessoa à nossa frente e uma pessoa atrás empurrava a pessoa da frente e todos balançavam e criavam uma sonda sonora. (Menina de 9 anos)

> Quando um som alto bate nas moléculas, elas balançam muito para a frente e para trás. Quando um som baixo bate, não vai tanto para trás. (Menina 10 anos)

Durante suas apresentações, houve o seguinte comentário:

Quanto mais fortes as ligações, mais rápido o som anda. (Menino de 9 anos)

Quando foram questionados mais adiante no ano, registrou-se a seguinte expressão:

O som se propaga mais rápido em um sólido porque as partículas são tão compactadas que o som consegue passar muito mais fácil para que elas batam umas nas outras e deixem o som atravessar as partículas. (Menina de 10 anos)

Resumo

Este capítulo considerou por que a dramatização é uma estratégia de ensino importante e adequada para usar na aula de ciências do ensino fundamental, e explorou diversas ideias para usar na sala de aula. A seguir, apresentamos algumas questões para refletir e pontos de orientação a considerar ao planejar o uso de dramatização na sala de aula:

Questões
- A dramatização e o teatro podem proporcionar uma quebra nas rotinas estabelecidas da sala de aula, algo que os alunos apreciam.
- A dramatização pode ser uma maneira divertida de concentrar os alunos em determinados aspectos valiosos da aprendizagem.
- A modelagem física, como forma de aprendizagem cinestésica permite que os alunos entendam conceitos abstratos.
- A dramatização é uma forma de aprendizagem, que é acessível para todos os alunos, independentemente do nível de capacidade e do estilo de aprendizagem.
- Os alunos são bastante conscientes de sua aprendizagem e conseguem reter conceitos científicos por meio de seu envolvimento físico.

Orientação
- Inicialmente, há a necessidade de que o professor modele e intervenha para ajudar os alunos a desenvolver independência, confiança e proficiência no uso da dramatização como instrumento para demonstrar a compreensão.
- Agrupar os alunos para criar suas próprias dramatizações e demonstrar o entendimento conceitual desafia-os, por meio do conflito cognitivo, a desenvolver seu raciocínio.
- Os alunos preferem usar a dramatização como método para demonstrar sua compreensão, ao invés de escrever.

- A apresentação da dramatização pode proporcionar uma oportunidade para a classe consolidar sua aprendizagem, e uma oportunidade de avaliação ao professor.

  Espera-se que os exemplos de dramatização discutidos neste capítulo e as evidências apresentadas inspirem você a usar a dramatização no currículo de ciências para ilustrar conceitos científicos. O mais importante é considerar a criatividade dos alunos para criar suas próprias dramatizações. Seus alunos nunca deixarão de surpreender você com sua imaginação e engenhosidade!

SUGESTÕES PARA LEITURA

Littledyke, M. (2001) "Drama and primary science". Artigo apresentado na conferência anual da British Educational Research Association, Leeds University, 13-15 de setembro de 2001. O texto está na coleção de documentos de educação online, no endereço: <http:www.leeds.ac.uk/educol/documents/00001858.htm>, 2001, p.9.
Odegaard, M. (2003) "Dramatic science. A critical review of drama in science education", *Studies in Science Education*, 39, pp.75-101.
Ward, H. (2007) Capítulo 4, "Moving and learning", in *Using their brains in science: ideas for children aged 5 to 14*. London: Sage.

A ciência dos jogos   9

Hellen Ward

Introdução

Os alunos precisam aprender a usar a linguagem complexa da ciência e, sem essa linguagem, podem não progredir (QCA, 2006). Os jogos oferecem oportunidades para aprenderem o conhecimento da ciência e o vocabulário associado de um modo interessante. É possível promover a aquisição da linguagem e o prazer de forma efetiva com o uso de jogos científicos. Com um grande número de alunos citando ciências como a disciplina de que menos gostam, necessita-se de ação (Pollard e Trigg, 2000; Beggs e Murphy, 2003; Wellcome Trust, 2005). As razões dadas para a falta de interesse dos alunos pela ciência são a necessidade de escrever formalmente, o foco na revisão, o impacto dos testes nacionais e a falta de coisas divertidas e interessantes no currículo. Também existe uma falta de correspondência entre as visões dos professores sobre a ciência, com mais de 80% dos professores do ensino fundamental dizendo que existem aulas de ciências que os alunos gostam, enquanto estes a avaliam como impopular: evidentemente, os alunos não estavam nas mesmas aulas! Embora os professores considerem os componentes das plantas a parte mais fácil do currículo de ciências, os alunos consideram a mais difícil (Wellcome Trust, 2005). Como são os futuros cientistas potenciais que estão aprendendo ciências nas salas de aula no Reino Unido, a questão é: "será que suas necessidades e as futuras necessidades da sociedade estão sendo satisfeitas?"

COMO PODE O USO DE JOGOS ENRIQUECER O CURRÍCULO DE CIÊNCIAS DO ENSINO FUNDAMENTAL?

O uso de diferentes tipos de jogos proporciona uma rica variedade de oportunidades de aprendizagem. O jogo é conhecido como um poderoso mediador para a aprendizagem no decorrer da vida da pessoa. Os alunos selecionam diferentes tipos de jogos fora da sala de aula e eles desenvolvem-se quando a aprendizagem é desafiadora:

> Você já ouviu uma propaganda de um jogo que diga que ele é fácil? O pior sobre o currículo escolar é a fragmentação do conhecimento em pequenas partes. Isso supostamente deveria tornar a aprendizagem fácil, mas, muitas vezes, acaba privando o conhecimento do significado pessoal e tornando-o tedioso. Pergunte às crianças: a razão pela qual a maioria não gosta da escola não é que o trabalho seja difícil demais, mas que é muito chato (Papert, 1998)

Essa visão ecoa a de muitas pessoas que observam crianças com problemas de comportamento na sala de aula. Isso se dá porque o "desafio" e o "jogo" não são elementos da aprendizagem em certas salas, e as aulas de ciências interessantes não estão em toda parte. "Eles falam e falam, e quando terminam, não se tem tempo suficiente para fazer o trabalho" (Garoto da 3ª série, de uma grande zona rural). Todavia, o ensino de ciências pode ser estimulante e memorável com o uso de estratégias alternativas. O Capítulo 8 apresenta um argumento convincente, de que o jogo e suas estratégias associadas de ensino podem ser usados de forma efetiva para promover a aprendizagem e para proporcionar a motivação e o desenvolvimento de atitudes positivas de longo prazo em relação à ciência.

Costuma-se aceitar a ideia de que os alunos têm estilos de aprendizagem diferentes. Os estilos de aprendizagem se tornaram centrais ao modo de trabalho de certas escolas, com os professores planejando atividades predominantemente visuais, auditivas e cinestésicas. Todavia, embora a "ginástica mental" e as atividades visuais, auditivas e cinestésicas tenham se tornado populares, ainda não foram publicadas pesquisas científicas para sustentar seu uso. Talvez, em parte, isso possa ter ocorrido porque a natureza da pesquisa educacional torna impossível isolar todos os fatores envolvidos e que influenciam a aprendizagem efetiva e, portanto, dificulta concluir se realmente é a "ginástica mental" ou os estilos de aprendizagem que fazem a diferença. Isso significa que é quase impossível identificar a relação causal entre o uso dessas estratégias nas salas de aula normais. Todavia, a pesquisa sugere que os alunos gostam de estar em salas de aula onde se usa uma variedade de abordagens. Esse aumento no prazer e na motivação foi relacionado ao aumento na aprendizagem (Dweck, 1999). Para que se desenvolvam como pessoas integrais, devem-se incluir todos os estilos e abordagens no ensino e na aprendizagem de todos os alunos (Kolb, 1984).

Os benefícios de usar jogos como estratégia positiva na sala de aula podem ser enormes. Todavia, apenas deixar que os alunos joguem para tornar a aula interessante não é a resposta. O jogo deve ser planejado e controlado. Para que o jogo seja usado de forma produtiva, os alunos devem estar atentos e concentrados na atividade, e os jogos devem ser motivadores e divertidos.

Para aumentar a participação positiva, dependendo dos jogos escolhidos, deve-se introduzir um elemento de competição. O fato de ter uma razão ou uma plateia para a atividade pode aumentar a motivação. Jogos de equipe em ciências são mais motivadores para todos os alunos, particularmente quando as equipes são formadas por alunos de ambos os gêneros e com níveis variados de capacidade. Se o jogo for planejado de um modo que estimule os alunos a melhorar o desempenho anterior, eles se concentrarão em aprender o vocabulário e os conceitos, e podem nem pensar nele como "trabalho". Esse tipo de jogo é uma situação em que todos vencem, na qual os alunos trabalham juntos para melhorar o tempo ou o escore da classe ao invés de um grupo vencer às custas do resto da classe. Os jogos também podem ser bons para ajudar os alunos com os fatos mais difíceis de aprender, como o ciclo de vida das plantas, e são uma boa maneira de apresentar ideias complexas, como o cigarro ou as drogas.

| Opacos | Materiais que deixam a luz atravessá-los | Transparente | O oposto de áspero | Liso | Outra palavra para inclinar |

| Flexível | Oposto de pesado | Leve | A forma sólida da água | Gelo | Significa que a luz não pode atravessar |

Figura 9.1 Jogos em cadeia.

DESENVOLVENDO A LINGUAGEM CIENTÍFICA POR MEIO DO JOGO: CONEXÕES COM A ALFABETIZAÇÃO

O desenvolvimento linguístico é central para a aprendizagem de ciências, e os jogos que ajudam nisso devem ser incentivados. O bingo, os jogos em cadeia e o emparelhamento de palavras com as definições são fáceis, divertidos e prazerosos. O bingo e os jogos em cadeia (Figura 9.1) são mais efetivos se jogados em grupos com níveis variados de capacidade, ao invés de todos os jogadores terem suas próprias cartas. Essas atividades podem ser usadas posteriormente como jogos individuais, quando a confiança e a compreensão do vocabulário aumentarem.

Os jogos em cadeia começam com um aluno ou o professor lendo a primeira questão, e a resposta sendo fornecida em um cartão em outra parte da sala. A pessoa com a resposta correta lê sua questão e, assim, se forma a cadeia (ou conexão). É importante que as palavras usadas sejam discutidas com a classe, pois os alunos podem sugerir mais de uma resposta, e a precisão no uso das palavras é um dos aspectos mais difíceis para os alunos desenvolverem em ciências.

O bingo temático (Figura 9.2), por exemplo, sobre forças, ajuda os alunos, expondo-os ao vocabulário científico, e promove a aprendizagem por imersão. O desenvolvimento do vocabulário sempre é uma área em que os alunos precisam de ajuda, e a imersão regular por períodos curtos de tempo é mais benéfica do que a exposição apenas uma vez por semana. Lemke (1990, p. 24) sugere que aprender ciência é como aprender uma língua estrangeira, onde a imersão e o envolvimento regular promovem a compreensão e a proficiência. Geralmente, no bingo, a meta é encher a cartela, mas aqui, por limitações de tempo, os alunos podem jogar apenas para completar uma linha. Nesse caso, o professor seleciona palavras segundo o tópico científico em estudo e lê as definições para os alunos. Embora muitos jogos desse tipo sejam produzidos comercialmente, eles podem ser criados de forma fácil e barata usando cartões. Desse modo, o jogo pode ser preparado para as diferentes necessidades de alunos específicos e pode tornar essas ideias acessíveis para todos.

A "forca" científica pode desenvolver o vocabulário visual dos alunos. Quando descobrem a palavra, os alunos podem ganhar pontos extras do professor, se souberem definir o termo corretamente. Nesse caso, há espaço para discussão e para exploração do significado dos termos e, portanto, a longo prazo, os alunos se tornam mais capazes de definir termos com precisão.

Ensino de ciências **165**

| Vidro | Transparente | Condutor elétrico |

| Metal | Inflamável | Temperatura |

| Isolante térmico | Soluto | Evaporação |

| Palavra científica que significa que a luz pode atravessar o objeto | Medida do quanto algo está frio ou quente |

Figura 9.2 Bingo.

"Pense em três" é um jogo fácil e rápido para estimular os alunos a usar suas habilidades de pensamento. Por exemplo, "diga três sólidos que sejam opacos". Para aumentar a demanda, pode-se pedir para alunos maiores, em grupo, pensarem no maior número de sólidos opacos que conseguirem em três minutos. Ao final do tempo, o grupo que tiver conseguido pensar no maior número pode compartilhar suas ideias primeiro. Isso permite discutir as respostas mais comuns. Outros grupos podem adicionar exemplos que o primeiro grupo não tiver incluído. Essa discussão desenvolve as conexões nos cérebros dos alunos e os recorda de coisas que já sabem (Ward, 2007). O fato de que não existe apenas uma resposta também faz os alunos pensarem de forma criativa. O debate e a discussão que se seguem a essas atividades são tão importantes quanto a lista gerada, pois o discurso aumenta os escores em testes nacionais (Mant, Wilson e Coates, 2007). Um exemplo disso foi fornecido por um grupo de alunos da 6ª série, que tiveram um debate bastante intenso sobre a pasta de dente, como resultado do desafio citado.

Jogos de palavras cruzadas e caça-palavras sempre foram usados em ciências, juntamente com procedimentos de preencher lacunas. Quando apresentado na forma de folhas de exercícios, o foco da lição pode se perder facilmente e, junto com ele, perde-se a diversão. Porém, não precisa ser assim. Se as palavras cruzadas forem feitas em um quadro interativo, pode-se criar uma atividade de abertura efetiva para a aula. Os alunos podem trabalhar juntos, por exemplo, com alguns grupos resolvendo as palavras horizontais, enquanto outros se concentram nas verticais. Essa é uma maneira fácil de introduzir diferenciação, e ajuda os alunos não apenas com o desenvolvimento de vocabulário, mas também com a ortografia das palavras científicas, pois, se as palavras forem soletradas incorretamente, não se encaixarão nos espaços.

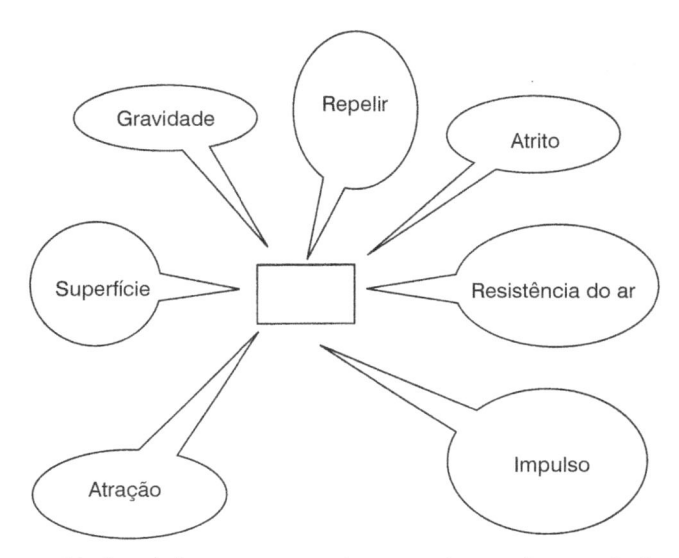

Você pode fazer uma pergunta para cada uma das repostas?

Figura 9.3 Folha de desafios: "Qual é a pergunta?".

A ortografia das palavras científicas deve estar conectada com a alfabetização para alunos maiores, devendo-se estabelecer ligações com os requisitos do vocabulário técnico da alfabetização. O uso de um pequeno *notebook* para a coleta de palavras científicas pode ser útil. Melhor ainda, se esse dicionário científico pessoal é, então, ampliado ao longo do estágio, ele pode se tornar bastante útil para referência futura. O uso de palavras cruzadas pode ser modificado usando-se uma palavra cruzada preenchida, mas sem as pistas, devendo os alunos fornecer as definições, que podem ser adicionadas a seus dicionários científicos.

Começar pela resposta e desenvolver a pergunta (Figura 9.4) proporciona a oportunidade de pensar em maiores detalhe. Por exemplo, tendo a resposta "espaço", podem-se fazer muitas perguntas, desde "Jornada nas Estrelas, a última fronteira" "aos sons não se propagam nesse meio", e muito mais. O foco nas perguntas possíveis pode levar a uma discussão com os alunos sobre a qualidade e a categorização das perguntas feitas – por exemplo, aquelas que são perguntas verdadeiras e as respostas que realmente são definições. Essa categorização das questões é uma habilidade que pode ser desenvolvida a partir desse tipo de atividade, que se relaciona muito bem com outros aspectos do levantamento de questões, discutidos em outras partes do livro. Mesmo os professores consideram essa atividade desafiadora, mas o desafio também traz recompensas e prazer para o professor!

Retirar o termo comum "forças" da caixa do centro (Figura 9.4) é um bom ponto de partida para possibilitar que os alunos associem umas ideias a outras.

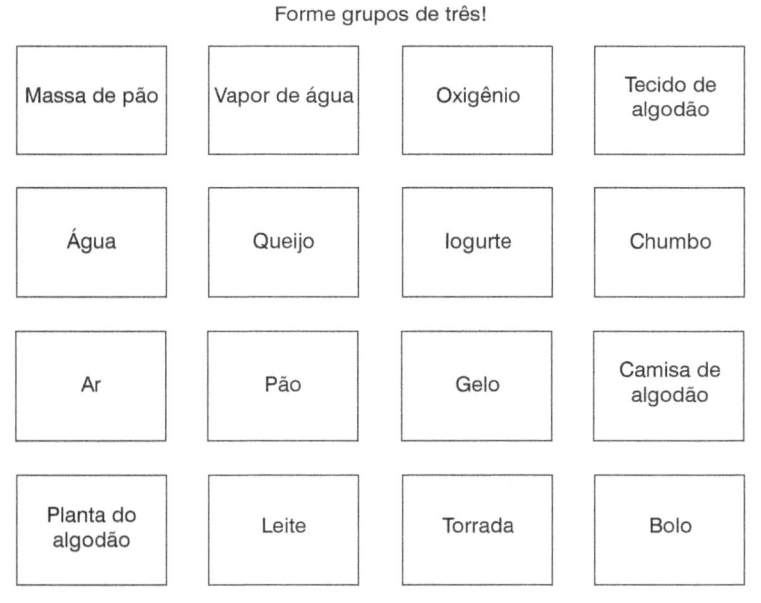

Forme grupos de três!

Massa de pão	Vapor de água	Oxigênio	Tecido de algodão
Água	Queijo	Iogurte	Chumbo
Ar	Pão	Gelo	Camisa de algodão
Planta do algodão	Leite	Torrada	Bolo

Figura 9.4 Grupos de três.

Todas essas ideias dão a oportunidade para os alunos desenvolverem suas habilidades de comunicação e sua capacidade de trabalhar cooperativamente em grupo, enquanto, simultaneamente, desenvolvem seu conhecimento e seu entendimento científicos. Os resultados desse trabalho podem ser conectados com aulas de alfabetização relacionadas com a aprendizagem e com o questionar. Essas atividades podem promover o pensamento dos alunos e devem ser incentivadas. As habilidades de raciocínio também podem ser desenvolvidas pelo uso da ideia da "questão impossível". Por exemplo, "que material não pode ser lavado?". A ciência e a criatividade andam juntas, e as habilidades e as ideias relacionadas com o ensino que são usadas atualmente nas escolas primárias podem ajudar a abrir o caminho para promover e para incentivar os pensadores criativos do futuro.

JOGO DA MEMÓRIA VISUAL

O uso de jogos da memória pode aumentar a memória visual e a capacidade de fazer conexões. A memória não se encontra apenas em um lugar do cérebro, mas em todo ele, e pode ser aperfeiçoada com a prática (Ward, 2007). Pense na memória como um músculo, isto é, quanto mais é usada, melhor se torna. O "jogo do Kim" é um jogo de salão, que muitos alunos jogavam nos tempos anteriores à era do vídeo e do computador. Fornece-se uma variedade de equipamentos científicos adequados para o tema em estudo e permite-se que os alunos olhem o material por um certo tempo. Depois, os objetos são retirados da vista e pede-se que os alunos citem todos os materiais que foram apresentados e expliquem seu uso. Isso causa discussões sobre os tipos de equipamentos, bem como sobre seu uso. O desenvolvimento de habilidades de observação ocorre juntamente com o das habilidades linguísticas. Essas funções estão situadas em diferentes partes do cérebro e são levadas a trabalhar ao mesmo tempo. Retirar apenas um dos objetos pode alterar a atividade, fazendo com que os alunos identifiquem o que está faltando.

Fale sobre

Cartões ou perguntas começando com "fale sobre" podem ajudar os alunos com ideias ou conceitos científicos difíceis relacionados a suas vidas cotidianas, podendo ser usados para desafiar erros comuns. Comece escrevendo uma questão no quadro para dar início à discussão: "por que um cientista acharia estranho que sua mãe lhe diga para abaixar o volume da televisão?" ou "o que uma pessoa doente faria?".

Também funciona fornecer algumas frases verdadeiras e falsas sobre um tema, como o tabagismo ou as drogas, para desafiar um ponto de vista. Por exemplo, "todas as pessoas que fumam morrem", "fumar emagrece", "fumar escurece os dentes", "fumar faz você ser aceito na turma". Os alunos devem debater e avaliar as ideias fornecidas para refinar suas visões e opiniões, garantindo que possam usar evidências para sustentar suas visões. Esse é um bom ponto de partida para o trabalho com fatos e opiniões em outras disciplinas e pode evocar a necessidade de usar as habilidades de pesquisa. Além disso, também permite que os alunos discutam certos temas difíceis sem parecer que o professor está julgando o que ocorre em casa.

JOGOS PARA AJUDAR OS ALUNOS A FAZEREM CONEXÕES

Jogos como "forme grupos de três" (Figura 9.4) ajudam os alunos a fazerem conexões. Fazer conexões e identificar por que as coisas fazem parte de um padrão são habilidades científicas importantes. Esse tipo de aprendizagem é ativo e exige que os alunos se envolvam em sua aprendizagem. Existem diversos grupos de três elementos que são fáceis de identificar e dizem respeito à origem dos materiais. A atividade de "formar grupos de três" ajuda a expor equívocos, por exemplo, alguns alunos não sabem que o algodão vem de uma planta e sugerem que: "o algodão vem da lã do algodão, é como uma ovelha, mas não vive aqui" (aluno da 2ª série em escola urbana). Os estados sólido, líquido e gasoso da água são fáceis de enxergar. Para aumentar o grau de dificuldade, pode-se pedir para os alunos procurarem outros gases ou identificarem três sólidos. As conversas dos alunos nas aulas de ciências costumam ser subestimadas, algo que deve melhorar em muitas salas de aula.

Os alunos também podem fazer conexões brincando de "encontre o diferente" (Figura 9.5). É importante começar com alguns objetos reais com alunos pequenos, para que consigam encontrar o padrão, aumentando o número de objetos com alunos maiores. Muitas vezes, há mais de uma resposta; isto é importante porque impede que os alunos enxerguem a ciência apenas como uma série de perguntas, e seu papel apenas como o de encontrar a resposta que o professor espera. A ciência, na vida real, não é predeterminanda, e pode haver muitas respostas, algumas das quais ainda não conhecemos. Use objetos reais ou imagens e palavras até ter certeza de que o vocabulário visual dos alunos está suficientemente desenvolvido para fornecer apenas palavras. Alunos de idades e de capacidades diferentes tendem a escolher objetos diferentes como o "diferente". O objeto escolhido dependerá, é claro, de seu conhecimento e entendimento prévios das propriedades dos materiais. Por exemplo, alguns alunos pequenos podem selecionar metais "porque fazem a luz refletir", enquanto a maioria dos alunos das séries iniciais provavelmente escolherá a madeira, pois "o resto

Figura 9.5 Encontre o diferente.

muda de estado". O metal pode ser escolhido "porque conduz eletricidade" e "porque é magnético". Um adulto pode selecionar metal, pois "não é formado por mais de um tipo de elemento", enquanto outro pode sugerir que o metal é o diferente porque "o resto tem carbono".

Embora seja possível criar jogos com recursos cotidianos, é importante garantir que o conhecimento aprendido nos jogos seja cientificamente correto, pois os alunos recordarão a atividade e o aprendizado. Também é importante lembrar que certas questões em ciências podem ter mais de uma resposta. Isso é importante e deve ser incentivado por meio dessas discussões, podendo-se desenvolver um entendimento mais claro do significado correto dos termos científicos.

Embora seja possível ensinar informações por repetição, para muitos alunos, elas somente ficarão na memória de curta duração. A aprendizagem por repetição não propicia uma conexão com experiências anteriores, e o aluno tira pouco sentido da aprendizagem. Como resultado, ele pode saber menos e ficar mais confuso do que antes da atividade.

CIÊNCIA EM CINCO MINUTOS

Existem momentos em que é importante fornecer questões, cuja resposta os alunos selecionam entre uma variedade de respostas fornecidas. A ciência em cinco minutos também está disponível no formato interativo (TTS, 2007). Ao selecionar questões, é importante incluir algum dos equívocos comuns, pois a questão "para que servem os dentes incisivos?" fez alguns alunos escolherem a opção B entre as seguintes:

A – para cortar a comida
B – para impedir que a comida caia da boca
C – para rasgar a comida
D – para triturar a comida

Mais uma vez, o importante não é apenas a resposta certa, mas *por que* ela é a resposta certa. Devem-se fazer perguntas para descobrir por que os alunos escolheram essa resposta e por que as outras respostas não estão certas. Em matemática, há uma ênfase em pedir para os alunos explicarem como encontraram a resposta, pois a resposta em si não era o único resultado da aprendizagem, mas as estratégias adotadas para resolver o problema também eram importantes. Essa ênfase também é importante em ciências, de modo que os alunos não deviam apenas aprender a resposta certa e aceitar ideias sem ter que articular o porquê de estarem certos. Mais adiante no ensino de ciências, essa capacidade de justificar as ideias será ainda mais importante e, fundamentalmente, é isso que é a ciência. A natureza da ideia científica é central nos programas de estudo de ciências para alunos com mais de 11 anos, e faz parte do Currículo Nacional Inglês revisado para as séries finais do ensino fundamental (DCSF, 2007). Os cientistas famosos que lutaram para desenvolver o imenso corpo de conhecimento que temos atualmente tiveram que justificar e convencer um público muitas vezes cético de que suas ideias estavam corretas.

Embora os desafios sejam uma abordagem efetiva de aprendizagem, eles estão relacionados à ideia de *brincadeira séria* proposta por Papert (2002), da mesma forma também é apresentar informações em diferentes formatos para garantir que os alunos consigam transferir seu conhecimento e seu entendimento de um contexto para outro. O exemplo de desafio apresentado na Figura 9.6 tem lacunas a ser preenchidas. Outros ciclos da ciência também podem ser usados para desafiar a compreensão dos alunos. Apenas trocar o sentido das setas já tem efeitos dramáticos para alguns alunos, assim como apresentar as mesmas informações como um fluxograma linear. Recomenda-se alterar o formato do trabalho, para estimular os alunos a pensar.

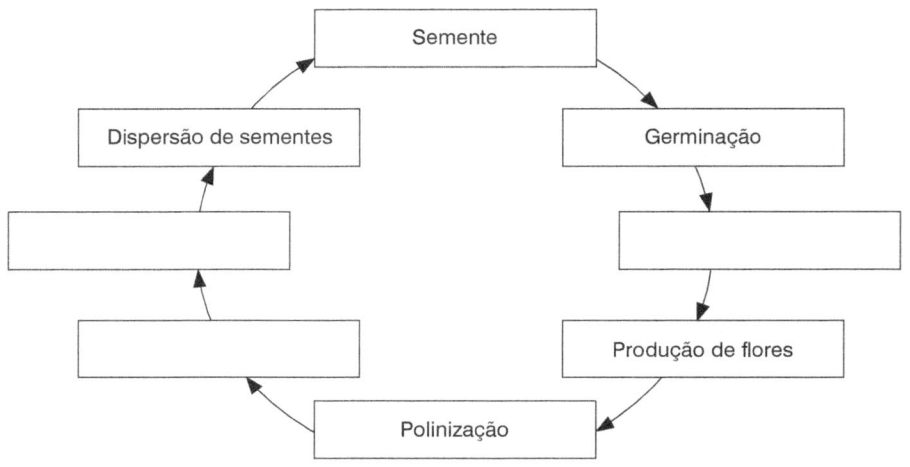

Figura 9.6 Ciclo de vida das plantas.

Diagrama circular com as etapas: Semente → Germinação → [caixa vazia] → Produção de flores → Polinização → [caixa vazia] → [caixa vazia] → Dispersão de sementes → Semente.

Jogar "20 questões", outro jogo popular do passado, pode proporcionar um desafio e ajudar os alunos a fazer perguntas efetivas. Elas devem ser questões que identifiquem o objeto selecionado pelo professor o mais rápido possível. Para jogar "20 questões", os alunos devem fazer perguntas cuja resposta somente possa ser "sim" ou "não", mas, se tentam adivinhar o objeto e erram, perdem uma vida. Os participantes também podem perder vidas se a questão não puder ser respondida com "sim" ou "não". Depois de jogar esse jogo regularmente, e "perder vidas", os alunos param de tentar adivinhar o objeto, por exemplo, "é um lápis?", e começam a pensar em questões que ajudem em qualquer circunstância, por exemplo, "é algo vivo?" ou "ele respira?". Quanto mais experiências eles têm, mais o foco muda para palavras e para questões científicas. Essas habilidades são vitais para que os alunos realmente entendam como dividir, agrupar e classificar, que são habilidades científicas fundamentais, que também são usadas ao fazer chaves dicotômicas, uma habilidade que os alunos consideram difícil.

JOGOS PARA CONSOLIDAR A APRENDIZAGEM

O uso de uma bola de praia com vocabulário científico escrito proporciona uma maneira rápida e fácil de recapitular as palavras. Joga-se ou rola-se a bola para o aluno, que deve explicar o que significa a palavra mais próxima do polegar direito, ou dar a definição da palavra para que os outros alunos da turma adivinhem a que se refere. Outros jogos linguísticos incluem ideias tiradas de programas de televisão, como jogos em que os alunos devem passar de um lado do quadro ao outro respondendo questões científicas cujas iniciais são identificadas no quadro (Figura 9.7).

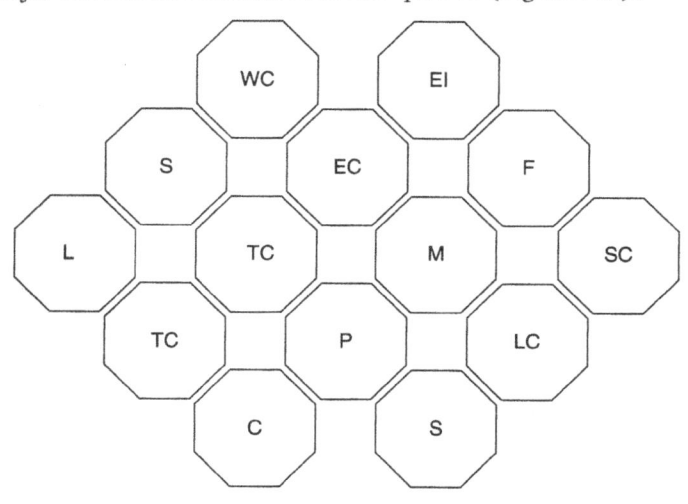

```
           WC          EI
      S         EC          F
   L         TC         M         SC
      TC         P          LC
           C           S
```

L, onde a planta faz seu alimento
Qual P é usada para separar materiais
Termo usado para descrever um material que deixa o calor passar facilmente, CT
P, organismo que preda os outros
M, materiais que são atraídos a ímãs
F, tipo de força
CS encontrado na cadeia alimentar
Verificar iniciais, também na figura

Figura 9.7 Jogo arrasa-quarteirão.

Existem muitos jogos de tabuleiro ou jogos de verdadeiro/falso que são produzidos comercialmente, bem como atividades que proporcionam que os alunos dramatizem elementos da ciência. As possibilidades são intermináveis. Embora nem todas as aulas devam conter jogos, os elementos dos jogos discutidos neste capítulo permitem mais aprendizagem, e algumas atividades relacionadas aos jogos devem ser incluídas no ensino de ciências em cada tema. Os critérios mais importantes para saber se um jogo deve ser usado dizem respeito à meta de aprendizagem das aulas. Se a meta de aprendizagem puder ser alcançada usando um jogo, a próxima decisão será decidir qual jogo usar, além de saber o que os alunos aprenderão como resultado do jogo. Os jogos não são a panaceia para o ensino inadequado em ciências, e somente devem ser usados em quantidades apropriadas para desenvolver habilidades e entendimento. Os jogos iniciais podem ter seu maior impacto quando motivam os alunos para aprender, enquanto, no grande grupo, propiciam que a aprendizagem se consolide. Alguns jogos são ideais durante a principal atividade de ensino da aula para grupos ou para indivíduos específicos. Todavia, nem todas as aulas de ciências seguirão um formato de três partes, podendo-se usar jogos em cinco minutos de intervalo em qualquer momento do dia ou da semana.

> **Resumo**
>
> Este capítulo apresentou o papel positivo que os jogos podem desempenhar dentro de um esquema de trabalho bem-planejado. Esses jogos não apenas podem ser motivadores e prazerosos para os alunos e para seu professor, como também podem reforçar efetivamente aspectos importantes da aprendizagem. Mais especificamente, os jogos apresentados foram justificados em termos de como podem ajudar no desenvolvimento do vocabulário científico juntamente com o conhecimento e o entendimento da ciência. De maneira importante, o capítulo mostra como os jogos podem ser usados para identificar e para lidar com as concepções errôneas dos alunos.
>
> Um aspecto importante ao longo do capítulo é que os alunos tenham oportunidades regulares para discussão e para trabalho conjunto. Não há como exagerar a importância de que os alunos se envolvam em trabalhos cooperativos. Os alunos de hoje crescerão para trabalhar em um mundo onde, se houver necessidade de informações, a internet as fornecerá, mas o trabalho em grupo e a cooperação serão as habilidades mais usadas na vida cotidiana.
>
> A palavra final sobre os jogos é que ainda existem muitos a ser inventados, modificados ou redescobertos, que melhorarão o ensino de ciências e a aprendizagem para os alunos. Aproveite!

SUGESTÃO PARA LEITURA

Mant, Wilson e Coates (2007) "The effect of Increasing Conceptual Challenge in Primary Science Lessons on Pupils" Achievement and Engagement". *International Journal of Science Education,* 29, 24 pp. 1707-19.

Questões organizacionais 10

Hellen Ward

Introdução

Este capítulo enfoca os requisitos organizacionais para o ensino de ciências. Discutimos a organização dos alunos, o equipamento e as atividades, pois afetam os objetivos de aprendizagem esperados dos alunos. Existem várias formas de agrupamento e de organização, e os escolhidos se baseiam em parte naquilo que deve ser ensinado, mas também têm um impacto sobre os recursos disponíveis, bem como na confiança e na experiência do professor. Os recursos e as formas de armazená-los também influenciam o ensino de ciências, sendo sugeridas algumas ideias. O capítulo termina com questões relacionadas à saúde e à segurança.

GRUPOS

O agrupamento ideal de alunos depende dos objetivos esperados para a aprendizagem. Para que os alunos aprendam a ler o termômetro, os grupos devem possibilitar que todos tenham acesso a um termômetro, com meios adequados para medir. Se os recursos permitirem, isso pode ser feito com todos os alunos trabalhando de forma independente, mas outras formas de agrupamento podem proporcionar que o uso dos recursos seja controlado com mais cuidado e proporcionem oportunidades para os alunos se alternarem, reforçando-se as ideias durante a discussão em grupo.

Como o foco do ensino de ciências está em aprender, e não apenas em cobrir o conteúdo, as atividades são tão importantes quanto a organização das mesas. Embora seja prática comum em modelos conteudísticos usar repetição e folhas de exercícios, os alunos têm mais oportunidade para aprender sobre a ciência quando trabalham em atividades interessantes em pares ou em grupos cooperativos. A maioria dos alunos lembra mais e faz um número maior de conexões quando discute ideias e debate questões. Quando as ideias e as visões dentro do grupo diferem, há mais discussão e, como resultado, existem mais oportunidades para aprendizagem. As escolhas de equipamentos também terão um impacto sobre o agrupamento – por exemplo, microscópios digitais possibilitam o compartilhamento da experiência e um debate animado, enquanto os microscópios manuais somente podem ser operados por uma pessoa de cada vez.

O trabalho individual é adequado para criar mapas mentais, mapas conceituais livres ou para o desenvolvimento de certas habilidades básicas. Os alunos sempre devem ser incentivados a registrar e a comunicar suas descobertas, com diferenciação em termos de recursos, apoios e resultados. Isso permite que todos "façam um *download**" de suas experiências, o que é necessário para fazer conexões com experiências anteriores de aprendizagem. Este acesso, ao contrário de copiar do quadro, exige pensamento independente e a participação do aluno.

O trabalho em duplas é necessário para atividades que exijam mais de um par de mãos. Fazer circuitos, dissolver açúcar ou testar paraquedas são atividades difíceis de fazer sozinho. O trabalho em duplas com níveis variados de capacidade permite que um aluno "menos letrado" se concentre na atividade, ao invés de tomar notas ou de ler instruções. A maior parte do trabalho ilustrativo pode ser realizada em duplas, e essas atividades não funcionam bem com um grupo grande, devido a limitações no espaço da mesa e nas oportunidades de acesso ao equipamento, com alguns alunos assumindo o papel de espectadores ou de "assistentes".

Embora o trabalho em duplas seja efetivo em muitas situações, quando os equipamentos e os recursos são limitados ou quando se planeja uma investigação completa, grupos de três são mais adequados. O trabalho em trios é muito bom para investigações completas, por causa das oportunidades que proporciona para os alunos assumirem papéis diferentes (ver Capítulo 5).

---

* N de R.T. A autora usa uma metáfora computacional para dizer que os alunos devem acessar as suas memórias para analisar a situação.

Quando forem usados grupos de quatro, deve-se ter cuidado, pois podem-se formar duplas ou um grupo de três com uma criança "solitária". Os grupos com mais de quatro crianças raramente funcionam, a menos que o foco seja em dramatização ou em discussão, devido ao número limitado de papéis possíveis. Um grupo maior, de cinco ou seis alunos com níveis variados de capacidade, pode funcionar com atividades de debate, quando se proporciona uma variedade maior de ideias. O problema com os grupos maiores é a dominação de um único aluno, com os outros se retraindo e assistindo, pois sobra pouco para fazerem. No ensino fundamental, o tamanho do grupo médio é de seis membros, que é grande demais para a maioria das atividades que são realizadas, sendo necessário usar grupos menores para uma aprendizagem efetiva. Os grupos grandes também têm a desvantagem de que todas as questões e as ideias passam pelo professor, que controla o debate. Essa questão não está relacionada apenas ao ensino de ciências e pode ser superada passando-se uma pequena bola ou um saco de feijões através da classe, permitindo que o aluno com a bola/saco apresente suas ideias, juntamente com as evidências a seu favor. A bola pode passar apenas entre os alunos, que podem ter visões iguais ou opostas. Essa atividade deve ser feita com cuidado com alunos menores, e todos devem aprender a debater e a discutir suas ideias. Além disso, também exige que os alunos escutem uns aos outros, e não apenas esperem pela bola para falar sua ideia, de modo que são necessárias habilidades reais de escuta.

Embora o número de alunos no grupo seja importante, a composição em termos do gênero e de capacidade também deve ser pensada. A formação do grupo depende das personalidades dos alunos, como interagem em unidade, juntamente com o estilo de ensinar do professor. Os grupos de amigos muitas vezes têm capacidades variadas e proporcionam apoio em alguns casos, mas distração em outros. Ter capacidade em ciências não é a mesma coisa que ter facilidade com números e letras; se Isaac Newton estivesse na escola hoje em dia, ele talvez não tivesse chegado no topo! Embora a formação de grupos de capacidades variadas combata isso, também é necessário dividir os grupos por capacidade em ciências para que os alunos progridam. Quando as atividades, na verdade, são atividades de alfabetização ocultas nas aulas de ciências, os alunos mais capazes em ciências não se sentirão desafiados.

Para o trabalho investigativo, grupos com capacidades variadas divididos pelo gênero ajudam todos os alunos. Quando alunos dos dois gêneros e com o mesmo nível de capacidade são reunidos, os resultados para os alunos e para os professores não são tão efetivos. Os mais capazes colocados juntos brigam e não conseguem decidir o foco a seguir, enquanto os menos capazes apresentam padrões claros de "desamparo aprendido". Os grupos de capacidade variada promovem o apoio aos colegas. Em grupos de gênero misto, os garotos coletam todo o equipamento, mas não conseguem/querem fazer o trabalho com as garotas, que se tornam as secretárias. A formação de grupos é uma habilidade do professor, que pode ter que alterar os grupos até encontrar grupos que trabalhem bem. Também haverá alguns alunos que considerem essas habilidades difíceis e que precisem mudar de grupo, para que nenhum grupo seja inferior em um determinado momento.

Embora o padrão para o trabalho investigativo pareça claro, isso não se aplica a outros tipos de ciência. Como a maior parte da aula compreende uma variedade de habilidades básicas e ilustrativas, o agrupamento nas aulas deve ser flexível, com a composição e o tamanho do grupo determinados com base nos resultados da avaliação formativa.

ORGANIZAÇÃO

Existem muitos tipos de organização possíveis para o ensino de ciências, e todos eles têm vantagens e desvantagens. A organização da aprendizagem deve depender principalmente daquilo que deve ser aprendido. O tipo e a quantidade dos equipamentos disponíveis, o tempo programado, implicações para a saúde e para a segurança, a experiência dos alunos com o aspecto da ciência em questão e suas habilidades de trabalho em grupo devem ser todos considerados. A escolha da forma de organização deve se adequar primeiramente às necessidades de aprendizagem dos alunos, mas pode ser selecionada por limitações práticas reais (ou percebidas).

Todas as organizações são variações do tema do grande grupo ou de grupos pequenos. A organização com a turma toda (Figura 10.1) é proveitosa para introduções às aulas ou para aulas em que todos os alunos estejam executando a mesma atividade ao mesmo tempo. Trabalha-se com toda a turma para compartilhar livros de ciências, para demonstrações e no trabalho com o grande grupo. O trabalho com grupos pequenos é adequado para situações em que os alunos estejam trabalhando em atividades diferentes, seja em um circo (Figura 10.3) ou quando apenas um grupo de alunos está fazendo uma atividade de ciências.

A organização com a turma toda, que trabalha com a classe como uma unidade, não precisa ser "escrever e falar". Nesse modelo, também é importante usar uma variedade de artefatos, discussões e imagens no início da aula. As vantagens dessa forma de organização são que a aprendizagem pode ocorrer dentro de um cenário familiar, buscando envolver todos os alunos. Existe um controle visível da sala de aula, bem como a meta de que os alunos consigam compartilhar suas ideias. No modelo de organização com a turma toda, existem oportunidades para demonstrar certos equipamentos ou aspectos do conhecimento disciplinar, proporcionando-se controle sobre a progressão e a continuidade. Todavia, existem desvantagens quando essa forma de organização dura toda a aula e é dirigida da frente, sem nenhum envolvimento dos alunos como indivíduos. Quando se leciona para a classe como um todo, é difícil garantir que todos os alunos escutem e estejam concentrados na atividade, pois a diferenciação somente é possível por meio de um questionamento efetivo. Os alunos podem estar relativamente passivos em sua aprendizagem, e haver pouco equipamento necessário, de modo que os alunos não tenham oportunidades para desenvolver as habilidades básicas.

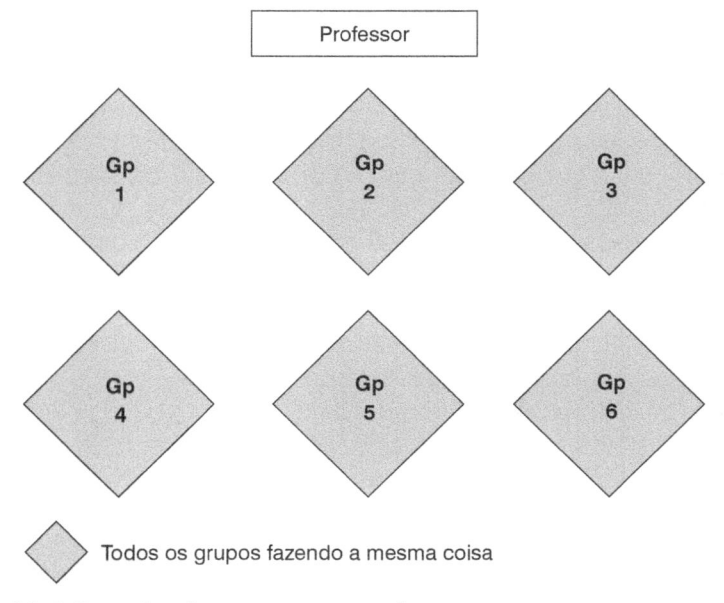

Figura 10.1 Organização para a turma toda.

Dar a mesma atividade para todos os grupos ao mesmo tempo, com todos os grupos fazendo o mesmo trabalho prático, tem uma vantagem, no sentido de que os alunos podem ter certeza do trabalho pedido, pois somente uma atividade é explicada. Os alunos conseguem trabalhar em seu próprio nível, e adquirem interesse devido à natureza prática do trabalho. O equipamento é o mesmo para cada grupo, de modo que a organização é simplificada e é possível diferenciar por resultado ou apoio. No grande grupo, existem oportunidades para compartilhar experiências, embora esse compartilhamento de ideias seja limitado pela quantidade de informações "novas" a dividir. As aulas planejadas dessa forma podem promover a progressão e a continuidade, mas apenas para a classe como um todo. As desvantagens dessa abordagem estão relacionadas à diferenciação e aos recursos. Com todos os grupos realizando as mesmas atividades, é difícil combinar isso com o indivíduo e, embora o equipamento seja fácil de organizar, a demanda é alta, pois todos os grupos precisam do mesmo equipamento. O planejamento da primeira aula de uma série usando essa forma de organização proporciona uma avaliação inicial dos alunos, mas o sucesso dessa organização depende de atividades de extensão e de apoio. A investigação independente em grupos pequenos, também conhecida como trabalho investigativo "centrado na criança" (Figura 10.2), possibilita que os alunos levantem suas próprias questões e sigam todo o processo de investigar uma ideia. As vantagens para os alunos são a motivação, a diferenciação e o desenvolvimento de habilidades para o trabalho em grupo (atitudes). A composição dos grupos pequenos possibilita combinar cuidadosamente as necessidades dos indivíduos. Assim, a progressão das habilidades dos alunos se torna mais provável, e se aumenta a oportunidade de aprendizagem compartilhada. As demandas pelo equipamento são grandes e podem ser complexas. O uso dessa organização exige agilidade mental e alguma forma de estruturação para os alunos. Essa forma de organização melhora com a experiência e a confiança dos alunos e dos professores.

A organização conhecida como "circo" (Figura 10.3), onde os alunos trabalham em diferentes atividades ao longo da sessão, ou durante várias sessões, tem muitas vantagens. Os alunos fazem muitas atividades relacionadas, proporcionando oportunidades para desenvolverem suas habilidades e sua compreensão. O interesse se mantém, pois o tempo para cada atividade é limitado, e a natureza prática intensa proporciona oportunidades de trabalho em grupo, desenvolvimento de habilidades e imersão em um determinado aspecto da ciência. Todavia, os "circos" têm algumas desvantagens básicas. A diferenciação é por resultado ou apoio e não é possível ter progressão entre as atividades, pois os alunos trabalham nelas em uma ordem diferente. Os alunos fazem as diferentes atividades ao

```
   ◇ Gp      ◇ Gp      ◇ Gp
     1/2        3/4        5/6

         [ Professor ]

   ◇ Gp      ◇ Gp      ◇ Gp
     7/8       9/10       11/12
```

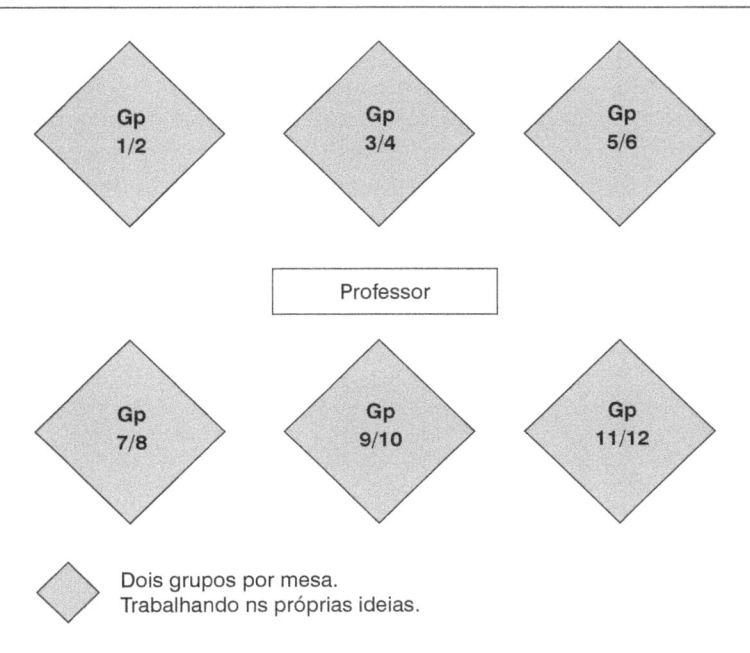

◇ Dois grupos por mesa.
Trabalhando ns próprias ideias.

Figura 10.2 Trabalho investigativo.

mesmo tempo, e as expectativas e os resultados dos indivíduos devem ser monitorados cuidadosamente, particularmente para aqueles que precisam de apoio. Pode ser problemático garantir que todos os grupos terminem a tempo para passar para a próxima atividade. Porém, com instruções claras e avisos do tempo, isso pode funcionar bem. Pela própria natureza da organização, existem demandas elevadas pelos equipamentos, e isso pode ser difícil de resolver. Mesmo levando todas essas questões em conta, é um método que muitos alunos preferem, e os circos parecem funcionar muito bem nas áreas das forças, do som e da luz.

O trabalho em grupos temáticos (Figura 10.4), na qual todos os alunos estudam ciências, mas nem todos realizam alguma atividade prática de ciências, está se tornando mais comum. Essa abordagem é produtiva para a introdução de habilidades e de ideias básicas e, como o professor se concentra em um grupo de alunos, é possível avaliar sua compreensão e planejar o estudo futuro. O grupo enfocado proporciona a oportunidade de uma interação com alto nível de qualidade, enquanto todas as outras atividades podem ser definidas dentro de um contexto ou tema. As desvantagens dependem do progresso dos alunos que não estão no grupo enfocado. Essas questões foram superadas na alfabetização e no ensino de números, tornando os alunos mais independentes em sua aprendizagem. A chave para o sucesso é o nível de desafio e de qualidade das atividades independentes. Embora consuma tempo e impeça que todos os alunos experimentem todas as atividades e seja problemática do ponto de vista da diferenciação, é uma estratégia organizacional produtiva, que possibilita a integração de fontes secundárias e de tecnologia em toda a unidade e é adequada a situações com limitações em equipamentos.

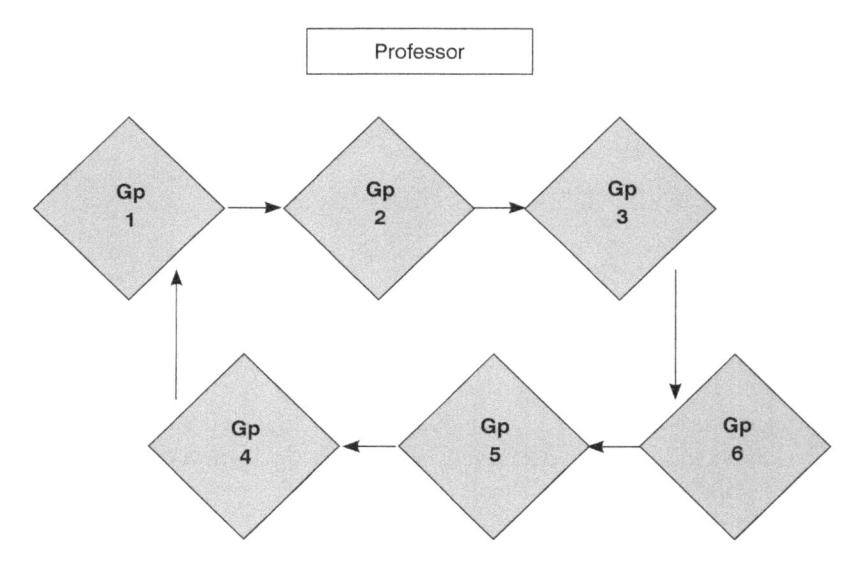

Figura 10.3 O circo.

Um aspecto aborrecidamente comum no ensino de ciências no nível fundamental é o professor fazer demonstrações com o apoio de uns poucos alunos escolhidos. Parece haver um controle visível sobre a progressão e o comportamento, e se necessita de pouco equipamento. É possível mostrar experimentos interessantes e animadores, que os alunos não poderiam fazer de forma independente, embora, na prática, as demonstrações costumem ser de atividades cotidianas que os alunos são bastante capazes de fazer por conta própria. As desvantagens desse método superam em muito quaisquer vantagens, pois as demonstrações são experiências "sem mãos e sem mente". As oportunidades para os alunos desenvolverem habilidades são limitadas, e é difícil avaliar o desempenho dos alunos. Todavia, as demonstrações são excelentes quando realizadas por grupos visitantes de ciências, pois são acontecimentos esporádicos que motivam e inspiram.

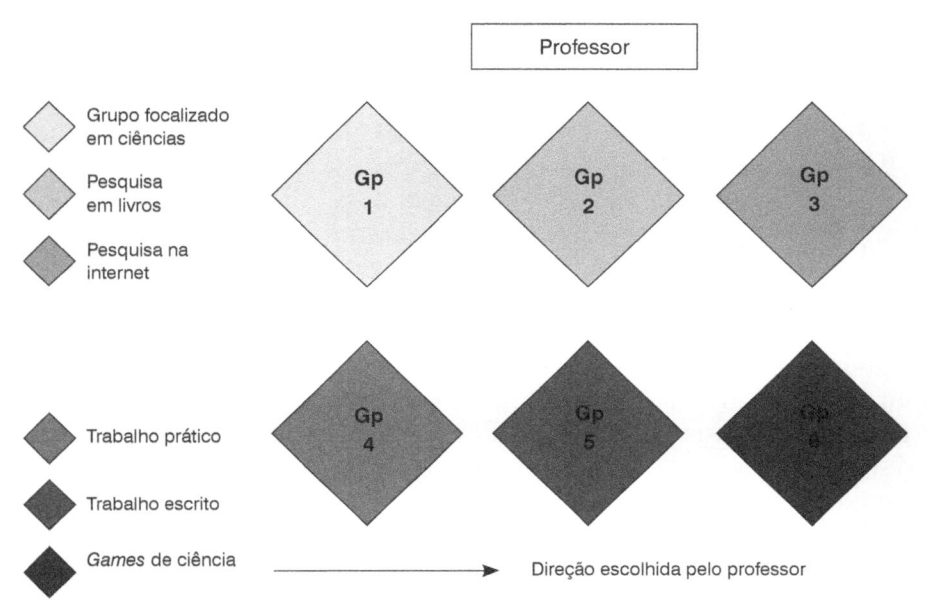

Figura 10.4 Trabalho em grupos temáticos.

A bancada de ciências, com uma demonstração interativa que desafie os alunos a fazer atividades práticas, é um modelo raramente usado de organização. Os alunos visitam a bancada ao longo da semana em grupos (ou duplas), em uma mistura de atividades exploratórias e ilustrativas iniciadas pelas próprias crianças. As atividades podem ser controladas e mudadas semanalmente para envolver e motivar os alunos. Se esse método for a única abordagem de ensino, a progressão é lenta. As avaliações são diretas, pois os alunos fazem a atividade um de cada vez, mas é preciso desviar tempo do ensino para isso. É necessário um tempo para instrução e para trabalhar com o grande grupo, e a hora escolhida para essas atividades importantes é problemática. Existem poucas demandas de equipamento em termos de quantidade, mas muitas em termos de qualidade e de variação da experiência em cada unidade de ensino. A natureza isolada das atividades, com oportunidades limitadas para os alunos compartilharem suas experiências e as dificuldades inerentes ao planejamento para indivíduos específicos, tornam essa uma escolha organizacional difícil. Embora mais comum nas séries iniciais, essa organização tem valor em todos os estágios do ensino, se for usada juntamente com outras abordagens.

A integração (Figura 10.5), em que a ciência é uma das muitas atividades disponíveis para os alunos escolherem em diferentes momentos do dia ou da semana, perdeu a preferência com a introdução das estratégias nacionais do ensino fundamental. Quando executada efetivamente em salas de aula do Estágio Fundamental, os alunos selecionam uma variedade de atividades dirigidas pelo professor e iniciadas pelas crianças no decorrer do dia ou da semana. A abordagem proporciona flexibilidade de tempo e recursos, diferenciação por atividade, progressão e avaliação. O foco claramente é centrado no aluno e em sua aprendizagem, e o adulto assume um papel de facilitador. A abordagem exige um certo estímulo direto, com atividades de seguimento e recursos planejados de antemão. Esse método exige um planejamento bastante cuidadoso e registros precisos, garantindo que os alunos não produzam trabalhos inadequados para progredir rapidamente para outra atividade. Esse fator não é exclusivo dessa forma de organização, mas necessita de monitoramento minucioso. As demandas de equipamentos, ainda que muito variadas, são reduzidas, pois apenas um grupo trabalha com ciências a cada momento.

Hoje em dia, com o desenvolvimento da tecnologia da informática, os programas de aprendizagem individual são viáveis. Esses programas permitem que os alunos trabalhem através dos níveis e experimentem atividades "virtuais" de ciências, e alguns sistemas também permitem armazenar as avaliações. Usando essa abordagem, é tecnicamente possível combinar a atividade diretamente com as necessidades do aluno, proporcionando diferenciação completa, progressão e continuidade. Todavia, as oportunidades limitadas para compartilhar ideias, para trabalho em grupo e para a manipulação de recursos e de equipamentos reais são desvantagens claras. A abordagem não desenvolve habilidades básicas de ciências ou reforça o entendimento de que as atividades de ciências "nem sempre têm a mesma resposta". Embora seja simples e fácil de operar, às vezes, perde de vista o que é a ciência. Nem todos os alunos aprendem efetivamente usando a aprendizagem não linear associada a atividades geradas no computador, e essas atividades devem aumentar, mas não substituir a ciência prática tradicional. Ainda que seja bastante sofisticada, o uso dessa tecnologia pode, na verdade, apenas proporcionar um caderno de exercícios eletrônico, que é um modo criticado de aprender.

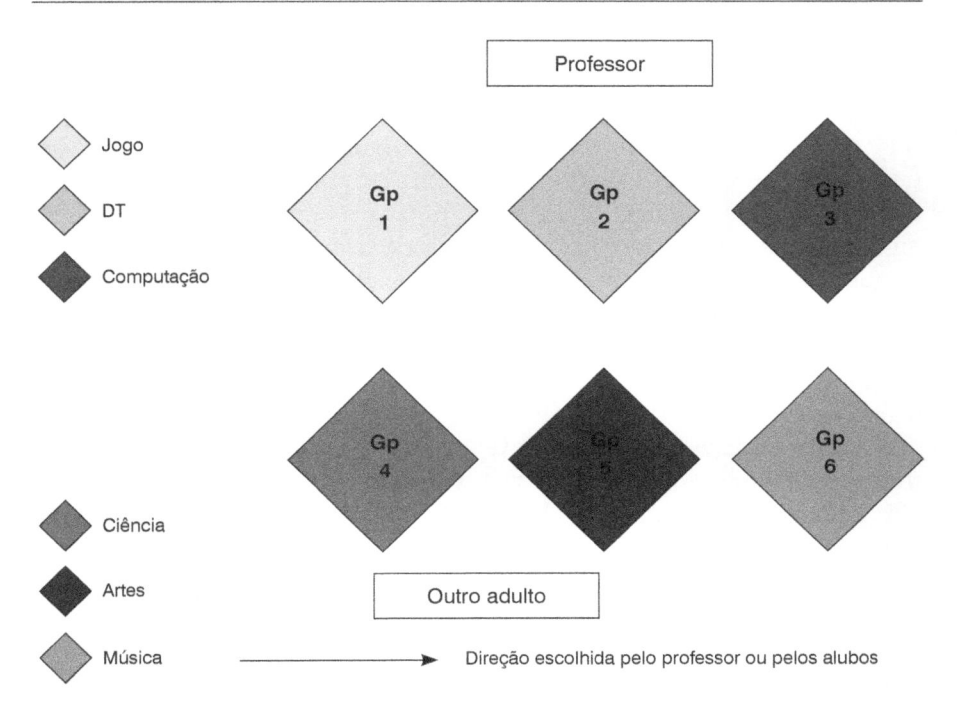

Figura 10.5 Integração.

O uso de uma variedade de abordagens organizacionais no ensino de ciências é a maneira mais efetiva de manter o interesse e de promover a aprendizagem. Começar algumas aulas com um formato com toda a turma, em que as ideias dos alunos sejam evocadas e anotadas no quadro, à medida que aparecem, é bastante efetivo. Isso pode ser seguido por atividades práticas em grupos, voltadas para coletar evidências, seguidas então por uma discussão com o grande grupo para avaliar as ideias originais. Nesse estágio, algumas das ideias originais dos alunos já não são mais viáveis, pois não terão evidências para sustentá-las. Elas são renovadas, levando algumas a ser desafiadas novamente. Esse ciclo de evocação de ideias, testagem para obter evidências e avaliação pode ocorrer mais de uma vez em uma aula.

O importante é mudar o estilo e o formato da aula. Com frequência, o modelo de aula em três partes imposto pelas estratégias domina as aulas de ciências. Algumas aulas podem durar uma manhã, enquanto outras podem conter muitas pequenas aberturas, práticas e avaliações.

As aulas que usam a organização do circo parecem bastante diferentes, mas é essa diferença que desperta os alunos para a aprendizagem e, talvez, os torne mais entusiásticos.

Independentemente do método de organização escolhido, o bom ensino de ciências deve ter uma oportunidade para discutir os resultados e as conclusões tiradas. A parte de "pôr as mãos" não terá êxito sem alguns elementos de "pôr a mente". Se a ciência for ensinada em sessões curtas à tarde, os elementos efetivos da ciência podem se perder ao final do período. É importante proporcionar oportunidades para os alunos explicarem o que enxergaram e entenderam, e isso ocorre no grande grupo. Embora esse fórum com toda a turma seja a opção favorecida, o uso único de abordagens de "contar e mostrar" não propicia que os alunos desenvolvam uma compreensão real. Para que a aula tenha uma conclusão de qualidade, é necessário um planejamento minucioso e imaginação na etapa de planejamento. O uso de uma mistura de dança, teatro, gravações ou dramatizações de telejornais juntamente com os métodos mais tradicionais proporciona que o trabalho com o grande grupo seja mais significativo e prazeroso para os alunos. Um grande grupo de boa qualidade permite que os próximos passos sejam planejados, mas não precisam ocorrer apenas ao final da sessão.

Embora o foco naquilo que os alunos devem aprender seja o fator fundamental na escolha da forma de organização, a experiência prévia com o trabalho em grupo terá um impacto sobre a aprendizagem. O comportamento dos alunos, seja ele real ou esperado, desempenha um papel importante nas escolhas organizacionais. A questão do controle é dificultada nas demonstrações com pouca experiência prática para o grande grupo, pois existe pouca coisa para motivar os alunos mais voltados para a prática. Todavia, apressar-se para iniciar o trabalho em grupo com uma disponibilidade plena de equipamentos não é a resposta, pois os alunos não terão experiência de como usar o equipamento ou trabalhar juntos. É necessário construir a confiança e discutir suas expectativas para as maneiras de trabalhar e para os resultados. Os alunos que foram direcionados demais perdem a capacidade de pensar por si mesmos. Sintomáticas disso são as perguntas de baixo nível que os alunos fazem relacionadas a "sublinhar títulos", "buscar recursos" e "onde escrever na página". Todavia, o agrupamento cuidadoso dos alunos, com atividades práticas claras, seguido por registro e por discussão detalhados, possibilita que aprendam ciência de um modo controlado e com o apoio necessário.

RECURSOS

A administração dos recursos difere de escola para escola. As decisões tomadas dependem do orçamento, do número de classes e do *status* da ciência como disciplina na escola. Embora não haja um modo único de organizar os recursos de ciências, parece haver certas maneiras que são mais eficientes. Os sistemas bem-sucedidos geralmente têm as seguintes características:

- Os recursos foram auditados.
- Há uma lista de recursos atualizados, incluindo fotografias e o número de cada item.
- Existe um sistema claro de armazenamento, com algum tipo de codificação.
- Existe um método para comunicar a falta de recursos entre a equipe de ensino e o coordenador.
- Existem sistemas para lidar com recursos "esporádicos".
- O armazenamento é organizado tanto centralmente quanto na sala de aula.

AUDITORIA DE RECURSOS

A identificação dos recursos como aqueles que são essenciais (E), desejáveis (D) e adicionais (A) é um bom ponto de partida. Entre os elementos essenciais, estão equipamentos de investigação em quantidade, como termômetros, *timers*, cronômetros, tubos de medição, balanças (preferencialmente as digitais), lentes de aumento (de vários graus), dinamômetros e recipientes. Embora seja essencial ter uma variedade de equipamentos eletrônicos de medição, é importante ter alguns sensores de mão para luz e som. Seria bom ter muitos microscópios e câmeras digitais, mas é essencial ter um de cada. As decisões dependerão da escola e estão sujeitas a mudar, acompanhando as mudanças e as inovações na tecnologia. Embora os jogos comerciais desenvolvam o vocabulário, eles são classificados apenas como desejáveis pois eles podem ser construídos. Contudo, é mais difícil fazer termômetros que funcionem.

Obter recursos e materiais para o ensino de ciências é um desafio e, com as mudanças nas expectativas nacionais, as escolas acabam ficando com equipamentos velhos e sem uso, além de recursos novos que já não se encontram no local central de armazenamento. Prometer anistia a quem devolver recursos e materiais é uma estratégia efetiva.

SISTEMAS DE ARMAZENAMENTO

A codificação colorida das caixas e das bandejas ajuda no armazenamento e na recuperação, assim como colar uma foto do material fora da caixa, juntamente com o nome. Armazenar todo o equipamento afim na área identificada por uma cor de caixa/bandeja também pode ajudar a organizar.

Organizar o equipamento em setores associados faz mais sentido do que em ordem alfabética. Por exemplo, recursos usados para medir a distância, recursos para medir forças, recursos para trabalhar ao ar livre. Manter arquivos de materiais em cada sala de aula ajuda os alunos a selecionar seu próprio equipamento, expondo-os ao vocabulário associado.

Como não existem "fadas" que arrumam as prateleiras, são necessárias ideias sobre como armazenar materiais na sala de aula. Se tudo for apenas empilhado em uma caixa, haverá caos, mas, se o equipamento for colocado em caixas ou sacos dentro de bandejas ou caixas transparentes, a prática em separar e organizar já começa na sala de aula. Os dispositivos que permitem que os professores coletem e retornem seu próprio equipamento dentro da sala de aula não precisam ser complexos. Em eletricidade, pendurar prendedores de roupa em cabides facilita o armazenamento do material, e possibilita que os alunos se responsabilizem por coletar e devolver seu equipamento. Colocar equipamentos elétricos em uma grande caixa de ferramentas, com um rótulo para cada seção, torna o armazenamento, a coleta e a reposição de equipamentos mais fácil. É importante fazer escolhas de materiais adequados, isto é, lâmpadas de voltagem certa, de 3,5 volts, ao invés de 1,5 volt, são recursos mais duradouros, com menos lâmpadas queimadas na sala de aula. O uso de baterias de 4,5 volts, que podem ser empilhadas, ao invés de pilhas de 1,5 volt, facilita o armazenamento, garantindo que o equipamento funcione quando necessário. Ao comprar de catálogos, se o material não for o mostrado na fotografia, a opção correta é devolver.

Se o equipamento não for fácil de encontrar ou de substituir, isso contribuirá para tirar o elemento de praticidade da aula de ciências. Todavia, haverá ocasiões em que o equipamento aparece depois da aula ter terminado. Esse equipamento é deixado na sala de aula, colocado em outro lugar, ou posto em uma prateleira entre caixas, para alguém encontrar depois, efetivamente retirando o equipamento do estoque da escola e impedindo seu uso por outros professores e alunos. Uma solução é reconhecer que isso é um problema e fazer uma caixa rotulada (Figura 10.6) para colocar o equipamento. Os assistentes de ciências podem colocá-los depois em seu local correto. O uso de assistentes de ensino em ciências está aumentando, com as escolas maiores usando mais de um. Em certas escolas, os alunos do Ano 6 atuam como monitores de ciências e ajudam o professor.

EQUIPAMENTOS FORA DO LUGAR

Figura 10.6 Rótulo para materiais e recursos.

A FALTA DE MATERIAIS

Os materiais de consumo são tão importantes quanto os permanentes, e é necessário ter uma rubrica no orçamento para pilhas, lâmpadas, açúcar e substâncias alimentícias para o ano todo. Todas as substâncias, incluindo açúcar e sal, devem ser rotuladas, e as substâncias químicas que podem causar problemas se inaladas, ingeridas ou tocadas devem ser avaliadas e guardadas em um local seguro. Um simples amendoim pode causar problemas para alguns alunos, e cristais de sulfato de cobre são venenosos, se ingeridos.

As estratégias de comunicação que possibilitam a troca de informações sem a necessidade de encontros presenciais são ideais, pois, mesmo com os melhores sistemas, haverá falta de materiais. A maneira como se lida com a falta de materiais pode fazer a diferença entre o ensino de ciências que é efetivo ou não. É importante ter um quadro branco e um pincel atômico na área de ciências, para as pessoas escreverem pedidos e sugestões (amarre bem o pincel atômico para impedir que fuja!), bem como enviar uma ficha de avaliação para todos os professores ao final da unidade de trabalho. Todavia, pedir a contribuição dos colegas somente funciona se houver uma ação posterior.

Com um planejamento cuidadoso, é possível obter emprestados alguns equipamentos que sejam usados apenas uma ou duas vezes por ano. As escolas de ensino médio locais podem ajudar, e isso proporciona oportunidades adicionais de conexões entre as fases.

Para que as aulas práticas de ciências ocorram com regularidade, é vital que se tenha equipamento. O ideal é que cada sala de aula tenha uma caixa de ciências, para potencializar os recursos armazenados centralmente. Elas podem conter uma variedade de materiais, como ímãs, lentes, espelhos, maçaricos, fitas métricas, termômetros, pipetas e seringas. Nas séries iniciais, essas caixas permitem que as crianças iniciem atividades. No final das séries iniciais, o equipamento na caixa da classe pode ter materiais que promovam experiências adicionais, por exemplo, lâmpadas de néon, para os alunos talentosos. Em todas as idades, pode-se adaptar o equipamento para proporcionar atividades interessantes e divertidas que relacionem a ciência a suas vidas cotidianas. Também é bom fornecer um objeto interessante para a classe a cada bimestre. A escolha dos recursos deve envolver todos os professores, pois a escolha é valiosa em todas as áreas de aprendizagem, e a motivação está ligada a ela. Uma lista de pedidos na sala dos professores possibilita compartilhar ideias, conscientizar e promover o interesse, resultando em aulas de ciências mais ativas, pois os professores estarão mais dispostos a usar equipamentos e jogos que eles mesmos escolheram.

SAÚDE E SEGURANÇA

A saúde e a segurança têm dois aspectos: primeiramente, o papel do professor e, em segundo lugar, o papel do aluno. Inicialmente, espera-se que os alunos sigam as instruções dos professores para controlar os riscos para eles mesmos e para outras pessoas. Isso progride até ser capaz de usar equipamentos e materiais adequadamente e agir para controlar os riscos.

Com frequência, supõe-se que, nas escolas de ensino fundamental, a saúde e a segurança são questão de bom senso. Uma publicação da Association of Science, chamada *Be Safe*, é voltada especialmente para as escolas de ensino fundamental, e foi distribuída para todas as escolas na maior parte das Autoridades Locais. A publicação foi preparada em conjunto com o HMI e o Health and Safety Executive. *Be Safe* apresenta, de um modo bastante claro, os principais aspectos da orientação de segurança que são necessários para ensinar ciência e tecnologia nas séries iniciais do ensino fundamental. O modelo traz orientações sobre atividades e recursos que são inseguros, mas também sugere alternativas que proporcionam um bom ensino e aprendizagem. A outra organização importante de saúde e segurança se chama Consortium of Local Education

Authorities for the Provision of Science Services (CLEAPSS). Mais de 95% das autoridades educacionais na Inglaterra, no País de Gales e na Irlanda do Norte são membros dessa organização. A função dessa entidade é dar apoio ao ensino prático de ciências, por meio de uma variedade de publicações e da prestação de treinamento no local de trabalho para professores e técnicos. Eles têm uma linha de atendimento telefônico, além de um serviço pela internet e respondem aos questionamentos de coordenadores de ciências.

Embora o bom senso costume ser um ponto de partida proveitoso, às vezes, ele não é suficiente, pois coisas que costumam ser consideradas perigosas, como o uso do papelão dentro dos rolos de papel higiênico, pode trazer pouco risco em situações da vida real, ao passo que objetos comprados em lojas de "1,99" sem a indicação adequada podem ser perigosos quando usados na sala de aula. A questão dos tubos de papelão do papel higiênico é interessante, pois é um dos materiais que a maioria dos professores diz ter sido banido. Sugere-se que as crianças podem pegar salmonela manuseando os tubos. Embora a opinião esteja dividida sobre a questão, o CLEAPSS acredita que não existe nenhuma evidência de problemas com o uso dos rolos, ou que os alunos possam se expor a um nível maior de germes do que na vida cotidiana.

A ciência deve ser divertida e interessante para todos os alunos, e as recomendações das organizações de segurança são que se deve fazer avaliações dos riscos, mas que o "cuidado exagerado", tornando arriscadas áreas que não trazem riscos, pode limitar as oportunidades práticas para os alunos. O uso de certos tipos de pilhas para trabalho com eletricidade costuma ser questionado. Novamente, é importante que os professores tenham compreensão de suas perspectivas locais. Em certas escolas, o uso desses materiais é banido. O uso de pilhas recarregáveis não costuma ser recomendado no trabalho com circuitos elétricos, devido à probabilidade de aquecerem demais. Todavia, elas são perfeitamente seguras para usar em brinquedos ou outros equipamentos cuja pilha fica protegida das crianças. As pequenas baterias de 9v também não são recomendadas na escola pelo perigo de serem inaladas ou ingeridas, e as baterias de carro estão na lista dos "não recomendados". Ainda que os bulbos de lírio sejam venenosos se comidos, desenterrá-los do pátio da escola para que nenhum aluno coma seria levar as coisas ao extremo.

Os professores devem fazer avaliações de risco para garantir que estejam cientes dos riscos e perigos associados às atividades cotidianas. Todas as atividades devem ser verificadas, avaliando-se os riscos quando realizadas pela primeira vez. Uma definição de trabalho simples dos perigos e riscos é:

> Um *perigo* é uma situação de ameaça potencial.
> Um *risco* é uma situação envolvendo a exposição ao perigo.

O perigo é a causa da ameaça, por exemplo, uma água fervendo é o perigo, e queimar-se seria a ameaça resultante, enquanto o risco dependeria da quantidade de perigo a que os alunos seriam expostos. Se a chaleira (uma ameaça potencial apenas se estiver cheia de água quente que possa queimar) estiver na sala dos professores, não existe exposição aos alunos na sala de aula. Contudo, se for trazida para a sala de aula, isso muda o grau de exposição e, dependendo do número de adultos e da idade das crianças, a exposição (o risco) pode ser considerada muito alta. Todavia, alguns professores avaliariam o nível de risco dessa atividade como baixo. As ameaças podem ser definidas como altas, médias ou baixas e, na sala de aula, uma ameaça alta é aquela que causa lesões de longo prazo. As ameaças médias podem ser consideradas aquelas que sejam desconfortáveis e possam exigir atenção médica, mas sem uma probabilidade grande de um efeito de longo prazo. Uma ameaça baixa tem efeito limitado. A mesma classificação se aplica aos riscos. Se o problema é provável de acontecer (exposição elevada ao perigo), isso seria avaliado como uma atividade de alto risco, ao passo que uma atividade de baixo risco seria algo que não aconteceria no cotidiano normal, exceto por um "ato divino". Depois que foram identificados os perigos e riscos, pode-se fazer uma avaliação de risco, que pode ser formal ou informal, dependendo dos requisitos da escola ou da Autoridade Local. Dois exemplos são apresentados a seguir.

- *Abrir pilhas*. Abrir pilhas é uma atividade perigosa, pois as substâncias químicas causam lesões na pele. É difícil abrir pilhas sem cortar os dedos ou as mãos. Como é difícil baixar o nível de risco, essa atividade tem um grau elevado de perigo, com um risco de médio a alto, e não deve ser realizada. Se for interessante que os alunos vejam o interior das pilhas, as escolas de ensino médio têm modelos protegidos por plástico.
- *Abrir fogos de artifício*. Obviamente, é uma grande ameaça, com o perigo de se queimar ou de causar cegueira e até morte. O risco de exposição ao perigo na sala de aula é elevado, pois o equipamento elétrico na maioria das salas de aula pode gerar faíscas. Por resultar em uma avaliação de perigo alto e risco alto, essa atividade

também não deve ser realizada em salas de aula do ensino fundamental. É aí que o senso comum nem sempre prevalece, pois um professor usou o senso comum para argumentar que era uma atividade interessante para crianças pequenas e, como não havia fósforos na sala de aula, não haveria risco dos fogos de artifício dispararem.

Para tomar decisões baseadas em evidências claras, é importante adotar uma visão equilibrada de saúde e de segurança e avaliar o grau de risco das atividades, para identificar perigos potenciais e avaliar o risco real de algo acontecer. Essas evidências podem mudar de ano para ano com diferentes grupos de alunos, mas é preciso criar atividades lúdicas e interessantes, enquanto se garante que a saúde e a segurança sejam consideradas.

As avaliações de saúde e de segurança são embutidas em muitos esquemas de trabalho. Porém, se os professores quiserem fazer atividades mais inovadoras e interessantes de maneiras mais criativas, todos os profissionais devem saber avaliar os riscos. Embora se deva incentivar a cautela, a vida real está esperando fora da segurança das escolas, e isso também deve ser considerado. Banir o uso de objetos de vidro quando o vidro pode ser encontrado em qualquer parte na vida cotidiana é míope. A educação para a saúde e a segurança também diz respeito a ensinar os alunos a lidar com a vida cotidiana. Se quebrarem um vidro fora da escola, o perigo pode ser maior, pela falta de exposição e de experiência. Nas salas de aula, os alunos não se envolvem na limpeza de vidros quebrados, e o professor sabe que deve embrulhar o vidro em jornal e não colocar no cesto normal do lixo. Discutir esses aspectos com os alunos ajuda a torná-los mais seguros em situações da vida real.

Esse segundo aspecto da saúde e da segurança, ensinar os alunos a identificar perigos e riscos, é importante. Usar uma situação cotidiana para começar o processo ajuda, e refletir sobre os perigos relacionados a andar de *skate* é algo que funciona bem. O processo começa com uma discussão sobre os perigos (riscos) do *skate*, que são avaliados segundo o impacto do perigo em uma escala de 1 a 3, com 3 sendo muito perigoso e 1 sendo de perigo limitado. Andar de *skate* puxado por um carro é algo que tem um nível elevado de risco (3), enquanto usar o *skate* em uma pista adequada é mais seguro (1). Devem-se incentivar os alunos a reduzir a exposição ao perigo – o risco – isto é, usando-se um capacete, a exposição ao perigo é menor. Se o *skate* for usado à noite em uma rua movimentada, a exposição ao perigo aumenta.

O objetivo não é preocupar os alunos, fazendo-os pensar que viver é algo totalmente inseguro, mas até mesmo cortar papel com a tesoura tem algum risco associado, se perdermos a concentração, ou se o fizermos correndo no pátio. Isso possibilita que os alunos entendam que têm um grau de controle e que podem tomar decisões que influenciam as coisas que acontecem em suas vidas. Uma vez que os alunos tenham uma compreensão dos perigos e dos riscos e de como podem ser avaliados, essas habilidades devem ser transferidas para atividades investigativas. Introduzir isso a partir dos 7 anos, em algum ponto de cada unidade de trabalho, propicia que os alunos satisfaçam o requisito de reconhecer os perigos nas coisas vivas, nos materiais e nos processos físicos e que possam avaliar os riscos e agir para reduzir os riscos para si mesmos e para os outros.

> **Resumo**
>
> O ensino efetivo de ciências exige que os professores usem muitos tipos e agrupamentos organizacionais diferentes. Foram sugeridos alguns tipos de agrupamento e formas de organização, com as vantagens e as desvantagens de cada um. Não existe um modo único de dar todas as aulas, recomendando-se uma variedade de agrupamentos e de organizações. Mudar o formato das aulas e agrupamentos foi sugerido como um modo vital de manter o interesse e de promover a motivação. A saúde e a segurança são importantes, especialmente em um momento em que a sociedade como um todo se torna mais litigiosa, mas isso não deve ser usado como desculpa para aulas tediosas. Se todas as aulas tiverem o mesmo formato, e os alunos deverem apenas absorver informações, ao invés de gerar suas próprias ideias e entendimento da ciência, ela continuará a ser um tema de pouca relevância para eles. Todavia, se a ênfase for nos alunos e em sua aprendizagem, os alunos de hoje poderão se transformar nos cientistas de amanhã.

SUGESTÃO PARA LEITURA

Galton, M., Hargreaves, L., Comber, C., Wall, D. e Pell, A. (1999) *Inside the Primary Classroom Twenty Years On.* London: Routledge.

Uso e abuso da tecnologia da informação e da comunicação 11

Hellen Ward

Introdução

A tecnologia da informação e da comunicação* (TIC) tem um enorme potencial de contribuição à aprendizagem de ciências, mas, por razões diversas, muitas vezes não é usada de maneira efetiva. Os professores muitas vezes não estão familiarizados com os programas existentes ou desconhecem as oportunidades de aprendizado que seu uso pode proporcionar, e podem ter dificuldade no uso do equipamento ou na preparação e no manejo do equipamento para a aprendizagem. Este capítulo começa com uma breve síntese da TIC e depois analisa os usos e os abusos, na perspectiva da sala de aula. O foco será nas questões mais amplas relacionadas ao ensino e associadas ao uso da TIC na sala de aula, ao invés de como se pode preparar e usar o equipamento de TIC. Sem dúvida, existem dificuldades práticas que surgem com o uso do equipamento, que muitos professores consideram frustrantes.

Alguns aspectos de TIC, como bancos de dados e planilhas, não são discutidos aqui, pois, embora sejam fáceis de usar, programas como *flexi tree* estão sendo constantemente atualizados e alterados. São selecionados exemplos específicos para ressaltar sua natureza inovadora, a facilidade de uso ou a ampla disponibilidade. Também não são discutidos detalhes de programas para auxiliar a escrita, como o *clicker*, bem como modificações em telas ou em teclados para necessidades educacionais especiais, pois outras publicações sobre TIC cobrem esses aspectos de forma muito mais efetiva. Ao invés disso, o foco deste capítulo está relacionado com a maneira como se pode usar a informática para ajudar os alunos a aprender em ciências, com conexões com a pesquisa e com estudos de caso para enfatizar aspectos da prática atual.

---

* N. de T. Tradução da sigla inglesa ICT ("Information and comunication technology). Neste capítulo será utilizada a abreviação TIC.

HISTÓRICO

Foi no início da década de 1970 que o primeiro computador de mesa foi criado, voltado para cientistas e engenheiros, e não para empresários ou para o público geral. No final do século XVIII, Charles Babbage criou a primeira máquina que fazia cálculos, mas foi o advento da II Guerra Mundial, no século XX, e a necessidade de decifrar códigos inimigos que levaram aos avanços nos projetos e no desempenho. Exatamente quem inventou o primeiro computador é uma questão que gera um grande debate no mundo da informática, mas provavelmente tenha sido Alan Turing, cujas ideias formaram a base para as máquinas hoje conhecidas como computadores.

Os computadores e a TIC são uma parte vital da vida cotidiana. Parece difícil crer que, há apenas 60 anos, os computadores eram estranhos, grandes e tão caros que nem mesmo as universidades tinham um. Hoje em dia, os computadores são encontrados em todas as escolas, também operam máquinas de lavar, são encontrados em relógios, no controle remoto e em muitos objetos cotidianos. Telefones celulares, aparelhos de posicionamento geográfico que se comunicam com aparelhos de mão que podem direcionar o carro, tudo isso contém tecnologia da comunicação e da informação. Suas aplicações são muito mais amplas que o *laptop* e seu *mouse*. Muitos objetos usados atualmente contém algum elemento de tecnologia da informação dentro deles.

Os primeiros computadores tinham apenas *hardware* e uma memória limitada, mas a invenção de ferramentas de *software*, que permitem escrever programas, e da programação, significou um aumento na quantidade de espaço na memória e outras capacidades. Atualmente, com a rede mundial de computadores e a internet, as informações estão disponíveis para a maioria das crianças no mundo desenvolvido, 24 horas por dia e sete dias por semana. Isso exerce pressão sobre os professores, pois essa tecnologia pode fornecer as respostas, mas a ciência está mais envolvida com as questões. Ainda assim, os pesquisadores sugerem que a TIC pode ajudar a melhorar as posturas dos alunos em relação à ciência.

> Esse aumento na quantidade de trabalhos práticos e investigativos em ciência, particularmente quando as crianças usam a TIC, teve um acentuado efeito positivo sobre seu prazer com a ciência. (Murphy, Beggs e Carlisle, 2003, em Murphy, 2003, p. 18)

EVIDÊNCIAS CIENTÍFICAS

O uso da TIC na ciência nem sempre foi recomendado, e alguns professores expressam a visão de que a TIC atrapalha e impede que as crianças pensem. Essa é uma visão limitada, mas o computador deve ser usado de um modo que dê suporte à boa prática científica. À medida que a tecnologia avançou, ela provocou debates sobre a igualdade de oportunidades e se todos os alunos devem ter os mesmos direitos ou se a demanda pela igualdade de oportunidades diz mais respeito a todos o alunos terem os mesmos resultados. Em uma pesquisa recente realizada pela *British Educational Communications and Technology Agency* (Becta) sobre o uso da TIC nas escolas de ensino fundamental, os professores relataram que a TIC ainda é mais motivadora para os garotos (Becta, 2007, p. 12). A Becta é o *website* governamental de tecnologia, e é crucial para tudo que diz respeito à TIC.

Ao contrário de ler um livro, a TIC é um meio não linear e, à medida que a multimídia se torna mais comum, com imagens e sons rápidos, há um debate sobre sua possibilidade de bombardear os cérebros jovens, mudando a própria maneira em que os cérebros das crianças se conectam e se desenvolvem (Greenfield, 2006). Todavia, existem pouquíssimas evidências para sustentar essas afirmações no presente.

Em uma era cada vez mais tecnológica, os alunos no começo do ensino médio devem saber quais tecnologias estão disponíveis para usarem, quando devem usá-la e por que ela deve funcionar para a atividade em questão. Para que os alunos possam fazer isso, eles devem usar uma variedade de tecnologias no ensino fundamental.

REGRAS PARA USAR A TECNOLOGIA DA INFORMAÇÃO E DA COMUNICAÇÃO

Existem três regras básicas para usar a TIC em ciências, desenvolvidas originalmente a partir de ideias apresentadas no *website* da Becta, www.becta.org.uk (2001):
1. O uso da TIC deve estar alinhado à boa prática no ensino de ciências
2. Ela deve possibilitar que os alunos satisfaçam a meta de aprendizagem
3. A TIC deve fazer algo que não possa ser alcançado sem seu uso ou possibilitar que seja alcançado de forma mais efetiva.

Essas sugestões foram atualizadas recentemente pelos *The Quality Principles for Digital Learning Resources* (2006). Os princípios recém--revisados contêm muitos aspectos importantes e informações sobre cada uma das seguintes questões pedagógicas:
- Inclusão e acesso
- Envolvimento do aluno
- Aprendizagem efetiva
- Avaliação para ajudar a aprendizagem
- Avaliação somativa efetiva
- Abordagens inovadoras
- Facilidade de usar
- Correspondência com o currículo

Os princípios revisados proporcionam maior profundidade e merecem uma análise mais minuciosa, que não será possível aqui. Todavia, as três regras básicas *exigem* uma análise maior aqui, pois sempre devem ser consideradas no estágio de planejamento das atividades de ciências:

Regra básica 1: o uso da TIC deve estar alinhado com a boa prática no ensino de ciências

A questão aqui é "o que significa boa ciência?". A boa ciência leva os alunos a pensar, a ser curiosos, a observar, a fazer medições, a olhar padrões e tendências, a identificar questões e comunicar suas descobertas e a uma variedade de outras habilidades. Se a aula apenas permite que os alunos assistam algo em um quadro branco interativo, passivamente, e não promove ou possibilita que façam suas próprias perguntas ou criem suas próprias ideias, essa não é "boa ciência" ou mesmo boa aprendizagem. Outro uso inadequado da TIC seria incentivar os alunos a olhar pequenas criaturas vivas no ambiente e depois usar a internet para identificá-las. A aprendizagem seria muito mais efetiva se os alunos levassem um livro de identificação ou uma página de animais com imagens, preparada pelo professor, em suas saídas de campo. Isso ajudaria na identificação de animais que fosse provável de se encontrar e garantiria o uso ideal do tempo. Provavelmente, poucas das pessoas que lerão este texto ainda não terão passado uma quantidade assustadora de tempo na internet procurando informações que nunca encontraram!

Outro aspecto da boa ciência seria ajudar a desenvolver atitudes científicas de cooperação, de tolerância à incerteza e de respeito pelas evidências, bem como habilidades de observação, de mensuração e de comunicação. Quando usada de forma efetiva, a informática pode promover em todos os alunos as características da "boa" ciência.

Regra básica 2: ela deve possibilitar que os alunos cumpram a meta de aprendizagem

Isso se refere à meta de aprendizagem em ciências! Não se espera que os alunos aprendam a usar o *hardware* e o *software* dentro do período de ciências do horário, e o foco da aula será firmemente enraizado nas ciências, e não no currículo de TIC. As aulas de ciências não devem se concentrar em como usar um programa de planilhas para inserir os dados coletados, mas devem proporcionar a oportunidade de usar e de aplicar habilidades relevantes aprendidas nas aulas de TIC para avançar com a aprendizagem de ciências. Se a maior parte da aula for gasta ensinando os alunos a usar o *hardware* ou os programas, não será uma aula de ciências, mas uma aula baseada nas habilidades de TIC. Por exemplo, os alunos devem aprender a usar bancos de dados em TIC antes que precisem usá-los, para que possam inserir dados ao fazer leituras nas aulas de ciências. Dessa forma, podem se concentrar nas observações relevantes, como a velocidade com que os copos de água esfriam, ou procurar padrões de uso e aplicação dessa tecnologia. Nesse caso, a TIC dá suporte à capacidade dos alunos de enxergar o que ocorre com a temperatura da água sem ter que desenhar o gráfico fisicamente, sobrando, assim, mais tempo para a interpretação dos dados em vez de para sua manipulação. Nesse exemplo, a *meta de aprendizagem* da aula pode ser "aprender a identificar padrões nos dados" e os *critérios* de sucesso podem ser:
- saber explicar o que aconteceu com a temperatura usando o gráfico
- usar as palavras "graus Celsius" e "mudança de temperatura" em sua resposta, e para alguns alunos
- explicar o gráfico usando essas palavras científicas.

Essencialmente, as metas de aprendizagem e os critérios de sucesso são científicos, envolvem uma resposta de maior nível dos alunos e facilitam uma avaliação efetiva, para informar o planejamento subsequente no nível individual e grupal. Dessa maneira, a TIC facilita todo o processo.

Regra básica 3: a TIC deve fazer algo que não possa ser alcançado sem o seu uso ou propiciar que este algo seja alcançado de maneira mais efetiva

Esse é o princípio mais importante relacionado ao uso da TIC. Se um livro tradicional for a forma mais rápida e eficiente de encontrar as informações necessárias, ou se o uso de imagens em uma tela não aumentar a aprendizagem, a opção da informática **não** deve ser usada. Se apenas um aluno for tocar a tela interativa, enquanto o resto da classe assiste passivamente o que está acontecendo, é improvável que a informática promova a aprendizagem. Se os alunos puderem anotar suas ideias em notas autocolantes enquanto trabalham, ao invés de terem que digitar o trabalho depois, a nota autocolante sempre vencerá.

No estágio de planejamento, deve-se constantemente fazer perguntas relacionadas ao "como", "porquê" e "quando" do uso da TIC, para que ela não seja usada em ciências para reforçar habilidades já existentes ou para passar o tempo. Contudo, se os alunos são levados a enxergar por que um tecido é mais à prova d"água do que outro usando um microscópio digital para olhar a estrutura dos materiais, o que não conseguiriam ver sem usar esse equipamento, a tecnologia estará contribuindo para a experiência em ciências. O público representado por outra classe de alunos que podem ser contatados por e-mail e podem comentar os resultados, além de compartilhar os seus, torna mais autêntico o ato de escrever uma conclusão e de comunicar os resultados, e faz o uso da TIC valer a pena.

Esses princípios devem ser seguidos independentemente de a TIC ser usada com alunos individuais, em grupos, com necessidades educacionais especiais ou mesmo por professores, ao prepararem e usarem a TIC para lecionar.

Estudo de caso 11.1 O abuso da TIC

Uma turma da 5ª série estava estudando as mudanças de estado. A TIC serviria para ajudar os alunos a usar uma variedade de fontes secundárias para aprender sobre a evaporação e a condensação no contexto do ciclo da água.

Os objetivos de aprendizagem de ciências eram:
- Identificar e usar uma variedade de fontes para obter conhecimento científico
- Usar os termos científicos "evaporação" e "condensação" ao descrever o ciclo da água.

Foram apresentados os termos "evaporação" e "condensação", por meio de uma apresentação introdutória no *PowerPoint*. Embora tenham feito boas conexões com uma aula anterior em que haviam derretido gelo e evaporado água de um copo, os alunos ainda estavam tendo problemas para pensar sobre o que eram a evaporação e a condensação. A seguir, os alunos deveriam trabalhar para descobrir o que a evaporação e a condensação significavam no contexto do ciclo da água. Eles foram instruídos a usar o "Google" e digitar as palavras "ciclo da água". Trinta minutos se passaram, durante os quais os alunos estavam ativamente envolvidos com *websites* que tinham informações sobre o ciclo da água. Eles tomaram notas para compartilhar com o resto da classe, que foram coladas no quadro na frente da sala, rotulado como quadro do ciclo da água.

Ao final de 30 minutos, havia uma variedade de notas no quadro, e a maioria dos alunos havia adicionado evaporação, condensação, precipitação, rio e mar ao quadro do ciclo da água. Exemplos típicos do que foi escrito nessas notas são:

"Esse ciclo da água está fundamentalmente ligado às trocas energéticas entre a atmosfera, os oceanos e a terra"
"O ciclo da água é mais antigo que o mundo"
"O escoamento superficial e a infiltração fazem parte do ciclo da água".

Durante a parte de *feedback* da aula, ficou claro que, embora os alunos houvessem preenchido a figura do ciclo da água, eles não tinham um entendimento maior do que eram a evaporação e a condensação do que tinham no começo da aula. As garotas que escreveram sobre as trocas energéticas disseram:

"A evaporação é água que vai para o sol, o sol passa para a nuvem, o vento vem e a nuvem fica pesada e a água cai".

Ao final da aula, um aluno explicou que:

"A evaporação é quando se transforma em ar. As partículas de ar na água vão para o ar e então elas não estão mais lá".

A aula termina com o professor dizendo aos alunos:

"Vocês rotularam certo nos diagramas, então eu não entendo por que não sabem o que é".

As pesquisas com o uso da internet funcionam efetivamente quando são fornecidos parâmetros. Os alunos gostaram de usar os *websites*, mas a maioria era complexa demais. Precipitação foi uma palavra que encontraram em todos os *sites*, juntamente com a expressão "ciclo hidrológico". Porém, ao final da aula, quando o professor perguntou "qual é o nome chique para chuva?", Josh sugeriu "gotejar", e embora várias outras sugestões tenham surgido, incluindo "ácida"

> e palavras novas como "competitiva", "particação" e "esqueci", nenhum aluno conseguiu usar a expressão corretamente.
> Ao final da aula, questionados sobre a condensação, um aluno disse: "é quando o vapor se transforma em algo quando se transforma em algo". Outro acrescentou: "é no espelho quando o vapor bate nele, ele volta porque seca e o espelho pega todos os pingos e pinga com a água. Não tenho certeza da evaporação".
> Esses não foram exemplos isolados e, infelizmente, são representativos da classe, pois todos os grupos receberam a mesma questão e nenhum foi capaz de demonstrar que tinha uma compreensão clara de nenhum termo como resultado da aula.

COMPUTADOR INDIVIDUAL OU REDES DE COMPUTADOR?

Quando a tecnologia do computador começou a ser introduzida nas escolas, o custo das máquinas fazia com que se instalassem apenas um computador dentro das salas de aula de ensino fundamental. Os alunos tinham que usar essa máquina em rotatividade, e a simplicidade e o custo do *software* impediam que fossem usados excessivamente. A maioria dos alunos não tinha computador em casa, e essas primeiras máquinas eram muito grandes, lentas e incômodas, em comparação com as que são encontradas nas salas de aula atualmente.

Com o advento de máquinas de menor custo e a mudança nas expectativas dos professores e no currículo, aumentou o número de computadores nas escolas. A razão de alunos por computador caiu à metade, de 12,6 alunos por computador no ensino fundamental em 2000, para 6,2 em 2006 (Prior e Hall, 2004). Em termos reais, isso significa que uma pequena escola de ensino fundamental de 60 alunos terá menos de 10 computadores, enquanto uma escola com 420 alunos pode ter quase 70 computadores. Para tirar o máximo dessas máquinas, muitas escolas hoje em dia implantaram redes de computador em salas desenvolvidas especialmente para esse fim, de modo que os alunos possam aprender a usar os programas em um mesmo lugar.

As redes têm uma vantagem para o ensino da TIC, mas, para que ela melhore o ensino de ciências, podem haver problemas. As salas de informática não são locais adequados para levar água ou aparelhos científicos, devido à natureza do equipamento, ao espaço na mesa e à configuração da sala. Além desses fatores, o fato de os computadores estarem conectados em uma intranet ou de terem acesso direto à internet não influencia os usos a que podem ser destinados.

Todavia, as escolas têm comprado muitos outros equipamentos portáteis, que permitem que os alunos trabalhem dentro e fora da sala de aula. Os novos dispositivos de inserção de dados têm telas de bom tamanho, são operados a bateria e não precisam estar ligados a um computador. As novas filmadoras também são práticas e têm uma tela grande, que ajuda os alunos a concentrarem seus esforços de maneira mais efetiva. Também existem telefones celulares que funcionam como rádios de comunicação remota, que podem ser disponibilizados na sala de aula e ser usados em ciências, para que os grupos possam se comunicar entre si ao realizarem atividades fora da sala de aula.

Para o professor, o controle dos alunos dentro da rede ou com um computador individual exige uma reflexão cuidadosa, da mesma forma que o controle dos alunos na sala nas aulas práticas de ciências. Será que todos os alunos conseguirão enxergar? Quais duplas de alunos trabalham melhor? Que tipo de agrupamento será mais proveitoso? Como podemos lidar com a questão da igualdade de oportunidades? Tendo em mente a pesquisa publicada pela Becta, pode ser necessário dar mais apoio às garotas. Muitas dessas questões não são específicas da ciência, mas são importantes para garantir que todos os alunos se sintam estimulados a tomar parte na aula de ciências e no uso da TIC.

CATEGORIZANDO O USO DA TIC EM CIÊNCIAS

A TIC pode ser usada efetivamente de diversas maneiras para ajudar na aprendizagem. Ball (2003) sugere que a TIC deve ser vista como

- uma ferramenta
- uma fonte de referência
- um meio de comunicação
- um meio de exploração

Em ciências, a *TIC como fonte de referência* muitas vezes exige acesso à internet ou o uso de CD-ROMs específicos. O *download* de informações da internet impede que os alunos usem *websites* que exijam uma capacidade maior de leitura, que não sigam a meta de aprendizagem ou que se confundam e frustrem. Criar uma *wiki* é uma forma de compartilhar informações e e possibilitar algo que os alunos adicionem a ela. Dispositivos de inserção de dados, câmeras e microscópios ajudam os alunos a *explorar*, auxiliando-

-os a desenvolver suas ideias e fazer as coisas acontecerem. É nessa categoria que se encaixa o *software* de simulação. *Comunicar a informação* pode ocorrer com o uso de vídeos ou de *podcasts*, e com o uso de microfones com uma saída USB, podendo-se registrar até quatro horas de som e baixar automaticamente para o Windows Media Player, disponibilizando os *podcasts* para muitos outros professores (www.easi-speak.com). A revisão do aprendizado é a área em que a TIC pode ter o maior impacto no futuro, pois os alunos podem se ver realizando atividades científicas e falar sobre o que estavam aprendendo, se suas ideias mudaram, além de desenvolverem uma compreensão das atitudes científicas envolvidas no trabalho em grupo. Sempre será produtivo categorizar os equipamentos de TIC e dizer que tal equipamento é apenas para referência ou apenas para compartilhar informações, mas a maior parte dos equipamentos pode ser usado de modos diversos, particularmente à medida que aumenta a confiança dos alunos e dos professores. A classificação dos tipos de equipamentos ficará a cargo dos profissionais no restante deste capítulo.

Também existe a questão do uso da TIC como ferramenta de ensino, em vez de aprendizagem. Outra área onde o debate deve ocorrer é se devemos usar a TIC para facilitar a aprendizagem. Na vida cotidiana, os alunos usam a TIC para se desafiarem no próximo nível ou no menor tempo e, geralmente, não se envolvem em jogos com baixo nível de dificuldade, pois trazem poucas habilidades e créditos. Talvez isso seja algo a ter em mente ao se usar e desenvolver a TIC nas escolas.

A LOUSA INTERATIVA E OS PROJETORES DE DADOS

> Atualmente, a TIC é usada com mais frequência nas escolas em atividades com a classe toda do que por grupos pequenos ou por alunos trabalhando sozinhos. (Becta, 2007)

É importante separar o uso da TIC como instrumento de aprendizagem e seu uso como instrumento de ensino. O uso da lousa interativa pode tornar as aulas mais interessantes, mas é uma ferramenta de ensino para a aula, em vez de uma ferramenta de aprendizagem para os alunos, do mesmo modo que um microscópio conectado a uma lousa aumenta as oportunidades para os alunos, mas não tem impacto direto sobre suas habilidades em TIC, ou sequer possibilita que aprendam. Os níveis de uso da TIC nas aulas aumentaram, principalmente por causa do uso de projetores de dados e de lousas interativas, e o número de lousas interativas nas escolas de ensino fundamental aumentou de 0,7 por escola em 2002 para 8 por escola em 2006 (Kitchen, Finch e Sinclair, 2007).

A lousa interativa propicia a oportunidade de motivar e de envolver os alunos. As apresentações de *PowerPoint* eram uma novidade interessante quando começaram a ser usadas na formação profissional e em cursos básicos de formação de professores no final da década de 1990, mas o uso exagerado desse meio já saturou muitas pessoas. Todavia, os alunos podem usar o *PowerPoint* como forma de organizar o que aprenderam e de desenvolver seu pensamento. Além disso, ele também pode ajudar os alunos a revisar o que sabem e a compartilhar suas ideias em um formato comum. O uso da lousa interativa deve ser questionado, pois, quando excessivo, pode levar os alunos a assistirem as imagens passivamente, esperando sua vez de ir à frente e tocar na lousa.

> O uso da lousa interativa não tornará uma aula ruim automaticamente boa. Da mesma forma, a inserção de uma lousa interativa não significa que a aprendizagem melhorará subitamente (Duffy, 2006, p.101).

Todavia, a lousa interativa tem uma importante contribuição a fazer para o ensino de ciências, pois seu uso permite que se guardem as ideias que os alunos tinham no começo do projeto. Embora, no passado, essas ideias muitas vezes fossem anotadas em um *flip chart*, elas não ficavam em um formato que pudesse ser guardado e olhado novamente. Quando são escritas na lousa interativa, elas ficam em seu estado original, podem ser modificadas, guardadas e impressas! Essas são vantagens com que os registros feitos em *flip charts* ou com lápis e papel não podem competir. Isso permite que os alunos enxerguem o que sabiam no início e o que sabem agora, e pode ajudá-los a avaliar como suas ideias mudaram. Essa abordagem se relaciona bem à maneira construtivista de ensinar, pois as ideias dos alunos são evocadas, registradas e revisitadas no decorrer do tópico de estudo. Ela permite que os alunos analisem se suas ideias têm apoio de evidências adquiridas com o trabalho prático ou com o uso de fontes secundárias, e ajuda os alunos a sempre reanalisar suas ideias. No passado, uma das questões fundamentais em relação ao ensino construtivista era que se poderia ter uma "classe cheia de ideias" e um esquema de trabalho que tornasse difícil lidar com elas. Todavia, se essas ideias forem armazenadas e revisitadas no começo de cada aula, usando uma lousa interativa, elas estarão à frente nas mentes dos alunos e será mais fácil para o professor estabelecer conexões com as ideias e o trabalho prático que está ocorrendo. Isso é muito mais proveitoso do que se forem reveladas no começo do tópico e nunca mais se voltar a elas.

Embora não seja usado de um modo amplo, talvez por causa da natureza nova da lousa interativa, também é possível armazenar as ideias das crianças de um ano para o outro, e isso ajuda a desencadear memórias que foram retidas, mas que podem precisar de ajuda para ser recuperadas. Isso é particularmente importante à medida que o currículo de ciências é coberto em um ciclo aparentemente interminável, por exemplo, as forças são tratadas na 1ª, depois na 2ª, 3ª, 4ª e novamente na 5ª série. Mesmo assuntos como a eletricidade são tratados em uma rotatividade de dois anos. Armazenar as ideias das crianças permite que elas sejam revisitadas juntamente com as fotografias dos modelos que criaram na época.

Armazenar o vocabulário de uma aula para outra e construir um banco de palavras-chave é um uso ideal e bastante efetivo para a lousa interativa. Em algumas aulas, essas palavras podem ser usadas para promover aquilo que os alunos pensam sobre as definições e seriam uma boa conexão com o uso de dicionários. Muitas palavras em ciências podem ser usadas para analisar as origens das palavras. A relação com a aprendizagem através do currículo é vital para que os alunos não percam de vista a aprendizagem como uma experiência para toda a vida, que não fica isolada em uma caixa chamada ciência, mas está ligada ao mundo real. Além disso, como esse vocabulário básico pode ser recuperado rapidamente, pressionando-se uma tecla, não há necessidade de fazer uma aula inteira sobre palavras e seu uso, podendo ser feito nos 10 minutos finais antes do almoço ou no fim do dia. O vocabulário científico deve ser reforçado regularmente. Embora a lousa interativa tenha muitos usos, ela está se tornando um dos aspectos que sofrem mais abuso no ensino de ciências, pois é uma área em que os alunos assumem um papel passivo, que é muito diferente da maneira como usam a TIC fora da escola (Becta, 2007).

SIMULAÇÕES

Pela sua própria natureza, existem certos aspectos da ciência que são difíceis de ver ou experimentar na sala de aula. Eles sempre causaram problemas aos professores. O debate sobre o trabalho investigativo que pode ser realizado com as Ciências da Terra continua desde que o Currículo Nacional existe. De fato, Sharp e Grace sugerem que a natureza muito teórica e nada prática de temas como a astronomia é que fez com que fossem retirados do programa de estudo do ensino fundamental (Sharp e Grace, 2004).

As simulações proporcionam a oportunidade de experimentar coisas que não podem ser feitas na sala de aula, o que é uma grande vantagem para esses programas. Poder ver o que acontece com o mofo ou com a taxa de evaporação quando a temperatura aumenta são aspectos que as simulações facilitam. Se as regras básicas da TIC forem usadas, essas atividades de simulação serão efetivas somente se fizerem algo que não possa ser feito sem seu uso, ou que possa ser feito de maneira mais efetiva. Mudar a temperatura para ver poças d'água evaporando ajuda a consolidar a aprendizagem, pois os acontecimentos reais demoram muito tempo. Enxergar a fase da lua usando uma simulação ajuda os alunos a entender a sequência. Existem problemas com alguns experimentos laboratoriais em ciências, nos quais os alunos poderiam facilmente fazer a atividade, e a simulação não tem qualidades interativas suficientes para envolver suas mentes. Por exemplo, as simulações de carros rodando em diferentes superfícies pouco acrescentam à experiência real. Embora evitem a necessidade de levar equipamento para fora e garantam que todos os dados sejam o que se espera deles, do ponto de vista da realidade, pouco acrescentam à experiência de aprendizagem para a maioria dos alunos. Os tipos de programas que, por exemplo, derretem manteiga quando se aperta uma tecla também são limitados, pois as imagens de muitos dos programas são tão diferentes da vida real que, mesmo que o professor saiba, as crianças não conseguem identificar o que está sendo mostrado.

MICROSCÓPIOS DIGITAIS

Todas as escolas de ensino fundamental da Inglaterra mantidas pelo Estado receberam microscópios digitais no Ano da Ciência em 2000. Atualmente, a maioria das escolas tem pelo menos um, e algumas têm um em cada sala de aula. Esses microscópios são fáceis de usar e têm programas acessíveis às crianças. O microscópio se liga ao computador por uma entrada USB, e o programa vem em um CD, juntamente com o aparelho. O fato de que o microscópio permite que os alunos vejam imagens em uma tela sem precisarem se debruçar sobre um visor tradicional facilita seu uso mesmo pelos alunos menores. Seu uso satisfaz as três regras básicas da informática, pois podem facilmente auxiliar o ensino de ciências, podem ser usados para dar suporte à meta de aprendizagem e são melhores que a maioria dos microscópios que eram usados nas escolas de ensino fundamental antes deles surgirem. Podem aumentar objetos 10, 60 ou 200 vezes, e as opções de filme, de fotografia ou de lapsos de tempo amplia o uso desses microscópios. Características extras, como a alteração da imagem, fazer uma apresentação de *slides* e a opção de transferir imagens para outros programas, como o PowerPoint e o *Word*, possibilitam que esses microscópios ajudem na aprendizagem ativa em ciências.

A opção de lapsos de tempo permite tirar fotografias do mofo crescendo no pão e depois mostrá-las aos alunos. Isso permite enxergar coisas que acontecem no fim de semana ou de forma lenta, em uma estrutura temporal que seja mais significativa para os alunos. O lapso de tempo é usado para mostrar a evaporação da água em diferentes situações, por exemplo, uma fatia de maçã é filmada durante o fim de semana. Outra sugestão é usar grãos de feijão para demonstrar a germinação.

Quando se usa a TIC, também existem questões pedagógicas em jogo. Todavia, a boa prática em ciências deve ser o aspecto decisivo – grupos de alunos usando o microscópio e mostrando aos outros sua apresentação sempre é uma opção de aprendizagem mais efetiva do que uma máquina controlada pelo professor e usada para mostrar algo aos alunos. A introdução ao microscópio pode ser como uma instrução à classe toda, mas, pela própria natureza do equipamento, funciona melhor treinar um grupo pequeno, que ajudará o resto da classe.

Alunos estudando a vida em lagos podem observar como as larvas se mexem e que elas não ficam na luz. A maneira como esses animais se mexem fascina os alunos, que começam a levantar suas próprias questões, e esse tempo de observação pode proporcionar pontos de partida para mais trabalhos investigativos. Um uso maior da opção de baixar e de transferir imagens para outros programas proporcionaria um uso mais amplo dessas imagens para ajudar em todos os aspectos da ciência.

EQUIPAMENTOS PARA REGISTRO DE DADOS

Os equipamentos de registro de dados podem fornecer resultados na forma gráfica, sem a necessidade de desenhar o gráfico. O equipamento não esquece de fazer leituras durante o recreio e pode ser programado para fazer registros a cada segundo ou dia. Modificações recentes nos equipamentos de coleta de dados levaram a um novo grupo de equipamentos que podem funcionar longe do computador. Essas unidades de mão têm uma tela e são portáveis, podendo ser reconectadas ao computador para baixar os dados. Elas também funcionam conectadas ao computador, podendo alimentar o projetor de dados, para que toda a classe possa ver a quantidade de ruído que está fazendo. Os equipamentos podem ser usados para fazer leituras de som, de luz e de temperatura, com sensores embutidos e destacáveis. A maioria dos sistemas oferece a oportunidade de registrar os batimentos cardíacos, embora muitos sensores da frequência cardíaca sejam caros e não funcionem de forma eficiente.

CÂMERAS DIGITAIS E FILMES DIGITAIS

Um uso efetivo da câmera digital é permitir que os alunos discutam seu próprio trabalho, ou suas atitudes ao trabalhar. Embora muitas salas de aula tenham câmeras digitais, os professores às vezes colam fotografias dos alunos fazendo atividades nos cadernos de ciências, como evidência da aprendizagem de ciências. Outra abordagem é usar essas imagens dos alunos como ponto de partida para uma discussão sobre o que estavam aprendendo, as questões que tiveram e como ou o que fariam diferente na próxima vez. Assim como as fotos de acontecimentos da vida real são lembretes de quem estava lá e de acontecimentos que teriam sido esquecidos, o uso de fotografias para estimular transformações e memórias é proveitoso em ciências. Outro uso efetivo das câmeras digitais é tirar fotos do equipamento que as crianças irão usar e transformá-las em um conjunto de rótulos adesivos (Ward, 2007), que ajuda as crianças menos alfabetizadas a gravar.

Estudo de caso 11.2

As crianças em uma escola de ensino fundamental de Kent tiveram um desafio no Natal: impedir que um sorvete derretesse. Essa atividade costumava ser feita pelos professores, mas, como as crianças deveriam decidir o que mudariam para descobrir como manter o sorvete pelo maior tempo, o professor tirou fotos das crianças trabalhando em grupos. Posteriormente, essas fotos foram usadas com os alunos para averiguar o que estavam pensando durante o trabalho. As fotos permitiram discutir memórias e experiências, e ajudaram na avaliação. Foram feitas perguntas sobre as maneiras de trabalhar em grupo e se o grupo havia trabalhado em conjunto, para verificar o que havia funcionado e o que eles fariam de maneira diferente se a investigação fosse repetida.

Figura 11.1 Fotografia e transcrição do trabalho com gelo (6ª série).

P: Vocês podem me dizer a que essa foto se refere?
CI: É quando a gente fez o experimento de ciências sobre quanto gelo derreteria se a gente isolasse ele.
C2: Na foto, nós colocamos lã grossa em volta do copo para isolar.
C3: A gente tava tentando saber quanto gelo derreteria lá fora, na estufa e na sala de aula.
P: O que vocês estavam trocando?
CI: A gente tava trocando o lugar do copo.
P: O que vocês descobriram?
C3: Descobrimos que lá fora é...
C2 Que derreteu mais devagar lá fora porque é mais frio, aqui dentro é mais quente.
P: Foi bom olhar a fotografia?
CI: É mais fácil com a fotografia porque a gente pode ver.
P: Como vocês avaliam a atividade.
CI: 9/10.
C2: 9/10.
C3: 9/10.
P: O que precisaria para ser um 10?
CI: Para ser um 10, a gente precisa de mais tempo porque não tivemos muito tempo, se você pensar a respeito!

(A atividade começou às 9:30 da manhã e terminou às 2:30 da tarde).

MATERIAIS PARA GRAVAÇÃO DE VOZ

Os gravadores são usados na sala de aula desde a década de 1950. Os sons gravados são usados para ajudar na identificação dos sons e de suas fontes, e o bingo dos sons é uma atividade popular, já há algum tempo. As crianças também têm oportunidades para usar as gravações para fazer reportagens, apresentando seu trabalho de ciências aos outros. Os gravadores ajudam a descobrir o que os alunos conversam na aula de ciências enquanto fazem seu trabalho investigativo em grupos para fins de avaliação. O uso mais atual da gravação na sala de aula está relacionado a uma tecnologia chamada *Talk time*. Cartões postais falantes permitem que os professores e os alunos selecionem e registrem mensagens que podem ser ouvidas depois. Quadros brancos em tamanho A4 com tecnologia *Talk time* permitem que os alunos registrem seus pensamentos por via oral e escrita. Isso pode ajudar na atividade de abertura, para evocar ideias ou como uma oportunidade de praticar habilidades como explicações, podendo ser usado repetidamente. O uso de *talk time tins* em quadros na parede ajuda no desenvolvimento linguístico.

Um dos novos usos divertidos da tecnologia *Talk time* são as "charges faladas", em que existem oportunidades de registrar até 24 informações separadas, que podem ser conectadas com apresentações, para fornecer informações sobre certos aspectos da apresentação. Uma excelente apresentação com som tinha um conjunto de questões visando fazer os alunos pensarem. Algumas questões desafiavam as concepções errôneas, outras eram questões de extensão e outras visavam fazer os alunos pensarem sobre as palavras que usam. Exemplos das questões usadas são "o som anda na água?", "quantas fontes de som você pode citar?", "qual é a diferença entre tom e volume?", "por que os cientistas não usam o termo "volume" quando falam sobre o som?", "existe som no espaço?".

Como com toda a tecnologia, ela funciona mais efetivamente se os alunos forem incentivados a interagir com ela, a se apropriar do uso, e se puderem fazer suas próprias escolhas. O abuso ocorre quando todas as gravações dos alunos são guardadas como evidência ou quando os alunos não participam da decisão sobre o que querem guardar e o que querem mudar. Os cartões postais com *Talk time* são efetivos quando se quer que as crianças registrem sua compreensão de conceitos básicos como evaporação, gravidade, etc. Permitir que definam esses termos, escutem sua explicação, tomem notas na lousa e gravem novamente até que estejam satisfeitos com suas respostas possibilita que ocorra uma aprendizagem real.

Os blocos de notas falantes são uma excelente característica da tecnologia *Talk time*, com um arquivo A3 com tecnologia *Talk time* embutida, no qual as crianças podem acrescentar comentários sobre seu trabalho. Isso possibilita que os alunos maiores usem os cadernos de maneira mais efetiva.

> **Estudo de caso 11.2**
>
> As crianças estavam investigando qual era a lanterna mais forte. Suas ideias foram escritas e registradas em desenhos e fotografadas. As fotografias se transformaram em um caderno de campo, onde as crianças podiam escrever comentários sobre a atividade, usando a oportunidade de gravar junto com o livro.

ÁLBUM DE RECORTES VIRTUAL

Muitos livros de exercícios de ciências para crianças com capacidades bastante variadas contêm trabalhos semelhantes. Em parte, isso se deve à necessidade percebida de evidências para provar que houve ensino de ciências. O resultado é que poucos alunos aprendem a escrever em ciências, e a explicação e a avaliação são os aspectos mais fracos da comunicação científica. Em vez de ter uma agenda de contabilização, é importante que os registros sejam feitos de uma variedade de maneiras e que o desenvolvimento da língua esteja ligado à maneira como os alunos aprendem. A TIC pode ajudar nisso, sendo usada para ajudar na criação de um álbum de recortes virtual. Selecionar alguns alunos a cada aula para registrar o trabalho em meio digital proporciona um maravilhoso recurso para os pais, alunos e outros professores, bem como supervisores e inspetores que possam visitar a escola. O trabalho pode ser incluído tirando-se fotografias do que os alunos estão fazendo e registrando a voz ou usando uma transcrição escrita. Isso pode dar vida às aulas de ciências, proporcionando uma oportunidade para mostrar o valor da gravação, dando uma chance para que todas as crianças apareçam, além de servir como um registro da "ciência em nossa classe". Além disso, também possibilita uma variedade de oportunidades de recodificação. Na Figura 11.2, há um exemplo da atividade "Partes das flores". Nas escolas que usam álbuns de recortes virtuais, há uma variedade maior de oportunidades, pois os alunos ficam livres para pensar criativamente, ao invés de pensar em "coisas simples que possam ser colocadas em livros".

Figura 11.3 Fotografia de uma flor, mostrando suas partes básicas.

REGISTRO EM MULTIMÍDIA DA NATUREZA E DA MUDANÇA

Embora o relatório de 1978 sobre as escolas de ensino fundamental tenha sido rigoroso em relação ao ensino de ciências nas escolas de ensino fundamental, as crianças na época tinham várias oportunidades de observar a natureza. Essa conexão com o meio ambiente é importante e pode estimular importantes questões ligadas à cidadania e ao "bem-estar". Tirar fotos e fazer observações de árvores, de plantas e do meio ambiente local durante o ano permite que os alunos tenham oportunidades de olhar novamente as mudanças muitas vezes imperceptíveis que ocorrem ao longo do ano. Essas imagens podem ser incorporadas ao álbum de recortes e, como a TIC é mais flexível do que um documento escrito à mão, os alunos podem inserir todas as suas observações e medições sobre as mudanças no meio ambiente em páginas que podem ser conectadas por *links*. A adição da multimídia aos álbuns de recortes pode tornar mais complexo um álbum linear. Os alunos podem ter acesso a textos, modelos de arte, a voz, a imagens estáticas e a clipes do ambiente em movimento.

As visitas de mães com bebês pequenos permitem que as crianças perguntem o que o bebê precisa, e isso as leva a pensar sobre como elas mesmas mudaram e cresceram. Registrar essas e outras visitas subsequentes, com entrevistas gravadas, propiciará um recurso para aprender sobre a mudança. O trabalho e o acesso seguros a fotografias e a vídeos exige uma reflexão cuidadosa, mas revisar o que foi feito pode ser um recurso valioso, além de uma maneira visual de colaborar com a memória dos alunos.

Outra mudança que ocorre é na duração do dia e, embora os alunos tenham a oportunidade de desenhar sombras em diferentes momentos do dia, essas muitas vezes são situações isoladas, que são problemáticas por causa das condições atmosféricas (o dia nunca fica ensolarado quando se planeja essa aula). Todavia, com um conjunto de medições e de fotografias tiradas durante muitos anos e armazenadas em meio digital, os alunos terão um banco de evidências para usar. Os professores podem usar fotografias, registros e as próprias explicações das crianças como um banco de recursos para promover a aprendizagem futura.

Mesmo os animais de estimação da sala podem ser registrados ao longo do tempo, para mostrar como eles crescem e mudam. Caracóis gigantes sempre são animais populares para os alunos observarem, investigarem e explorarem. Recentemente, uma aluna ficou hipnotizada ouvindo um caracol comer, enquanto o segurava com uma mão e o alimentava com um pepino com a outra. O fato de que o caracol não é silencioso ao comer aumentou a surpresa da experiência. Ovos de borboletas que se transformam em lagartas e depois em crisálidas e novamente em borboletas são memórias que podem ser registradas por meio de fotografias e palavras em um álbum de recortes virtual para a aula de ciências. Essas experiências permanecem com os alunos e muitas vezes são a coisa que lembram quando falam sobre uma memória de algo que gostavam no ensino fundamental.

Resumo

A TIC chegou para ficar, e as mudanças e novas tecnologias continuarão a melhorar a maneira como os alunos experimentam o mundo. Embora seja fácil lamentar a falta de pensamento pedagógico dedicado à introdução da TIC, não é apenas a TIC que apresenta essas questões, pois existe pouco valor pedagógico em uma planilha fotocopiada! À medida que o equipamento se torne menor, mais fácil de usar, e a quantidade de tecnologia na vida cotidiana continuar a aumentar, os professores continuarão a usar o que é efetivo e o que estiver disponível em suas escolas. Os professores do ensino fundamental enfrentam dificuldades para garantir o apoio técnico adequado, com um membro da equipe de ensino proporcionando o principal apoio técnico em 27% dos casos (Becta, 2007, p.14). Todavia, fora da escola, as crianças aprendem a usar grande parte da tecnologia relacionada à TIC por tentativa e erro, não desanimam com coisas "difíceis", e é melhor os professores aprenderem junto com as crianças do que não trazer o equipamento para a aula. O principal abuso da informática ocorre quando ela é usada como uma experiência de "cinema" para toda a classe, desligando as mãos e desligando a cabeça, o que pode não motivar ou promover a aprendizagem. Na Harnessing Technology Review de 2007, a Becta afirma:

> Sejam quais forem as razões, o uso de tecnologia para auxiliar a aprendizagem escolar baseada no currículo muitas vezes confere aos alunos um papel passivo, representando uma posição bastante diferente da forma como usam a tecnologia fora da escola. A abordagem pedagógica mais comum provavelmente não estimulará a variedade de competências que os empregadores e a economia em geral cada vez mais exigem. Além disso, potencialmente, traz o risco de um desajuste maior entre as experiências informais dos alunos em casa e na escola, possivelmente às custas do entusiasmo dos alunos com as experiências educacionais. Esta é uma época em que os debates sobre a personalização cada vez mais reconhecem a necessidade de conexões mais fortes entre a aprendizagem formal e a informal. (Becta, 2007,1 p.7)

SUGESTÕES PARA LEITURA

Meadow, J. (2004) *Science and ICT in the primary school: a creative approach to big ideas.* London: David Fulton
Murphy, C. (2003) Literature Review in Primary Science and ICT Report 5: Future lab. www.futurelab.org.uk/research/lit_reviews.htm
Skinner, N.C. e Preece, F.W. (2003) "The Use of Information Technology to support the teaching of science in primary schools", *International Journal of Science Education* 25(2), 205-19.
Wilson, E. Warwick, P. Winterbottom, M. (2006) *Teaching Primary Science with ICT.* Milton Keynes: Open University Press.

Glossário

Para garantir a coerência no uso de termos dentro do livro e também garantir que o livro seja lido com compreensão, definimos os termos a seguir.

Alunos: usado no decorrer do livro para descrever as crianças no contexto do ensino.

Crianças: usado quando houver uma questão mais ampla em discussão.

Esquema de trabalho: muitas vezes chamado 'plano de médio prazo'.

Experimentos: procedimentos científicos usados para demonstrar um fato conhecido na sala de aula. Os experimentos são usados para provar o que está acontecendo em uma situação prática. Muitas vezes, são usados indevidamente no ensino fundamental.

Exploração: quando os alunos têm a oportunidade de explorar objetos em seu meio (manuseá-los). A exploração é considerada um aspecto importante da aprendizagem para a maioria das pessoas em todos os estágios da educação e além dela. Portanto, ela envolve toda a faixa etária da escola e dos adultos. O propósito da exploração é permitir tempo para a observação e para os alunos se familiarizarem com objetos e levantarem questões sobre eles. Isso é importante para o desenvolvimento de habilidades e para o desenvolvimento da compreensão.

Habilidades básicas: são as habilidades processuais em ciências, incluindo a observação, e outras habilidades que começam com comparações simples que, posteriormente, levam a unidades padronizadas de medição, como, por exemplo, medir a temperatura e comparar amostras pelo tato e depois com o uso do termômetro.

Habilidades de exploração: são as habilidades desenvolvidas durante o trabalho exploratório. Incluem observação, questionamento, busca de padrões, relações causais (isto é, causa e efeito), comparações e o uso do vocabulário para descrever e para explicar.

Investigação científica: um termo abrangente, que envolve muitos aspectos da atividade. O Currículo Nacional (2000) denota a investigação científica como planejamento, obtenção e uso de evidências, juntamente com uma compreensão da natureza das ideias científicas. Atividades exploratórias, ilustrativas e investigativas estão nessa categoria.

Investigações: permitem aos alunos a oportunidade de realizar investigações completas ou inteiras, em que existam oportunidades claras de:
- identificar fatores e de mudar variáveis
- identificar fatores ou variáveis a medir ou a observar
- permitir que os alunos escolham

Jogo estruturado: quando o professor prepara uma situação, e quando o professor ou o assistente de sala de aula ou outro adulto faz perguntas dirigidas para satisfazer objetivos de aprendizagem possíveis, previamente identificados. Existe flexibilidade de abordagem quanto aos objetivos identificados poderem ou não ser alcançados na aula. Ao final da atividade, o professor/outra pessoa avalia a aprendizagem que ocorre, comparando com os resultados de aprendizagem possíveis, e os registrando com as evidências coletadas para fundamentar as conclusões tiradas.

Jogo não estruturado: quando o professor ou outro adulto fornece equipamentos, mas não existe um resultado claro pretendido. O papel do professor, nesse caso, é se retrair da atividade e observar, em busca de mais oportunidades informais para promover a aprendizagem a partir de um ponto de partida criado pela criança. A aprendizagem é avaliada individualmente.

Meta de aprendizagem: o objetivo da aula. É o que os alunos devem aprender, devendo incluir conhecimento, entendimento, habilidades e procedimentos, bem como posturas em relação à ciência.

Objetivo de aprendizagem: o que os alunos fazem na aula.

Processo científico: processo e procedimentos usados quando os alunos estão envolvidos em aspectos da investigação científica.

Programa de estudo: do Currículo Nacional e de *Curriculum Guidance for the Early Years Foundation Stage*.

Resultados da aprendizagem: especificamente, aquilo que se espera que os alunos aprendam na aula. São usados para propósitos de avaliação e diferenciados para diferentes alunos individuais/grupos.

Trabalho ilustrativo: aqui, o trabalho prático pode incluir os fatores a variar e a mudar, mas o professor é que faz a escolha. Os alunos não têm opção. Esses tipos de trabalho prático são vitalmente importantes, pois proporcionam oportunidades para os alunos aprenderem habilidades ou procedimentos importantes e também proporcionam oportunidades para que o trabalho prático ilustre algum aspecto do conhecimento da ciência.

Trabalho prático: quando os alunos têm a oportunidade de fazer experiências práticas usando 'suas próprias mãos'.
Dividem-se em várias categorias:
1. Investigações
2. Atividades ilustrativas
3. Experimentos
4. Habilidades básicas
5. Observações

Referências

Ashby, J. (2007), *General Teaching Council for England Survey* of *Teachers* 2004-06 Report *on trend data*. General Teaching Council for England. http://www.gtce.org.uk/shared/contentlibs/126795/93128/126346/207305/trend_rpt.pdf

Assessment Reform Group (ARG) (1999) Assessment *for Learning: Beyond* the *Black Box*. Cambridge: University of Cambridge, School of Education. http://www.assessment-reform-group.org.uk

Assessment Reform Group (ARG) (2002) Testing *and Motivation*. Cambridge: University of Cambridge, School of Education.

ASE (2001) *Be Safe*. Hatfield: Association for Science Education.

Becta (2006a) *Harnessing Technology – Delivery Plan*. Coventry: Becta http://publications.becta.org.uk/display.cfm?reslD=28223&page=1835

Becta (2006b) *The ICT and e-learning in FE Survey* 2006. Coventry: Becta.

Becta (2007) *Management, learning and improvement. A report on the further education sector's engagement with technology*. Coventry: Becta

Black, P. e Williams, D. (1998) *Inside* the *Black Box: Raising Standards through Classroom* Assessment. London: King's College School of Education.

Bruner, J. e Haste, H. (1993) *Making* Sense - the Child's Construction of the *World*. London: Routledge.

Butt, S., e Cebulla, A. (2006) *E-maturity and school performance - A secondary analysis of COL evaluation data*. London: National Centre for Social Research.

Butzow, C.M., e Butzow, J.W. (2000) *Science Through Children's Literature* (2nd ed) Green Wood Press.

Camp, L. e Ross, T. (2000) *Why: Meet Lily, the Little Girl Who* Always *Asks Why*. London: Picture Lion.

Clarke, S. (2001) *Unlocking Formative Assessment*. London: Hodder and Stoughton.

Clarke, S. (2003) *Enriching Feedback in the Primary Classroom*. London: Hodder and Stoughton.

Department for Education and Employment (DfEE) (1999) *National Curriculum: Science*. London: DfEE.

Department for Education and Skills (DfES) (2003) *Excellence and Enjoyment. A Strategy for Primary Schools*. London: DfES.

DfES (2007b), *Computer: pupil ratios from PLASC 2006.* London: DfES. http://www.teachernet.gov.uk/wholeschool/ictis/facts/
Digby, A. e Searby, P. (1981) *Children, School and Society in Nineteenth-Century England.* London: The Macmillan Press Ltd.
Dweck, C. S. (1999) *Self Theories: Their Role in Motivation, Personality and Development.* Philadelphia: Taylor and Francis.
Empirica (2006) *Benchmarking Access and Use of ICT in European Schools.* http://ec.europa.eu/information_society/eeurope/i2010/docs/studies/final_report_3.pdf
European Commission (2006) *Benchmarking access and use of /CT in European schools 2006: Final report from Head Teacher and Classroom Teacher surveys in 27 European countries.* Bonn: European Commission. http://europa.eu.int/information_society/eeurope/i2010/docs/studies/final_report_3.pdf
Foreman, J. (2002) 'An investigation into the impact of role play on children's attitudes and learning in primary science lessons'. Unpublished MA (Ed) dissertation, Canterbury Christ Church University College.
Gardner, H. (1993) *Multiple Intelligences.* New York: Basic Books.
Goldsworthy, A. (1997) *Making Sense of Primary Science Investigations.* Hatfield: Association for Science Education.
Harlen, W. (1978) 'Does Content Matter in Primary Science?' *School Science Review,* 59, (209): 614-25.
Harlen, W. (2000a) *The Teaching of Science in Primary Schools (3rd edition).* London: David Fulton.
Harlen, W. (2000b) *Teaching Learning and Assessing Science 5-12 (3rd edition).* London: Paul Chapman Publishing.
Johnson, G. (1999) 'Kidney role-plays', *School Science Review,* 80: 93-7.
Johnson, J. (1996) *Early Explorations in Science.* Buckingham: Open University Press.
Khan, B. Z. e Sokoloff, K. (2007) *The Evolution of Useful Knowledge: Great Inventors, Science and Technology in British Economic Development, 1750-1930* www.ehs.org.uk/ehs/conference2007/Assets/KhanilA.doc
Kitchen, S., Finch, S and Sinclair, R. (2007) *Harnessing Technology schools survey 2007.* Coventry: Becta. http://partners.becta.org.uk/index.php?section=rh&catcode=_re_rp02&rid=14110
Kolb, D. A. (1984) *Experiential Learning: Experience as the Source of Learning and Development.* Englewood Cliffs, NJ: Prentice-Hall.
Lawson, J. e Silver, H. (1973) *A Social History of Education in England* London: Methuen and Co Ltd.
Mendelsohn, R. (2006) Is *there a case for aggressive, near-term mitigation of greenhouse gases?* Accessed from http://www.cato.org/pubs/regulation/regv29n4/v29n4-5.pdf acesso em 18/12/07
Murphy. C. (2003) *Literature Review in Primary Science and /CT Report 5: Future lab.* www.futurelab.org.uk/research/lit_reviews.htm
Office for Standards in Education/Her Majesty's Inspectorate (OfSTED/HMI) (2002) *Ofsted Subject Reports 2000-01.* London: HMI. www.ofsted.gov.uk
Office for Standards in Education/Her Majesty's Inspectorate (OfSTED/HMI) (2003) *Ofsted Subject Reports 2001-02.* London: HMI. www.ofsted.gov.uk

Office for Standards in Education/Her Majesty's Inspectorate (OfSTED/HMI) (2004) *Ofsted Subject Reports 2002-03*. London: HMI, www.ofsted.gov.uk

Parliamentary Office of Science and Technology (POST) (2003) *Post Note Primary Science*. September. London: POST.

Pollard, A. e Twiggs, P. (2000) *What Pupils Say. Changing Policy Practice and Experience*. London: Continuum.

Prior, G. e Hall, L. (2004) */CT in Schools Survey 2004*, ICT in Schools Research and Evaluation Series No. 22. Coventry/London:Becta/DfES http://www.becta.org.uk/page_documents/research/ict_in_schools_survey_2004.pdf

Qualifications and Curriculum Authority (QCA) (1998) *Schemes of Work*, London: QCA.

Qualifications and Curriculum Authority (QCA) (2000) *Curriculum Guidance for the Foundation Stage*. London: QCA.

Qualifications and Curriculum Authority (QCA) (2004) *Standards at Key Stage 2 English, Mathematics and Science 2003*. London: QCA.

Qualter, A. (1996) *Exploring Primary Science and Technology: Differentiated Primary Science*. Milton Keynes: Open University Press.

Roderick, G. e Stephens, M. (1981) *Where did we go wrong? Industrial Performance, Education and the Economy in Victorian Britain*. Lewes: The Falmer Press.

Science and Technology Committee (2002) *Science Education from 14 to 19*. July, House of Commons/Stationery Office ISBN 0 21 5004221.

Science, Technology, Engineering and Mathematics (STEM) Programme Report (2006). DfES/DTI: London.

Sherrington, R. (1998) *ASE Guide to Primary Science*. Cheltenham: Stanley Thornes.

Smith, A. (1999) *Accelerated Learning in Practice*. Stafford: Network Educational Press.

Smith, R. e Peacock, G. (1995) *Investigation and Progression in Science*. London: Hodder and Stoughton.

Somekh, B., Underwood, J., Convery, A., Dillon, G. Jarvis, J., Lewin, C., Mavers, D., Saxon, D., Sing, S., Steadman, S., Twining, P. e Woodrow, D. (2007), *Evaluation of the ICT Test Bed Project Final Report*. Coventry: Becta. http://www.evaluation.icttestbed.org.uk/files/test_bed_evaluation_report_2006.pdf

Taylor, A. (1997) 'Learning science through creative activities', *School Science Review*, 79: 39-46.

Tol, R. (2006) *The Stern Review of Climate Change: a comment*

Van Ments, M. (1983) *The Effective Use of Role Play: A Handbook for Teachers and Trainers*. Revised edition. London and New York: Kogan Page.

Wiliam, D. (2003) 'Improving national assessment'. Presentation at the KSA; London, UK. June.

Índice

20 perguntas 172
A lagarta faminta 126
À prova d'água 143-144
Acclaim Project 22-23
Acompanhando a aprendizagem 108
Agrupando alunos 202-203
Álbum de recortes 100, 211, 212, 213-214
Alfabetização/letramento 15-16, 47, 108, 116, 126, 164, 166, 167, 178, 181
Alimentação saudável 108, 133
Arquimedes 31, 54-55
Arte 53
Arte e música 129
Atividade criativa 32
Atividades iniciadas pelas crianças 182-184, 190
   investigativas 83, 86, 96-97, 194, 196, 207, 211
   VAC 162
Atividades/tarefas ilustrativas 54-55, 71-72, 91
Autoavaliação 117
Avaliação 50, 71-72, 95-96, 104, 105, 107, 109--111, 113-115, 117, 119, 120, 121, 123, 124, 179-180, 182-184, 197-198, 200-201, 211
   cumulativa 197-198
   da aprendizagem 105, 107, 109-110
   de riscos 191-192, 193
   formativa 71-72, 121, 178
   para aprendizagem 105, 107, 109-110, 111, 120
Avaliações cumulativas 121, 123, 124
Avaliando 26, 35, 49, 50, 84, 117, 123
Avaliando evidências 26
Bancos de palavras 49
Becta 197-198, 202-203, 204, 205
Bingo 164-165
Bolhas 29, 32, 75-76, 77, 78, 102-103
Busca de padrões 49
   de palavras 164-165
Caixa de perguntas 36-37

Câmera digital 31, 55-56, 188, 208-209
Cartões "fale sobre" 168
Charges 47, 59-60
Chaves 63, 74, 135-136, 172
Ciências da terra 131
Cientificamente alfabetizado 14, 19-20, 70-71
Cientistas famosos 171
Classificação 52, 53, 59-60, 62, 63, 66, 67, 74, 94, 102-103, 114, 115, 116,172
Classificando 34, 58, 94, 114
Cleapss 190, 191-192
Coleta de dados 54-55
Comentários na correção 111, 117, 119, 120
Comparando 32, 45-46, 81, 133
Compreensão científica 19-20, 23, 50, 125, 138
   metodológica 19-20, 32-33, 35, 51, 86, 102-103, 121, 124
Computadores 195, 196, 202-203, 208-209
Comunicação 14, 17, 84, 88, 90, 102-103, 166, 203, 212
Comunicando 92, 100, 114
Conceitos 19-20, 22-23, 84, 90, 105, 125, 126, 128, 129, 132, 135, 138, 162, 168-169
   científicos 139, 140, 142, 145-146, 148, 149, 151, 153, 156, 157, 159
Concepções errôneas 62, 62-63, 75-76, 98, 132, 145-146, 151, 168-169, 171, 174
Conclusão/concluindo 25-26, 26, 36-37, 42, 47, 50, 54-55, 69, 84, 88, 90, 96-97, 100, 102-103, 135-136, 186
Conhecimento científico 15-16, 25-26, 54-55, 117, 167
   do conteúdo 94-96, 108, 121
   e compreensão 15-16, 21, 22-23, 25-26, 32-33, 52, 53, 54-55, 67, 71-72, 74, 77, 83, 107, 108, 114, 132, 167, 168-169, 171, 174
Continuidade e progressão 102-103, 126

Contos populares, mitos e lendas 125
Cooperação 174
Coração e circulação 144, 145
Correção 104, 105, 111, 117, 119, 120, 121, 123
Criatividade 13, 19-20, 21, 27, 47, 59-60, 100, 105, 117, 138, 167, 212
Criativo 13, 25-26, 29, 30-31, 32-33, 38, 47, 59-60, 62, 92, 125, 138, 167, 193
Critérios de sucesso 109-110, 115, 199
Cultura 14, 21, 59-60
Curiosidade 19-20, 21
Currículo Nacional 21, 22-23, 34, 40, 43, 75-76, 99, 107, 109-110, 114, 121, 130-132, 171, 207
Curriculum guidance for the foundation stage 21, 66
Danny champion of the world 128, 137
Descrições de níveis 86, 109-110, 114, 119, 121
Desenhando gráficos 50, 100
Desenho observacional 31, 53, 60, 79
Desenhos de peixes 61
Dia e noite 130-131
Dicionário científico 166
Diferenciação 30, 43, 58, 73, 109-110, 116, 166, 176, 179-180, 180-181, 182-184, 185
Dinamômetro 43, 44, 65, 89, 130-131
Discussão 14, 17, 22-23, 39; 71-72, 86, 109-110, 115, 117, 122, 164-165, 166, 167, 168-169, 170, 174, 175, 176, 178, 184-185, 186, 193
Dissolução 65, 90, 176
Dr. Dog 133
Dramatização 102-103, 135, 140-159
Eletricidade 17, 19-20, 94-95, 117, 128, 130-131, 132, 133, 170, 188
Encontre o diferente 111, 168-169, 170
Ensinando para o teste 107, 123
Entendimento conceitual 19-20, 130-131
Envolvendo outros adultos 104
Equipamento 35, 36-37, 40, 43, 44, 83, 84, 87, 88, 89, 94-95, 96-97, 98, 104, 111, 128, 130-131, 168, 175, 176, 178, 179-180, 181, 182-184, 185, 186, 188, 188-189, 195, 202-203, 207, 208-209, 215
Escolha do equipamento 36-37, 43
Esquema de trabalho 52, 53, 107, 126, 174, 193, 205
Estágio 1 46, 58, 67, 75-76, 107, 114, 126
Estágio 2 22-23, 67, 75-76, 107, 117, 126, 128, 133, 148, 150, 153, 190
Estilos de aprendizagem 126, 138, 162
Estratégia de alfabetização 100
Estruturando a aprendizagem 180-181

Evaporação 164-165, 200-201, 202, 207, 208-209, 211
Evidências 13, 14, 17, 18-19, 20, 25-26, 27, 29, 35, 42, 43, 47, 50, 52, 83, 84, 90, 92, 95-96, 104, 116, 123, 162, 168-169, 176, 184, 186, 191-192, 193
Experiência em primeira mão 22-23, 67
Explicando 36-37, 49, 95-96, 99, 102-103
Exploração 22-23, 30, 34, 52, 54-55, 56-57, 64, 71-72, 73, 77, 78, 98, 102-103, 132, 164-165, 182-184, 216
Ficção 60, 125, 126, 135, 136, 138
Fontes secundárias 29, 36-37, 67, 75-76, 81, 84, 135-136, 182-184, 200-201, 205
Forças 32, 43, 44, 99, 128, 130, 132, 135, 137, 164, 166, 180-181, 188, 205
Formato do planejamento 92, 94, 130-131
Formulação de questões 87, 91
Fósseis 129
Gráficos 50, 50, 88, 90, 100, 120, 132
Gravação de voz 211
Grupos de animais 62, 63
Grupos de três 167, 168-169
Habilidades 14, 15-16, 19-20, 21, 22-23, 30, 32-33, 34, 35, 38-41, 44-49, 50-60, 64, 66, 69, 71-72, 77, 81-82, 86, 90, 91, 92, 94-95, 96-97, 98, 99, 100, 102-103, 105, 107, 108, 109-110, 111, 117, 121, 125, 128, 164-165, 166, 167, 168-169, 172, 174, 176, 178, 179-180, 182-184, 194, 197-198, 199, 204, 211
 básicas 34, 38, 47, 58, 84, 99, 179-180
 científicas 21, 98, 102-103, 168-169, 172
 processuais 32, 34, 35, 45, 51, 71-72, 77
Hélice 20
Hipóteses 137
Histórias 102-103, 125, 126, 128, 133, 135, 138
Ideias científicas 13, 20, 25-26, 54-55, 126, 129
 e evidências 13, 27, 47, 92
Identificando padrões 14 49
Imaginação 14, 21, 47, 186
Independência 49, 86, 117
Interpretação 26, 34, 49
 de dados 34, 49, 84, 91
Interpretando 49, 50, 84
Investigação 19-20, 21, 34, 35, 36-37, 51, 52, 53, 66, 73, 82, 83, 84, 92, 94-95, 100, 102-103, 126, 179-180
 científica 34, 35, 51, 52, 53, 66, 73, 82, 83, 84, 92, 94-95, 102-103
Investigações 35, 45-46, 47, 53, 54-55, 71-72, 77, 78, 83, 84, 86, 87, 89, 90, 92, 96-97, 98, 100,

102-103, 125, 128, 129, 130-131, 132, 135, 137, 176, 217
Investigações completas 47, 83, 100, 176
Iron man 132, 133
Isolamento térmico 210
Jogo 14, 30, 44, 51, 56-57, 67, 75-76, 94-95, 95-96, 100, 102-103, 161, 162, 164, 168, 169, 172, 174, 190
Jogo da forca científico 164-165
Jogo do Kim 58, 56-57, 168
Jogos 14, 56-57, 161, 162, 163, 168, 169, 170, 172-173, 174, 188, 188, 204
  em cadeia 163
  memória 168
  memória visual 168
Levantamento 42, 45-46, 63, 81, 91, 94, 94-95, 100, 102-103, 123, 133, 135-136
Levantando questões 66, 74, 78
Linguagem científica 164
Livros ilustrados 126
Luz e som 131, 188
Mão de perguntas 74, 79
Materiais e suas propriedades (Sc3) 53, 108, 109-110, 115, 120, 129, 132, 146, 148, 150, 152
Medida/medição 32, 35, 36-37, 39, 41, 43, 44, 45-46, 47, 52, 53, 55-56, 66, 84, 87, 89, 90, 92, 94, 94-95, 96-97, 101, 100, 102-103, 109-110, 111, 123, 135-136, 137, 164-165, 197-198, 213-214
Mente aberta 19-20, 26
Meta de aprendizagem 35, 43, 49, 50, 52, 53, 108, 109-110, 111, 114, 115, 116, 119, 120, 124, 172-173, 199, 217
Método científico 19-20, 45
Métodos de trabalho 86, 87, 89
Microscópio digital 31, 32, 176, 188, 200-201, 207
Minhocário 129
Modelagem 39, 47, 49, 50, 88, 91, 92
Modelos escritos 100
Mommy laid an egg 126
Motivar/motivação 84, 92, 100, 108, 117, 120, 162, 179-180, 190, 194, 204, 215
Movimento 129, 132
Mudança ao longo do tempo 45-46, 65, 64, 94-95, 213-214
Mudança de estado 70-71, 200-201, 210
Multimídia 213-214
Natureza da ciência 13, 19-20, 32
Newton 44, 54-55, 102-103, 176
Numeralização 108, 181

O nabo gigante 126
Observação 22-23, 30, 31, 32, 35, 36-37, 41, 42, 45-46, 47, 51, 52-66, 69, 77-80, 82, 84, 87, 90, 101, 100, 104, 105, 109-110, 111, 114, 115, 117, 122, 129, 135-136, 162, 168
Observações e mensurações 46, 52, 53, 84
Observar 29, 30, 31, 39, 49, 53, 54-55, 55-56, 59, 60, 64, 73, 74, 78, 84, 95-96, 97, 101, 104, 105, 109-110, 122, 135-137, 197-198, 208
Obtendo e apresentando evidências 35-36
Old bear 128, 137
Organização da sala de aula 178-186
Pacotes misteriosos 56-57
Padrões e tendências 35, 36-37, 49, 53, 54-55, 58, 59-60, 66, 88, 89, 90, 100, 120, 130-131, 137, 197-198, 199
Palavras cruzadas 164-165, 166
Pão 78, 79, 80, 81, 167
Paraquedas 128, 137
Pensamento crítico 22-23
Pense em três 164-165
Perigos e riscos 36-37, 191-192, 193
Perseverança 19-20, 105
Pinturas rupestres 129
Planejamento 34, 35, 45-46, 58, 67, 84, 86, 87, 92, 93, 96-97, 107, 108, 111, 114, 116, 119, 120, 122-123, 124, 128, 130-131, 138, 162, 179-180, 182-184, 186, 188, 197-198, 199
  para avaliação 107
Planilha de classe 119
Planilhas 116, 117
Planos de médio prazo 107, 108
Plantas 31, 32, 45-46, 108, 119, 133, 135-136, 161, 164, 171-172, 213-214
Poesia 47, 125
Pontos de partida 30, 35, 38, 39, 73, 86, 111, 121, 125, 126, 128, 129, 133, 135-136, 137, 208
Pôsteres 47, 92, 94-95, 98, 135
Posturas 13, 19-20, 22-23, 26, 32, 47, 84, 105, 114, 128, 162, 179-180, 196, 199, 204
Previsão 18-19, 22-23, 40, 42, 43, 54-55, 84, 87, 89, 90
Priestley 54-55
Procedimentos científicos 19-20, 22-23
  da ciência 23-24
  de completar lacunas 164-165
Processo científico 70-71
Processos da vida dos seres vivos (Sc2) 75-76
Processos físicos (sc4) 53, 108, 132, 154-155
Produção textual 133
Programas de estudo 129, 171, 217

Progressão 53, 54-55, 78, 86, 88, 90, 100, 102-103, 108, 109-110, 114, 126, 128, 178, 179-180, 180-181, 182-184, 184
Projetor de dados 204, 208-209
QCA 21, 22-23, 66, 82, 107, 108, 122-123, 161
Quadros 36, 88, 211
   brancos interativos 91, 164-165, 171, 197-198, 204
   de fotografias 102
   de histórias 102
Questões analíticas 69
   avaliativas 69, 70-71
   de aplicação 69
   de testes 105
   globais 38, 39, 91
   interpretativas 70-71
   investigativas 36
   investigativas 38, 70
   organizacionais 178-186
   para síntese 69
Questões/questionamento 17, 18-19, 27, 30, 31, 32, 34, 35, 36, 38, 39, 49, 50, 53, 54-55, 56-57, 66-80, 82, 86-91, 92, 95-96, 98, 99, 103, 105, 107, 111, 115, 116, 121, 122, 130-131, 132, 133, 135-136, 137, 166, 168, 170, 171, 172-173, 176, 178, 179-180 182-184, 186, 196, 197-198, 208-209, 211
Reflexão crítica 19-20
Registrando 30, 45-46, 47, 49, 53, 84, 91, 96-97, 104, 105, 117, 122, 122, 135-136, 176, 186, 205, 208-209, 211, 212, 215
Registrando e relatando 104
Registro de dados 204, 208-209
Representação gráfica 88, 90, 120
Resolução de problemas 22-23, 45-46, 94-95, 98, 102-103, 128, 130
Respeito pelas evidências 13, 19-20, 26
Resultados 18-19, 30, 35, 40, 42, 44, 45-46, 54-55, 88, 90, 91, 92, 96-97, 98, 101, 100, 102-103, 105, 111, 115, 117, 130-131, 132, 137
Resultados da aprendizagem 77, 175, 217
Rochas 45-46, 53, 55-56, 59-60, 115, 116, 129
Sacos de areia 56-57
Sapatos 143-144

Saúde e boa forma 133
   e segurança 107, 175, 176, 178, 190-194
Sensibilidade 19-20
Séries iniciais 17, 21, 22-23, 43, 63, 66, 67, 75-76, 82, 86, 91, 95-96, 182-184, 190
Simulações 206
Sistema circulatório 133
Sistemas de registro 122
Sol, lua e estrelas 144
Sol, lua e terra 143-144, 144
Sólidos, líquidos e gases 146, 146-147, 151
Som 14, 23-26, 89, 108, 131, 154-155, 166, 208-209, 211
Som e luz 180-181, 188
Sombras 132, 213-214
Stig of the dump 128
Tabelas 49, 86, 88, 90, 100, 105, 117, 129, 132, 135, 138
Tabelas SQCA 88, 90, 111, 176
Teias alimentares 135-136
Tendências nos dados 49
Tentativa e erro 30, 34, 215
Testagem 83, 91, 105, 122, 129, 132, 137
Teste justo 45
Testes nacionais 22-23, 83, 107, 108, 161, 164-165
Three billy goats gruff 128
Tirando conclusões 50, 84
Tomada de decisões 22-23
Trabalho em grupo 95-96, 96-97, 174, 178, 179-180, 180-181, 183, 184, 186, 204
Trabalho cooperativo 175
   investigativo 22-23, 38, 82, 83, 84, 102-103, 121, 130-131, 132, 178, 179, 180-181
Trabalho/tarefas práticas 36-37, 63, 67, 80, 83, 84, 130-131, 133, 179-180, 183, 182-184
Tríades 176
Variáveis 38-39, 41, 45, 84, 86-87, 89, 91, 92, 137
   dependentes 39, 41, 45
   independentes 39, 41, 84
Velocino 48
Vermes 42, 135-136
Vocabulário científico 36-37, 50, 99, 114, 164, 166, 172-173, 174, 205